名人代言人可信度

对旅游目的地品牌资产的影响研究

沈雪瑞　著

The Influence
of Celebrity Endorser Credibility
on Destination Brand Equity

教育部人文社会科学研究规划基金
“品牌劫持：旅游目的地品牌形象演化机制及影响研究”
（15YJC630086）

西南财经大学出版社
四川·成都

图书在版编目(CIP)数据

名人代言人可信度对旅游目的地品牌资产的影响研究/沈雪瑞著 . —成都:西南财经大学出版社,2019. 6
ISBN 978-7-5504-3722-7

Ⅰ. ①名…　Ⅱ. ①沈…　Ⅲ. ①旅游地—品牌营销—研究
Ⅳ. ①F590. 3

中国版本图书馆 CIP 数据核字(2018)第 218119 号

名人代言人可信度对旅游目的地品牌资产的影响研究

Mingren Daiyanren Kexindu dui Lüyou Mudidi Pinpai Zichan de Yingxiang Yanjiu

沈雪瑞　著

策划编辑:何春梅
责任编辑:李思嘉
封面设计:墨创文化
责任印制:朱曼丽

出版发行	西南财经大学出版社(四川省成都市光华村街 55 号)
网　　址	http://www. bookcj. com
电子邮件	bookcj@ foxmail. com
邮政编码	610074
电　　话	028-87353785
照　　排	四川胜翔数码印务设计有限公司
印　　刷	四川五洲彩印有限责任公司
成品尺寸	170mm×240mm
印　　张	12. 75
字　　数	236 千字
版　　次	2019 年 6 月第 1 版
印　　次	2019 年 6 月第 1 次印刷
书　　号	ISBN 978-7-5504-3722-7
定　　价	68. 00 元

摘要

随着世界范围内旅游市场竞争的不断加剧，作为竞争主体的旅游目的地也逐步尝试通过走品牌化之路来促进旅游业的繁荣发展。然而在越来越多旅游目的地都意识到品牌化的重要意义时，唯有成功创建了强势品牌资产的旅游目的地才能实现获得竞争优势并赢得市场佳绩的理想。从国内外一些旅游目的地的品牌化营销实践来看，设计属于自身的旅游宣传口号和标识一直是旅游目的地品牌化实务工作中最为常见的手段，学界也从理论研究层面对此种方法的效果给予了关注。近些年，聘用名人代言也逐渐成为旅游目的地进行品牌营销时的一种策略选择，当然，不能排除一些旅游目的地可能仅仅是想通过某名人的代言来博得大众的眼球从而造成一时的轰动效应却不甚明了名人代言是否以及如何影响旅游目的地品牌资产这一品牌化的战略性目标的可能。旅游目的地产品自身的复杂性决定了其走品牌化道路的难度之大，这一点也使得反思既有营销手段究竟会对旅游目的地创建一个成功的品牌有何助益成为当务之急。鉴于旅游目的地名人代言这一营销实践越加普遍，探讨名人代言对旅游目的地品牌资产的影响效果便成为一个在理论和现实层面都极具意义的重要课题。对这一问题加以关注，一来可以借此探索旅游目的地品牌资产的前因变量，二来则可以将旅游目的地品牌资产作为指标体系，评估名人代言这一措施的品牌营销效果，从而为旅游目的地品牌营销实践提供指导。

为了实现以上目标，本研究开展了以下工作：

一是对营销领域中的名人代言效果、品牌资产、品牌可信度和旅游学界关于旅游目的地名人代言、旅游目的地品牌资产等主题的研究进行了较为系统地回顾和总结。通过对文献的梳理，一方面更加明确了主要研究问题，即从名人代言人可信度视角探索名人代言对旅游目的地品牌资产的影响；另一方面则为研究假设的提出提供了丰富的理论依据。

二是采用探索性因素分析方法，在旅游目的地情境中对名人代言人可信度的构成维度进行了研究。最终得到了包含名人代言人与旅游目的地相关性、名人代言人成就、名人代言人知名度、名人代言人品德以及名人代言人外貌吸引力这五个因素的基本结构。这一部分工作也为进一步探讨名人代言人可信度是否以及如何影响旅游目的地品牌资产这一问题奠定了前期基础。

三是基于以往文献研究结论和相关理论，初步推断出“名人代言人可信度→旅游目的地品牌可信度→旅游目的地品牌资产”这样的路径关系。同时，根据学者普洛格（Plog）的观点，假定了旅游者冒险倾向在名人代言人可信度与旅游目的地品牌可信度之间发挥一定的调节作用。在以上研究思路的基础上，本书构建了名人代言人可信度影响旅游目的地品牌资产的概念模型，并在各概念的子维度层面上提出了一系列的研究假设。

四是通过调研收集数据，采用结构方程模型等数理统计方法对研究假设进行了全面的检验。经检验得到以下几项发现：(1) 在名人代言人可信度对目的地品牌可信度的影响方面，名人代言人可信度的五个维度中，名人代言人与目的地相关性、名人代言人成就和名人代言人品德对目的地品牌可信度两个维度（专业性和值得信赖性）有正向影响效应；而名人代言人知名度和名人代言人外貌吸引力两个维度对目的地品牌可信度两个维度的正向影响作用并不显著。(2) 在目的地品牌可信度对目的地品牌资产的影响方面，目的地品牌可信度的专业性和值得信赖性两个维度对目的地品牌资产中的品牌知名度、品牌形象和感知质量三个维度都具有显著的直接、正向影响效应。而目的地品牌可信度中的专业性和值得信赖性两个维度对目的地品牌资产中品牌忠诚这一维度的直接、正向影响效应没有达到显著水平。(3) 在目的地品牌资产各维度之间的关系方面，目的地品牌知名度正向影响目的地品牌形象、目的地感知质量和目的地品牌忠诚；目的地品牌形象正向影响目的地感知质量和目的地品牌忠诚；目的地感知质量正向影响目的地品牌忠诚。(4) 在旅游者冒险倾向的调节作用方面，冒险倾向对名人代言人成就、名人代言人知名度和名人代言人品德三个维度与目的地品牌可信度的两个维度（专业性和值得信赖性）之间的路径关系都具有调节作用；而冒险倾向仅仅对名人代言人外貌吸引力与目的地品牌可信度中的值得信赖性这一维度之间的路径关系有调节作用。(5) 本研究通过独立样本 T 检验证实，有名人代言情况下样本对目的地品牌可信度的两个维度和目的地品牌资产四个维度的感知评价结果都比无名人代言情况下更佳。在得到以上发现的同时，本研究还对所得结论进行了相应的解释。

通过以上工作，本研究实现了以下几点创新：一是在旅游目的地情境中识别了名人代言人可信度的基本维度结构，二是通过实证研究揭示了名人代言人可信度对目的地品牌资产的影响机制，三是首次通过实际数据的分析对旅游者冒险倾向这一人格特征在名人代言人可信度与目的地品牌可信度评价之间的调节作用进行了检验。

最后，本书依据研究结论对旅游目的地名人代言策略的应用提出了几点建议，同时也剖析了研究存在的局限并对今后研究需要继续完善之处进行了展望。

关键词： 名人代言人可信度　旅游目的地品牌资产

旅游目的地品牌可信度

Abstract

A lot of destinations attempt to encourage their tourism industry more prosperous by the strategy of branding due to the increasingly fierce competition among the global tourism market. While, the final success will only belong to those destinations who hawe great competitive advantage achieved by well established brand equity. The most common measures used as branding strategy is to design a slogan and a logo for destinations themselves, and the effect of this kind of measures has been a widely discussed topic in academia and industry. More recently, celebrity endorsement becomes an alternative for many destinations to market themselves as a brand, but the possibility cannot be ruled out that many destinations are just wanting to attract the eyeballs of the audiences without understanding whether or how the celebrity endorsement can be helpful to the destination brand equity. The implementation of branding is very hard for destinations due to the complexity of the destination product itself. So, it should de given the priority to think about what effect the very limited number of existing strategies have for destination branding. Discussing the role of celebrity endorsement for destination branding in the early time is significant both for exploring the antecedent variable of destination brand equity and assessing the effect of celebrity endorsement strategy by using destination brand equity as the index.

For the purpose mentioned above, this study carried out several works as follow:

Firstly, the literature review comprises the analysis of celebrity endorsement effect, brand equity and brand credibility in common marketing field and the destination celebrity endorsement, destination brand equity in tourism study. The literatures inspired the author to analyze the effect of celebrity endorsement on destination brand equity from a perspective of celebrity credibility and provide a rich foundation for the hypotheses.

Secondly, an exploratory factor analysis (EFA) is used to identify the basic dimensions of celebrity credibility. Five dimensions, including celebrity-destination relevance, celebrity achievement, celebrity awareness, celebrity ethics and celebrity attractiveness are extracted. These five dimensions is a foundation based on which the effect of celebrity credibility on destination brand equity will be analyzed.

Thirdly, a path of "celebrity credibility→destination brand credibility→destination brand equity" is put forward based on the conclusions of existing literatures and some related theories. And travelers' venturesomeness personality is hypothesized to have the moderating role between the path relationship of celebrity credibility and destination brand credibility. Depending on the research ideas above, a conceptual model is constructed, then all the hypotheses are put forward at the dimension level.

Fourthly, all hypotheses are tested using s series of mathematical statistics such as structural equation modeling. The findings show that: 1. Celebrity-destination relevance, celebrity achievement and celebrity ethics have significant positive impact on the two dimensions (expertise and trustworthiness) of destination brand credibility; while the impact of celebrity awareness and celebrity attractiveness on the two dimensions (expertise and trustworthiness) of destination brand credibility is not significant. 2. The two dimensions (expertise and trustworthiness) of destination brand credibility have significant positive impact on the three dimensions including brand awareness, brand image and perceived quality except brand loyalty of destination brand equity. 3. Destination brand awareness has significant positive impact on destination brand image, destination perceived quality and destination brand loyalty; destination brand image has significant positive impact on destination perceived quality and destination brand loyalty; destination perceived quality has significant positive impact on destination brand loyalty. 4. Travelers' venturesomeness personality has moderating effect on the path between three dimensions (celebrity achievement, celebrity awareness and celebrity ethics) of celebrity credibility and two dimensions (expertise and trustworthiness) of destination brand credibility; and this moderating effect only occur between celebrity attractiveness and the trustworthiness dimension of destination brand credibility. 5. The results of independent-samples T test imply that the samples' perceptions of the two dimension of destination brand credibility and the four dimensions of destination brand equity is significantly better under having endorser scenario than no-endorser scenario. The author also gives some explanation for the results.

Through the above research, this study achieves several innovations in comparison with previous studies: 1. Exploring the basic dimensions of celebrity credibility in destination situation. 2. Analyzing the influence mechanism between celebrity credibility and destination brand equity empirically. 3. It is the first study to test the moderating effect of travelers' venturesomeness personality between celebrity endorsement and the tourists' appraisal about destination brand.

At last, several proposals are given for application of the celebrity endorsement strategy, and some limitations of current study and prospects for future studies are also discussed at the end of this study.

Key Words: celebrity credibility; destination brand equity; destination brand credibility

目录

第一章　绪论

第一节　选题背景与研究意义

一、选题缘起

环顾周遭的众多经济活动，我们无处不能感受到自己处在一个品牌竞争的时代，许多企业组织正是通过成功地实现品牌化而上演了享誉世界的商业奇迹。随着世界范围内旅游市场竞争的不断加剧，作为竞争主体的旅游目的地也逐步尝试通过走品牌化之路来促进旅游业的繁荣发展。然而在越来越多旅游目的地都意识到品牌化的重要意义时，唯有塑造强势品牌的目的地才能实现获得竞争优势并赢得市场佳绩的理想。那么什么样的品牌才是强势的旅游目的地品牌？著名品牌专家戴维·阿克被誉为品牌资产的鼻祖，其一系列有关品牌资产的论著都集中反映了强势品牌也就是拥有强势品牌资产的品牌这一思想，这一思想也得到了业界和学界的认可①。因而，创建强势的品牌资产也应是旅游目的的品牌化的重要战略目标。

国内外的旅游学者们也已在旅游者感知视角下的旅游目的地品牌资产这一新的研究领域开疆拓土，正因为具有品牌化战略性目标的意义，学者们也普遍将具有多维特征的基于消费者认知视角的旅游目的地品牌资产视为评价旅游目

① AAKER D A. Measuring brand equity across products and markets [J]. California management review, 1996, 38 (3): 102-120. 戴维·阿克. 管理品牌资产 [M]. 吴进操，常小虹，译. 北京：机械工业出版社，2012：13. 戴维·阿克. 创建强势品牌 [M]. 李兆丰，译. 北京：机械工业出版社，2012：5. KELLER K L. Reflections on customer-based brand equity: perspectives, progress, and priorities [J]. AMS review, 2016, 6 (1-2): 1-16.

的地品牌化潜在、长期效果的指标体系①。系统地回顾已有文献不难发现，学者们将主要的研究力量集中在了旅游目的地品牌资产的内在维度构成以及各维度之间关系的探讨，对旅游目的地品牌资产的前因变量的研究还较为薄弱。这同时意味着目前的理论研究对于旅游目的地应该如何做才能创建或提升品牌资产这一务实性的问题尚不能给予具体有效的回答。鉴于以上理论和实践背景，笔者在旅游目的地名人代言这一营销实践现象的启发之下，将名人代言人可信度对旅游目的地品牌资产的影响确定为本研究的研究主题。其主要目标一来是探索旅游目的地品牌资产的前因变量，二来以旅游目的地品牌资产作为指标体系，评估名人代言这一措施的品牌营销效果，从而对理论研究和营销实践贡献绵薄之力。

二、研究问题提出的具体背景

（一）品牌资产成为营销领域一个备受瞩目的话题

本选题的产生还要归于笔者对旅游目的地品牌资产这一话题的兴趣。笔者导师李天元教授在第一年度的博士生课程“旅游前沿问题研究”中对旅游目的地资产这一话题进行了深入地讲解。笔者通过进一步的了解发现，品牌资产问题乃是整个营销领域都非常重视的课题，美国营销科学研究院（MSI）还曾于“2002—2004 年”和“2004—2006 年”两个时期接连将“品牌和品牌化”“品牌资产”两个问题列为顶级优先研究课题②。同时，为推动品牌资产的研究，美国还通过并成立了专门的产学研相结合的品牌资产联盟。许多国际著名学术刊物也给予品牌资产研究以极大重视，为此类研究文献提供了较多的版面，助推了该领域研究工作的进程。尤其是以戴维·阿克、凯文·莱恩·凯勒为代表的品牌学者从消费者认知视角提出的品牌资产概念阐明了企业所取得的诸多成果源于消费者心智这一道理，由此明确了创建消费者认知视角品牌资产是品牌化的重要战略目标③。这一视角得到了学界的认可，并成为学界品牌资产研究的主流。以上这些事实在一定程度上反映了品牌资产研究所具有的理论和实践价值。

---

① KIM S, SCHUCKERT M, IM H H, et al. An interregional extension of destination brand equity: From Hong Kong to Europe [J]. Journal of Vacation Marketing, 2017, 23 (4): 277-294.

② 何佳讯. 基于顾客的品牌资产测量研究进展——量表开发、效度验证与跨文化方法 [J]. 商业经济与管理, 2006 (4): 53-58.

③ 凯文·莱恩·凯勒. 战略品牌管理 [M]. 卢泰宏, 吴水龙, 译. 3 版. 北京: 中国人民大学出版社, 2009: 47-83. 戴维·阿克. 管理品牌资产 [M]. 吴进操, 常小虹, 译. 北京: 机械工业出版社, 2012: 13-18.

（二）旅游目的地品牌资产研究成为旅游研究领域的新兴主题

如今，越来越多旅游目的地走上品牌化发展道路，如何创建目的地品牌资产自然成为一个值得深入探讨的课题。庆幸的是旅游学者已首先于 2006 年开始对消费者认知视角下的旅游目的地品牌资产问题开展了实证研究①，国内学者也于近几年对该研究主题进行了积极引进。笔者通过对国内外旅游目的地品牌资产文献进行回顾和深入阅读之后发现，学者们更多关注了消费者认知视角下的目的地品牌资产内在结构维度的测量以及各维度间关系的研究，对目的地品牌资产前因变量的探讨还很缺乏。这一研究状况显然不利于回答旅游目的地采取哪些营销措施才有助于创建品牌资产这一实践问题。在营销研究领域，学界已陆续就各类营销措施对品牌资产的影响作用开展了一系列的研究，较常涉及的营销措施包括广告（广告投入、广告类型等）、价格促销、市场推广、赞助营销、品牌代言人以及多个营销行为变量的组合等②。由于营销措施是品牌主能够主动掌控和干预的重要变量，有关营销措施之于品牌资产效应的理论研究显然对品牌主创建或提升品牌资产的实践活动有着突出的指导意义。然而，在旅游目的地品牌资产问题的探讨中此类研究还十分有限③。无论是从将旅游目的地品牌资产理论研究向前因变量环节拓展的角度，还是出于指导旅游目的地品牌资产创建的实践角度，探索相关的营销措施对旅游目的地品牌资产的影响都势在必行。

（三）旅游目的地名称以外的品牌要素较少被关注

旅游目的地品牌化的理论研究于 20 世纪 90 年代末才首先引起国外学界的关注，但也有学者认为旅游目的地形象研究是目的地品牌化研究的前身④，旅游目的地品牌化与旅游目的地形象塑造之间的区别素来也是学界在阐释旅游目的地品牌化的基本概念和理论架构时不可避免地要给予澄清的问题。Cai（2002）认为虽然塑造目的地形象是品牌化的核心任务，但目的地品牌化需要首先建立目的地的品牌本体，这一品牌本体是目的地营销者所希望旅游者对目

---

① KONECNIK M, GARTNER W C. Customer-based brand equity for a destination [J]. Annals of tourism research, 2007, 34 (2): 400-421.

② 郑文清. 营销策略对品牌资产的影响机理研究 [D]. 南京：南京林业大学，2012. THEURER C P, TUMASJAN A, WELPE I M, et al. Employer branding: a brand equity - based literature review and research agenda [J]. International Journal of Management Reviews, 2018, 20 (1): 155-179.

③ 沈雪瑞，李天元，曲颖. 名人代言对旅游目的地品牌资产的影响研究——基于代言人可信度的视角 [J]. 经济管理，2016，38 (4): 138-148.

④ PIKE S. Destination Brand Positions of a Competitive Set of Near-home Destinations [J]. Tourism management, 2009, 30 (6): 857-866.

的地产生的一系列的独特感知，要从目的地形象研究过渡到品牌化研究，品牌本体这一环节必不可少①。

Cai（2002）正是在区分了旅游目的地品牌本体和品牌形象的基础上，应用心理学中的扩散激活理论提出了一个以旅游目的地品牌本体为中心的旅游目的地品牌化理论模型。该模型运作的流程即是以目的地的品牌本体为原点，通过各种表征这一品牌本体的品牌要素的运用去激活旅游者的联想从而达到塑造新的旅游目的地品牌形象的目标①。由于品牌本体也是一个内容较为抽象的概念，要想将品牌本体由内而外有效地传递出去离不开相关的品牌营销措施，而与各种营销措施配合使用的可识别的品牌要素则是受众赖以形成品牌联想并形成品牌资产的较为直接的有形线索。因此，从符号学的角度而言，品牌化过程也可被视为是将品牌要素所表征的意义转移至目的地品牌符号的过程。正如Rooney（1995）对品牌化所下的定义，品牌化是一种创建品牌的营销技术或过程，是营销者利用人类的本性来创建可持续的、差异化优势的一种技术，这里所谓的人类本性就是指人类对客体和符号附加以意义的倾向，这种倾向致使消费者习惯于特定品牌而不会轻易接受替代品牌，品牌化之所以如此盛行，也正是由于各种组织设法充分利用人类这一特征的努力并因此受益使然②。科特勒和凯勒（2012）也认为品牌化是一个建立消费者思维结构、帮助消费者构建起对产品或服务的特定认知的过程③，而这种对思维和认知结构的构建也势必要通过对各种品牌要素加以运用的营销活动将特定的意义赋予品牌之上而得以实现。

从现有的旅游目的地品牌化文献来看，多数研究在测量目的地品牌形象或目的地品牌资产时通常仅考虑目的地名称这一品牌要素，具体做法便是让被调查者将某目的地视为一个品牌加以感知。目的地名称无疑是目的地最为重要的品牌要素之一，然而目的地名称，尤其是行政单位的名称，一经形成便很难在短期内发生变动，这意味着目的地名称作为品牌要素被创建和改善的可能性很小，运用这一要素开展品牌营销活动的空间也就十分有限。因而旅游目的地品牌化研究有必要对除目的地名称之外的品牌要素（如宣传口号、品牌标识、

---

① CAI A. Cooperative Branding for Rural Destinations [J]. Annals of Tourism Research, 2002, 29 (3): 720-742.

② ROONEY A J. Branding: a trend for today and tomorrow [J]. Journal of product & brand management, 1995, 4 (4): 48-55.

③ 菲利普·科特勒，凯文·莱恩·凯勒. 营销管理 [M]. 王永贵，于洪彦，何佳讯，等译. 14版. 上海：上海人民出版社，2012：238.

形象代言人等）的功能加以考察，从而揭示这些品牌要素自身表征的意义是否能够迁移至目的地品牌以及多大程度上实现了这种迁移。如此一来，也可挖掘旅游目的地重塑品牌形象进而提升品牌资产的更多可能。

（四）旅游目的地名人代言与旅游目的地品牌资产的关系尚未被揭示

在诸多的旅游目的地营销措施中，笔者注意到名人代言这一措施逐渐盛行（见表 1.1 和图 1.1）。代言人的使用在整个品牌传播史上可谓由来已久，而名人因其较高的知名度和自身具有的特殊的社会、文化意义更是备受各类组织的垂青。根据可查证的文献记载，在西方，名人代言策略的实践最早可追溯到 1864 年 Old Poland 公司制作的采用牧师 J. K. Chase 出示的产品证明书作为产品背书的广告，其他例子还有，1890 年法国演员贝恩哈特（Sarah Bernhardt）与一个著名的法国糯米粉饼（rice powder）品牌"La Diaphane"共同出现在广告海报之中①。据市场观察（MarketWatch）2006 年的报道，全世界有 1/4 的广告采用了名人代言②。我国自 1979 年恢复广告业以来，名人代言，尤其是明星代言，在国内企业的品牌信息传播中的运用也逐渐兴盛③。根据 2011 年中国社会科学院对全国 34 个卫星频道播放的电视广告的观测结果，2010 年中国内地商业广告中的三分之一都有明星代言④。尽管长久以来名人的负面信息等消极因素一直都构成了名人代言效果的威胁，但在亟须提高品牌信息关注度并通过塑造品牌个性、建立与消费者的情感联系来寻求品牌差异化竞争优势的时代，名人作为一种标志性的人格化品牌识别符号依然是企业组织代言人选择的重点对象。

作为市场竞争的参与主体，旅游目的地也将代言人的使用纳入了自身营销措施的选择范围之中⑤。从旅游目的地营销实践来看，在诸多形象代言人中，名人显然是最为常见的代言人选。例如杭州与女子十二乐坊、乌镇与刘若英、吴中与韩雪和刘亦菲、丽江与孙俪、香港与成龙等，华山更是开出 100 万元的

---

① FLECK N, KORCHIA M, LE ROY I. Celebrities in advertising: looking for congruence or likability? [J]. Psychology & Marketing, 2012, 29 (9): 651-662.

② SPRY A, PAPPU R, BETTINA CORNWELL T. Celebrity endorsement, brand credibility and brand equity [J]. European Journal of Marketing, 2011, 45 (6): 882-909.

③ 孙晓强. 品牌代言人对品牌资产的影响研究［D］. 上海：复旦大学，2008.

④ 胡晓云. 品牌代言传播研究——信源·符号·适用性［M］. 杭州：浙江大学出版社，2012：6-7.

⑤ 刘力. 名人代言旅游目的地影响机制研究——基于认同理论视角［J］. 技术经济与管理研究，2016（10）：16-20. 沈雪瑞，李天元，吕兴洋，昌晶亮. 名人代言会影响旅游者的目的地态度吗？——基于名人-目的地匹配度和个人卷入度的实验研究［J］. 旅游学刊，2015，30（4）：62-72.

代言费启用著名企业家王石代言。一些国家不断意识到中国作为一个旅游客源国的巨大出游潜力，也纷纷聘请中国明星作为代言人，试图进一步博得中国潜在旅游者的关注。如新西兰、美国（内华达州）、韩国、俄罗斯都曾分别启用姚晨、海清、孙悦、陆毅和李健等作为其形象代言人。澳大利亚旅游部门于2009年启动多名明星配合其开展系列旅游宣传活动，2010年又借由美国家喻户晓的脱口秀女王奥普拉·温弗瑞（Oprah Winfrey）的配合开展专项营销活动以拓展北美旅游市场①。

表 1.1　　旅游目的地名人代言举例

目的地	代言人	称号
香港	成龙	香港旅游大使
杭州	女子十二乐坊	城市品牌代言人
丽江	孙俪	旅游形象代言人
乌镇	刘若英	旅游形象代言人
盐城	甘萍	旅游形象代言人
邯郸永年县广府古城	黄圣依	旅游形象代言人
吴中	韩雪、刘亦菲	旅游形象大使
南通	马伊琍	城市形象宣传大使
兰州	孙茜（槿汐姑姑）	
	魏蔚	旅游宣传大使
华山	王石	
新西兰	姚晨	旅游形象代言人
俄罗斯	李健、陆毅	形象大使
美国内华达州	海清	
韩国	孙悦、李宇春、孟非	旅游形象大使
澳大利亚	罗志祥、杨丞琳、奥普拉·温弗瑞	

① VAN DER VEEN R, SONG H. Impact of the Perceived Image of Celebrity Endorsers on Tourists' Intentions to Visit [J]. Journal of Travel Research, 2014, 53 (2): 211-224.

图 1.1 旅游目的地名人代言实例

名人代言策略的实施，促使名人代言人发挥了一种品牌要素的作用，这必然使名人与旅游目的地二者在受众的感知中建立起某种联想，而这一联想导致的感知结果是否会对旅游目的地的品牌资产产生影响以及产生何种影响便是一个值得研究的问题。在业界人士积极实施并寄厚望于旅游目的地名人代言这一营销举措时，学界也开始从理论研究层面对名人代言效果的评估问题给予了关注。就目前所取得的成果来看，国外学者以及我国台湾地区的几位学者主要是基于名人代言广告效果研究的理论框架，就名人代言人的可信度或名人代言人形象等特质对旅游者的广告态度、目的地态度以及到访意愿等变量的影响加以研究。国内学者则较多针对旅游目的地名人代言这一策略的适切性以及如何选取代言人等问题开展定性探讨。无论国内外，将旅游目的地品牌资产作为名人代言效果评价指标体系的做法尚属空白，这也意味着名人代言这一策略对旅游目的地品牌资产的影响机制尚未得到揭示。

三、研究问题的界定

基于以上背景，本研究将探索名人代言人对旅游目的地品牌资产的影响作为选题的核心问题，此处特别对选题中主要变量选取的视角及其原因加以介绍。

（一）基于名人代言人的可信度特质考察名人代言对旅游目的地品牌资产的影响

探究名人代言这一营销策略对旅游目的地品牌资产的影响诚然需要考虑很多因素可能发挥的效应，例如名人代言的媒介形式、名人代言人的可信度特征、名人代言信息的暴露频次等。根据已具备的可供开展本研究所依凭的实际条件和能完成工作量的预期时限，笔者将焦点主要放在名人代言人可信度特征这一变量影响效应的考察上。并且笔者也考虑到，虽然影响名人代言效果的因素还有很多，但无论何种环境下，当研究考察的主要内容是名人代言效果时，名人代言人的可信度特征在代言过程中都是在以一个基础性因素的角色对受众发挥着影响作用，其他因素往往起着放大或缩小这种影响作用的效用。虽然以McCracken（1989）为代表的一些学者对名人可信度视角提出过一些质疑，那就是由于名人特殊的社会文化背景和职业生涯，反映在受众感知中的名人代言人所具有的意义内涵也更为丰富，消费者对名人特征的感知不是一维而是多维的，对消费者的感知而言，仅凭可信度难以全面反应名人代言人所蕴含的意义，因而应从更为广泛的名人形象视角考虑名人代言的效果问题①。然而，包括 McCracken 本人也未曾以实证方式得出一个可靠的名人形象的测量体系，个别研究虽就名人形象维度结构得出过一定的结论，但却脱离了“代言”这一重要情境，所得结论也仅局限于一般情境中的人类的个性特征。本研究在考察了大量名人代言效果研究的基础上，认为无论名人本身在日常生活中被感知为何种形象，一旦进入代言这一情境，受众都更倾向于以代言关系“是否可信”“是否恰当”的视角对名人代言这一现象进行感知和思维。事实上，这种推断在笔者开展的定性访谈过程中也得到了一定的证实。因而，本研究将重点基于可信度视角探索名人代言对旅游目的地品牌资产的影响。

（二）采取旅游消费者认知视角的旅游目的地品牌资产概念

关于品牌资产概念的认识存在多个视角，包括财务视角、市场产出视角以及消费者认知视角。其中基于消费者认知视角的品牌资产概念更能够反映品牌

---

① MCCRACKEN G. Who is the celebrity endorser? Cultural foundations of the endorsement process [J]. Journal of consumer research, 1989: 310-321.

资产价值的深层来源，这一视角认为品牌资产的大小、强弱程度取决于消费者长期中对品牌的所知、所感、所见及所闻。换言之，品牌资产源于消费者的认知，这种认知上的积累是导致相应财务结果和市场产出变化的根本原因，因而更具有战略性意义。消费者认知视角的品牌资产也是理论研究的主流，本研究也将采取旅游消费者认识的视角对名人代言人可信度如何影响目的地品牌资产开展研究。

（三）对中介变量和调节变量的考虑

1. 中介变量

名人代言人可信度与旅游目的地品牌资产之间的关系很可能受到其他因素的影响。首先，依据品牌信号学的观点，为了尽量降低购买风险和提高满意度，消费者通常会根据某些可视化的线索来判断产品的质量，尤其是在信息不对称这种现实情境中处于信息劣势地位的消费者①，如果他们认为搜寻高质量产品的成本较高，就会倾向于购买价格较高的但品牌名气较大的产品②。据此，名人代言人作为一种典型的品牌要素的具体形式，很可能发挥着向受众传递声誉信号的作用，这种作用最直接的效应就是提高潜在旅游消费者对目的地品牌可信赖程度的感知③。对于旅游目的地产品而言，异质性、预先尝试的不可能性等这些固有特点，使得较高的名人代言可信度有望提高受众对旅游目的地品牌的可信度的感知，进而影响旅游目的地品牌资产的评价。本研究也基于此将旅游目的地品牌可信度作为一个中介变量来考虑。并且，Spry、Pappu 和 Cornwell 所开展的一项针对名人代言、品牌可信度、品牌资产之间关系的研究已经用经验数据证实，品牌可信度这一变量在名人代言人可信度和品牌资产之间发挥着完全的中介作用。笔者也依据这一现有文献将品牌可信度作为名人代言人可信度与旅游目的地品牌资产之间的中介变量加以考虑。

---

① 胡毅伟，余明阳，单从文. 信源可信度视角下社会排斥对消费者品牌危机评价的影响研究［J］. 上海管理科学，2017，39（6）：51-55.

② PETERSON R A. The price-perceived quality relationship：Experimental evidence［J］. Journal of Marketing Research，1970（7）：525-528. RAO A R，RUEKERT R W. Brand alliances as signals of product quality［J］. Sloan management review，1994（36）：87-87. WERNERFELT B. An efficiency criterion for marketing design［J］. Journal of Marketing Research，1994（31）：462-470.

③ 陈新跃，杨德礼. 顾客价值认知与市场信号应用研究［J］. 大连理工大学学报（社会科学版），2003（1）：42-45. 卫海英，祁湘涵. 基于信息经济学视角的品牌资产生成研究［J］. 中国工业经济，2005（10）：115-122.

2. 调节变量

本研究还考虑了一个可能调节旅游者对名人代言这一营销策略做出何种程度反应的心理变量——冒险倾向（venturesomeness）。冒险倾向是人格类型的一个维度，这一维度在揭示消费者以及管理者行为差异方面有一定的解释力①。美国著名旅游学者普洛格（Plog，2007）基于人格理论提出了旅游者心理类型概念，而旅游者的冒险倾向便是区分旅游者心理类型的一个重要标准。普洛格正是依据旅游者冒险倾向的强弱程度将旅游者区分为了五个不同类型的群体，即依赖型、近依赖型、中间型（包括中间依赖型和中间冒险型）、近冒险型以及冒险型。普洛格所开展的一些调查研究以及他依据旅游者心理类型理论为若干目的地进行的卓有成效的重新定位经验都有力地说明，旅游者的心理类型会影响旅游者的偏好和旅游目的地选择以及在目的地开展何种类型旅游活动等行为。与此同时，根据此普洛格的阐释，旅游者的冒险倾向程度不仅影响其具体目的地的选择，而且也会左右旅游者对特定的目的地宣传信息产生何种反应，尤其是对名人代言这一宣传推广方式。例如冒险型心理类型的人充满自信，拥有一种自我指向的个性，对于这些人而言，名人不一定能够成为其行为楷模，因而对这部分人群而言，名人代言不见得能够给目的地品牌本身的可信度带来提升。而依赖型心理类型的人具有一种他人指向的个性，往往倾向于以他人的情况来指导自己的行为，且爱好流行的品牌，对这些人来说，名人作证将有望提高目的地自身的可信度和吸引力，进而影响旅游者对目的地品牌的评价②。

基于上文选题原因、研究背景、研究问题界定以及对相关基础理论研读几个环节，笔者产生了本研究所欲研究的具体问题。这一研究问题的提出也是笔者结合旅游目的地名人代言这一实践现象，并对多个相关研究领域文献的进行回顾和梳理基础上推导而出，推导路线和研究问题详见图 1. 2。

---

① 尹俊，黄鸣鹏，王辉，裴学成. 战略领导者成就动机、冒险倾向与企业国际化［J］. 经济科学，2013（3）：72-86.

② PLOG C S. 旅游市场营销实论［M］. 李天元，李曼，译. 天津：南开大学出版社，2007：71-213.

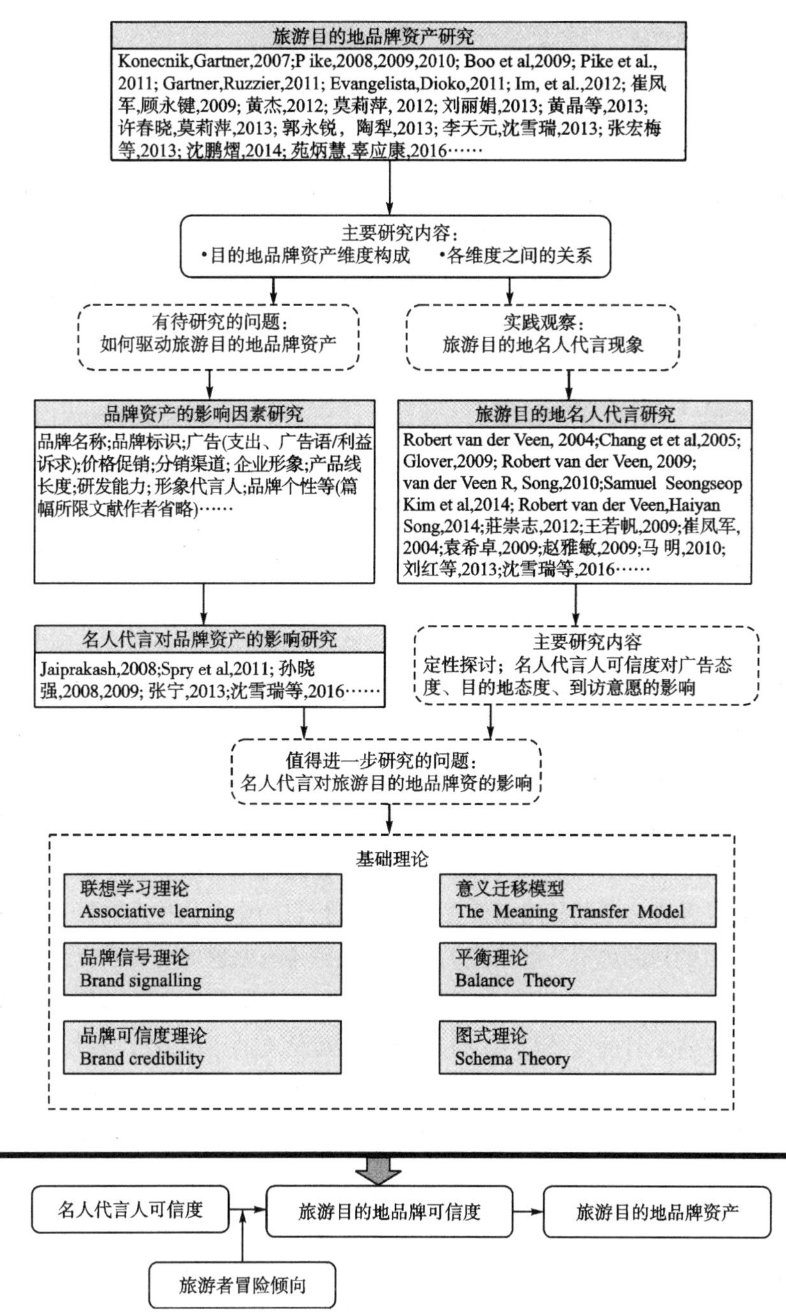

图 1.2　研究问题的推导过程

四、研究意义

（一）理论意义

对名人代言之于旅游目的地品牌资产的影响加以研究，实际上是解释旅游目的地品牌资产形成或改变之原因的诸多途径之一。它作为一个较新的研究领域，基于消费者的旅游目的地品牌资产研究目前主要聚焦于概念维度的测量以及维度间关系的探讨，旨在对基于消费者的品牌资产模型在旅游目的地情境中的适用性进行验证。在一个新的研究方向被提出之时，这是势在必行的。但随着这方面研究成果的不断积累，学界已对旅游目的地品牌资产的内在结构有了一定的把握，值此之际，继续拓展旅游目的地品牌资产研究的范畴则是推进理论研究进程的必要之举，其中探索和识别旅游目的地品牌资产的前因变量便是一个值得开拓的研究方向。尽管影响旅游目的地品牌资产产生和变化的目的地营销策略有很多，但笔者考虑到名人代言在业界的逐渐盛行但其对目的地品牌的建设是否有所助益以及具体有何种贡献等问题尚未得到理论研究上较为全面的揭示，因此选择从名人代言这一营销策略入手来对旅游目的地品牌资产的驱动因素进行考察。笔者期望为将旅游目的地品牌资产研究的理论链条向前因变量的探索环节进行拓展尽绵薄之力。

（二）实践指导意义

旅游目的地的营销活动业已显示，名人代言作为旅游目的地可资利用的一种营销手段越来越普遍。然而，即便是旅游目的地相关组织能够做到从创建和管理目的地品牌资产的战略角度去思考名人代言的作用，在没有深入把握名人代言影响目的地品牌资产的路径关系之前也很难有效地对名人代言所涉的一系列管理工作进行有效的部署。为了揭示名人代言如何作用于旅游目的地品牌资产，本研究将在目的地情境中对名人代言人可信度的维度进行识别，并探索名人代言人可信度特质如何影响目的地品牌可信度，进而又如何影响目的地品牌资产的各个维度。同时本研究也会考虑可能对这一影响过程发挥作用的一个重要调节变量，即旅游消费者的冒险倾向这一个人特征可能带来的调节效应。从以上这些环节开展研究不仅有助于为旅游目的地的名人代言人选择决策提供科学依据，同时也能够有助于旅游目的地正确地认识名人代言与不同市场群体之间的匹配关系从而做恰当的工作安排。综上所述，本研究的主要实践价值在于将为旅游目的地利用名人代言创建和管理目的地品牌资产提供指导依据。

第二节　研究方法与研究路线

一、研究方法

（一）文献研究法

对任何一项研究而言，检索文献、了解研究课题已经取得成果和最新动向，对于明确研究的方向和重点都是非常重要的。本研究对国内外旅游目的地品牌资产、名人代言效果、品牌个性、旅游目的地品牌个性的相关研究进行了梳理，通过剖析已有的研究成果，找出了当前研究中存在的问题和缺陷，明确了本研究开展的方向和理论基础。在借鉴前人研究成果的基础上弥补不足，构建名人代言人形象对旅游目的地品牌资产影响的概念体系，为评价模型的构建提供了理论基础和依据。此外，本研究对旅游目的地品牌资产、目的地品牌可信度等变量测量指标的归纳和选取也主要来源于对以往研究的查阅。

（二）深度访谈法

“深度访谈”是一种研究性交谈，是研究者通过口头谈话的方式从被研究者那里收集（或者说“建构”）第一手资料的一种研究方法。由于访谈人员事先准备的访谈问题具有一定的开放性，因而能够通过此访谈过程了解受访者的所思所想，包括他们的价值观念、情感感受和行为规范，了解受访者过去的生活经历以及他们耳闻目睹的有关事件，并且了解他们对这些事件的意义解释。按照类型，深度访谈可以分为结构型、半结构型和无结构型访谈。在结构型访谈中，研究人员对访谈的走向和步骤起主导作用，按照自己事先设计好了的、具有固定结构的统一问卷进行访谈。半结构型访谈中，研究者对访谈的结构具有一定的控制作用，但同时也允许受访者积极参与。研究者事先备有一个粗线条的访谈提纲，根据自己的研究设计对受访者提出问题。但是，访谈提纲主要作为一种提示，访谈者在提问的同时鼓励受访者提出自己的问题，并且根据访谈的具体情况对访谈的程序和内容进行灵活的调整。无结构型访谈中没有固定的访谈问题，研究者鼓励受访者用自己的语言发表自己的看法。目的是了解受访者自己认为重要的问题，他们看待问题的角度、对意义的解释，以及他们使用的概念及其表达方式。访谈者只是起一个辅助的作用，尽量让受访者根据自己的思路自由联想。

本研究将采用深度访谈的方式与受众进行面对面的沟通和交流，了解受众在旅游目的地代言情境下对名人代言人可信度的感知内容，据此进一步提炼和设计旅游目的地名人代言人可信度调查问卷的问题项，并对调研结果进行探索性因素分析。

（三）问卷调查法

问卷调查法是通过问卷或访谈设计来正式、有序收集信息的过程，用以向被选定的对象了解情况或调查意见，一般服务于模型构建和研究假设的检验。虽然问卷调查法依赖旅游者准确表达信息的能力，但由于可以以简明易懂的形式提供相对复杂的信息，研究程序透明，因而成为旅游研究中应用最为广泛的一种方法。问卷调研的关键是问卷设计，包括预测试问卷和正式问卷。预测试问卷通常是在文献回顾的基础上通过专家访谈进行修正得来的，通过预调查对初步开发的问卷进行完善，形成正式调查问卷。然后通过向旅游者发放问卷进行大规模调研，运用收集的数据完成模型构建和假设检验。本研究对旅游目的地名人代言可信度、旅游目的地品牌可信度、旅游目的地品牌资产等概念的测量也主要运用问卷调查方式进行测量。

（四）数理统计与分析

采用恰当的统计分析方法对收集来的资料进行处理，从而发现事物规律的过程，包括描述性统计分析、探索性统计分析和验证性统计分析。对调查问卷的数据分析是检验假设是否成立的重要步骤，本研究首先按照研究假设建立概念模型，然后通过运用 SPSS 和结构方程模型等工具对调查问卷数据进行分析，找出名人代言人可信度与旅游目的地品牌可信度、旅游目的地品牌资产构成维度之间的关系、路径系数以及调节变量的调节作用等，验证所提出的研究假设和概念模型。

二、研究路线

本研究按照以下路线开展具体研究过程：

实践观察与文献回顾
•旅游目的地名人代言现象观察
•名人代言效果研究
•品牌资产研究
•品牌可信度研究
•旅游目的地名人代言和品牌资产研究
研究问题及
视角的确定
名人代言人可信度影响旅游目的地品牌资产的机制是怎样的?
旅游目的地名人代言人
可信度探索性因素分析
•现有名人代言人可信度量表回顾
•深度访谈
形成初始题项、预调查筛选题项
调研设计、数据收集与分析
概念模型与研究假设
•主要概念维度的选择
•中介变量和调节变量的引入
•概念模型的建立与研究假设的提出
名人代言人可信度对旅
游目的地品牌资产影响
的实证研究
明确测量指标与测量工具
调研设计与数据收集
数据分析及假设检验
研究结论与讨论
图 1.3　研究路线图

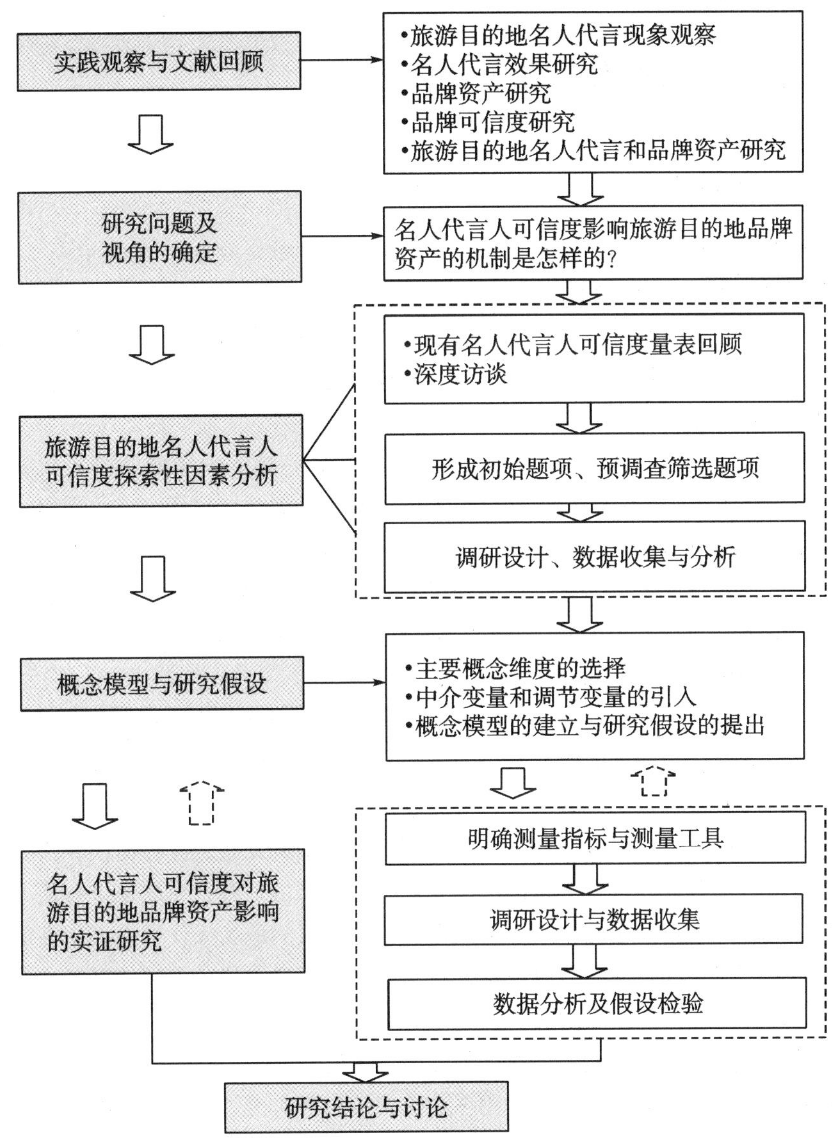

第三节 研究结构和研究创新

一、研究结构

针对名人代言人可信度对旅游目的地品牌资产的影响这一研究问题，本研究将按照六个部分进行阐述：

第一章为绪论部分。这一章主要介绍本研究的选题背景、研究所具有的理论和实践意义、开展研究的思路和内容结构的分布、使用的主要研究方法以及本研究的创新之处。

第二章是文献回顾。这一章的主要内容是对一般营销领域的名人代言研究、品牌资产研究、品牌可信度研究和旅游目的地名人代言研究、旅游目的地品牌资产研究进行了回顾和总结。对以上几个研究领域进行梳理的首要目的是为名人代言人可信度可能影响旅游目的地品牌资产的内在机理提供理论基础。次要目的则是通过各个领域研究内容的描述大致勾勒出本研究的研究问题在旅游目的地品牌资产研究脉络中所处的坐标位置。

第三章将重点对旅游目的地名人代言人可信度的维度进行识别，同时该部分也是对旅游目的地名人代言人可信度测量量表开发的过程。其欲探讨名人代言人可信度对旅游目的地品牌资产的影响机理，明确在旅游目的地情境中名人代言人可信度的内在维度构成是一项首要任务。本研究通过深度访谈、文献回顾等方法提炼名人代言人可信度的测量题项，并经由预调查对题项进行适当地筛选，最后通过正式调研以及数据处理析出旅游目的地名人代言人可信度的构成维度，所得维度结构及其测量指标将被用于检验名人代言人可信度影响旅游目的地品牌资产一系列研究假设的测量工具。

第四章主要提出名人代言人可信度影响旅游目的地品牌资产的概念模型和一系列研究假设。首先，该章对能够给予名人代言人可信度可能影响旅游目的地品牌资产这一机制一定解释力的一些现有理论进行介绍，包括联想学习理论（Associative learning Theory）、意义迁移模型（The Meaning Transfer Model）品牌信号理论（Brand signaling）、平衡理论（Balance Theory）、图式理论（Schema Theory）。之后，对概念模型构建的总体思路加以介绍，主要涉及对中介变量、旅游目的地品牌可信度和调节变量、旅游者冒险倾向引入理由进行的简要阐释和对各个主要概念构成维度选择给予的说明。其次，该章在以上总体思路基础上提出了本研究的总体概念模型，并基于相关领域研究结论，在各维度层面上围绕名人代言人可信度如何影响旅游目的地品牌可信度、旅游目的地品牌可信度如何影响旅游目的地品牌资产、旅游者冒险倾向在名人代言人可信度与旅游目的地品牌可信度之间发挥怎样的调节作用等问题提出了一系列具体的研究假设。

第五章是本研究最为重要的一部分，包括研究设计与研究假设的检验。该章首先选择并明确了旅游目的地品牌可信度、旅游目的地品牌资产以及旅游者冒险倾向这几个主要概念的测量指标，并择取了调研所涉的旅游目的地及其名人代言人。介绍了正式调研问卷的设计和数据收集过程，并对样本概况进行了描述。在数据收集完成之后，该章对各测量量表的信度进行了检验，并对名人代言人可信度、旅游目的地品牌可信度和旅游目的地品牌资产分别进行了验证性因素分析，证实了测量模型自身的效度。此后运用结构方程模型、聚类分析、独立样本T检验等方法开展了全部研究假设的检验工作，包括“名人代言人可信度→旅游目的地品牌可信度→旅游目的地品牌资产”路径关系的检验、旅游者冒险倾向在名人代言人可信度与旅游目的地品牌可信度之间的调节作用检验、有名人代言和无名人代言两种情况下旅游者对目的地品牌评价结果的差异效果检验，从而完成了本研究有关名人代言人可信度对旅游目的地品牌资产影响机制问题的研究任务。

第六章是结论与建议部分。该部分在前文实证研究的基础上总结了本研究所得出的一系列研究结论并对其加以讨论，从而明确清晰本研究所体现的理论贡献以及在旅游目的地采取名人代言策略提升目的地品牌资产方面所具有的应用价值和实践意义。文末，笔者也指出了本研究存在的局限以及未来研究的方向。

二、研究创新

（一）在旅游目的地情境中识别名人代言人可信度的维度结构

名人代言人可信度是一个感知视角的概念，要想对其内在结构进行初步把握，有必要采用定性方法探测性地了解受众对名人代言人可信度的感知内容。通过上文现有量表的回顾可见，一般营销领域已对名人代言人可信度开展了较多的测量研究，在旅游目的地领域，仅 van der Veen 和 Song 进行了这方面的尝试。而且，van der Veen 和 Song 的研究还是以借鉴以往量表为主，先验性较强而缺乏相应的定性研究作为基础。鉴于此，本研究采用深度访谈的方式加以弥补，与受众进行面对面的沟通和交流，了解受众在旅游目的地代言情境下对名人代言人可信度的感知内容，据此进一步提炼和设计旅游目的地名人代言人可信度调查问卷的问题项，并对调研结果进行探索性因素分析，从而识别出旅游目的地名人代言人可信度的内在结构，为今后相关研究奠定理论基础。

（二）揭示名人代言人可信度对旅游目的地品牌资产的影响机制

笔者在对旅游目的地品牌资产这一理论议题的兴趣和旅游目的地名人代言这一现象的引导下，对旅游目的地品牌化、旅游目的地品牌资产、旅游目的地名人代言效果这几个研究主题的文献进行了较为系统地回顾和梳理，发现关于名人代言对旅游目的地品牌资产的影响研究还存在欠缺。同时，名人代言人可信度、品牌可信度以及品牌资产这三者之间的路径关系研究在一般营销领域中也尚未得到较为充分的实证检验。因此本选题针对名人代言人可信度、旅游目的地品牌可信度以及旅游目的地品牌资产之间关系的研究不仅有助于揭示名人代言对旅游目的地品牌资产的影响机制，同时本选题也是在旅游目的地这一具体情境中填补了营销理论研究中有关名人代言、品牌可信度以及品牌资产这一路径关系研究的空白。

（三）验证了旅游者冒险倾向对名人代言效果的调节作用

自普洛格提出旅游者心理类型理论以来，旅游者的冒险倾向这一心理特征是否以及如何影响旅游者的目的地及旅游活动类型选择的问题便引起了学界的广泛讨论。但有关冒险倾向这一特征在旅游者如何被目的地宣传信息所影响方面的问题始终缺乏探讨。尤其是普洛格所提出的冒险倾向在旅游者面对目的地名人代言信息时做何反应的相关论断虽对目的地的营销宣传策略具有一定启示作用，但尚无实证研究对其加以验证。本研究通过对调查样本的旅游冒险倾向进行测量并加以聚类分析，区分不同冒险倾向程度的两个群组，并基于实际数据运用嵌套模型比较对此二群组在名人代言人可信度与旅游目的地品牌可信度之间路径关系差异的比较实证检验冒险倾向的调节作用。

第二章　文献综述

第一节　名人代言效果研究

一、名人代言人相关概念

（一）名人

在诸多的外文文献中，名人对应的英文单词是“celebrity”，即名人、名流的意思，牛津高阶英汉双解词典中的英文释义为“a famous person”，这里的famous解释是著名的、出名的①，而且多用于形容人或事物的积极方面，如出色的、极好的和第一流的，因而名人不仅意味着名字被大众所知晓，更为重要的是此人还要在一定领域有所建树或成就，例如演员、运动员、政治家等②。

Friedman、Termini 和 Washington（1976）最早对代言情境中的名人给出的定义是：那些因在特定领域取得一定成就而为公众熟知的人③。在现实中的名人代言实例中，影视或娱乐明星、体育明星、商业人物等担任代言人的情况也不胜枚举，学术研究也多以这些知名人士为对象探讨名人代言的效果问题。不过也有学者认为，随着越来越多新兴传播媒介的兴起和普及，对名人的定义也应有新的理解。例如 Keel 和 Nataraajan（2012）指出，由于 reality television shows、YouTube、blog、Facebook、MySpace 等电视和网络媒体影响范围的不断扩大使得任何人都可能通过自媒体的制作获得众人的关注，其中也不乏一些因

---

① 霍恩比．牛津高阶英汉双解词典［M］．7版．王玉章，等译．北京：商务印书馆，2012：306-725.

② SINGH，G. YouTubers，online selves and the performance principle：Notes from post Jungian perspective［J］．CM：Communication and Media，2017，11（38）：167-194.

③ FRIEDMAN H H，TERMINI S，WASHINGTON R. The effectiveness of advertisements utilizing four types of endorsers［J］．Journal of advertising，1976，5（3）：22-24.

展现了个人魅力而博得青睐的人。但 Astrid Keel 和 Rajan Nataraajan（2012）也提到，通过以上这些方式而声名鹊起的人是否被认定是名人还有待商榷①，并且营销及旅游目的地文献中所涉及的名人代言人多为影视或娱乐明星、体育明星等。

（二）代言人

外文文献所惯用的“代言人”这一名词对应的英文单词主要有 spokesperson（spokesman 或 spokeswoman）和 endorser。其中 spokesperson 在牛津高阶英汉双解词典中被释义为“a person who speaks on behalf of a group or an organization”，即发言人，就是为了某个群体或组织的利益而发言的人，而根据《韦伯英语词典》，spokesman 的解释为“one who speaks for another or for a group”，即“代表他人或组织发言的人”，同时，《现代汉语词典》中发言人意为“代表某一政权机关或组织发表意见的人”②。由此可见，在营销环境中，Spokesperson 就是为企业或其产品、品牌发言的人，这种发言的形式和内容可以是口语言辞、动作示范以及署名，也可能是以上几种方式的组合，但无论形式或内容如何变化，它们都应能够提供表征代言人身份特征的标志。Friedman（1979）、Chan 等（2018）也曾指出，代言人（spokesperson）是一些公众人物（如演艺人员、运动员、政治人物等）借自身知名度或个人成就，通过广告宣传等途径，协助特定企业组织强化商品销售或品牌塑造的人③。

虽然 endorser 这一表述方式在名人代言研究文献中的运用越来越广泛，但牛津高阶英汉双解词典并未将该词收录，只有对 endorse 和 endorsement 的释义。endorse 义为（公开）赞同、支持或认可，营销情境中则指（在广告中）声称使用并喜欢特定的产品以促使其他人购买的宣传、代言行为，且通常是指由名人实施的行为，endorsement 则是 endorse 的名词性表述④。可见，endorser

---

① KEEL A，NATARAAJAN R. Celebrity endorsements and beyond：New avenues for celebrity branding［J］. Psychology & Marketing，2012，29（9）：690-703.

② 胡晓云. 品牌代言传播研究——信源·符号·适用性［M］. 杭州：浙江大学出版社，2012：87-88. 霍恩比. 牛津高阶英汉双解词典［M］. 7 版. 王玉章，等译. 北京：商务印书馆，2012：1944.

③ FRIEDMAN H H，FRIEDMAN L. Endorser effectiveness by product type［J］. Journal of advertising research，1979，19（5）：63-71. CHAN G S H，LEE A L Y，WONG C H M. Celebrity Endorsement in Advertisement on Destination Choice Among Generation Y in Hong Kong［J］. International Journal of Marketing Studies，2018，10（2）：16-27.

④ 霍恩比. 牛津高阶英汉双解词典［M］. 7 版. 王玉章，等译. 北京：商务印书馆，2012：659.

即表示代表产品或品牌发言、支持或推荐产品或品牌的人，也就是代言人、推荐人的意思。相关文献并未针对 spokesperson 和 endorser 二词内涵的异同及用法进行辨析和论述，这两个词也存在交替使用的现象，因而二者在所指的内容上并无实质差异。

根据 Tellis 和 Biswas 等学者的划分，代言人通常包括三个类型，即专家（expert）、名人（celebrity）和世俗代言人（lay，既非专家也非名人）。其中专家是指被大众认为是在某个特别领域具有专业知识的个人或组织。名人是因生活被报道和宣传而广为大众所熟知的人。世俗代言人指用于广告代言的不被知晓或虚构的人物、角色①。除此之外，无论是在理论研究中还是现实生活中，典型消费者、CEO、非营利性组织、虚拟代言人等也是比较常见的代言人类型。

（三）名人代言人

名人代言人，顾名思义就是由名人出任的代言人。在已有的外文文献中，名人代言人的英文表述一般为"celebrity endorser"或"celebrity spokesperson"。笔者在对名人代言相关文献进行检索时发现，spokesperson 一词在 20 世纪 80 年代及其之前的早期文献中被使用的频率较多，90 年代开始，endorser 一词作为代言人的表述则较为普遍，该发现与胡晓云的研究结论也是一致的。从学术研究的角度来看，学者们对名人代言人的定义也并无明显争议，国内外学界广泛引用的是 McCracken 于 1989 年所给出的定义②，即：

名人代言人是任何享有公众认可并通过这种认可以与产品共同出现在广告中的形式来支持、推荐产品或服务的人。

另外，名人代言人的具体角色也是多样化的，例如名人代言人同时可以是某产品方面的专家，或者没有与产品相关的专业知识和联系。McCracken 对名人代言的模式也进行了归纳，包括显性模式（我为该产品代言）、隐性模式（我使用该产品）、祈使性模式（你应该使用此产品）和同时出现模式（名人仅与产品同时出现）。在 McCracken 的定义中，名人代言人显然是与广告这种

① BISWAS D，BISWAS A，DAS N. The differential effects of celebrity and expert endorsements on consumer risk perceptions. The role of consumer knowledge，perceived congruency，and product technology orientation ［J］. Journal of Advertising，2006，35（2）：17-31. TELLIS G J. Effective advertising：Understanding when，how，and why advertising works ［M］. California：Sage Publications，Inc，2003：180-185.

② MCCRACKEN G. Who is the celebrity endorser? Cultural foundations of the endorsement process ［J］. Journal of consumer research，1989：310-321.

特定的传播媒介相联系的，国外学者在广告这一媒介环境中对名人代言的效果等问题开展研究的情况也较多。这是因为名人因其优越的个人吸引力、知名度以及更广泛的社会认可被认为是提高产品关注度、品牌再认度的最佳有形线索，最早得到了很多品牌运营商或广告商的青睐，知名人士在广告中为企业、产品或品牌进行代言也是整个品牌代言运用历史的前身①。

（四）名人代言人可信度

国内外学界关于名人代言人可信度概念的理解和研究源于信源可信度（source-credibility）这一术语。信源可信度这一术语一般用于指代一个信息传播者（人或物）自身具备的能够引发听者（或受众）积极地接收信息的一系列特质。信源可信度多在广告和传播学领域被加以研究。Hovland 及其助手在信源可信度的研究方面做出了奠基性的贡献，他们将影响信源可信度的因素归纳为信源的专业性（expertise）和可靠性（trustworthiness）。专业性指传播者（communicator）被感知为是有效主张（valid assertions）来源的程度；可靠性则指受众对于传播者传递有效主张的意图或目的所持的信心程度②。在 Hovland 等学者对信源可信度所包含因素做出较早研究之余，McGuire（1969）则认为，除专业性和可靠性之外，信源的吸引力也是信源可信度的一个重要来源③，且一些传播领域的研究者也认为，外貌吸引力也是个体在对他者进行的最初判断过程中所依凭的一项重要线索④。Ohanian（1990）后来在广告领域中，整合了以 Hovland 和 McGuire 为代表的信源可信度和信源吸引力两类观点，对名人代言人可信度的因素（或维度）构成进行了系统研究，发现专业性、可靠性和外貌吸引力是名人代言人可信度的三项基本要素⑤。国内外学界也多在 Ohanian 这一研究发现的基础上对名人代言人可信度的因素进行研究。

---

① FRIEDMAN H H, FRIEDMAN L. Endorser effectiveness by product type [J]. Journal of Advertising research, 1979, 19 (5): 63-71.

② HOVLAND C I, WEISS W. The influence of source credibility on communication effectiveness [J]. Public opinion quarterly, 1951-1952, 15 (4): 635-650.

③ MCGUIRE W J. The nature of attitudes and attitude change [J]. The handbook of social psychology, 1969, 3 (2): 136-314.

④ BAKER M J, CHURCHILL JR G A. The impact of physically attractive models on advertising evaluations [J]. Journal of Marketing research, 1977 (November): 538-555. JOSEPH W B. The credibility of physically attractive communicators: A review [J]. Journal of advertising, 1982, 11 (3): 15-24. KAHLE L R, HOMER P M. Physical attractiveness of the celebrity endorser: A social adaptation perspective [J]. Journal of consumer research, 1985, 11 (4): 954-961.

⑤ OHANIAN R. Construction and validation of a scale to measure celebrity endorsers' perceived expertise, trustworthiness, and attractiveness [J]. Journal of Advertising, 1990, 19 (3): 39-52.

因此，简而言之，名人代言人可信度就是指名人代言人在作为信息传播的来源时所具备的能够引发受众积极接收信息的一系列特征。但就现有国内外研究的进展来看，名人代言人可信度究竟应该包含哪些因素或维度尚无最终明确的答案，仍有待今后的研究继续探索。

二、名人代言效果相关研究

如上文所述，代言人包括很多种类型，但名人这一类型的代言人在营销实践，尤其是在广告活动中被使用的现象极为普遍，名人代言广告也是其他类型名人代言策略的前身，名人代言人也普遍被认为比其他类型代言人能够发挥更好的效果①。面对名人代言这一普遍现象，许多研究者一直尝试去阐明为何众多企业组织不吝巨资投入以名人担纲的沟通方案。然而，由于很多可能性因素的介入，名人代言的最终效果也是多变的。例如选择什么样的名人代言人、代言广告的执行质量、媒体规划、公共关系以及受众的卷入度等都可能影响最终的代言效果。也正是这一点促使理解名人代言究竟如何发挥作用和识别影响代言效果的关键因素成了学界热衷探讨的话题。虽然影响名人代言人效果的因素众多，但从以往国内外名人代言效果研究的文献来看，立足于名人代言人特征考察代言效果一直是学界研究的主流视角，名人代言人具有的特征也被认为是认识名人代言人在品牌感知方面所发挥效应的关键所在②。虽然影响代言效果的因素众多，但无论何种因素，其作用的发挥都要以名人代言人自身的特征为基础，立足名人代言人特征的相关研究也能够有助于回答以什么标准选择名人代言人才能取得较好效果这一现实问题。本研究也因此将理论回顾的重点放在对这一类型文献的梳理和总结，并为本研究以名人代言人可信度特征为基础探索名人代言效果的研究设计提供线索。

基于名人代言人特征的研究具体又可以划分为三个视角，一是基于信息来源效应（简称信源效应）探讨名人作为信息源对受众的说服效果，二是基于“名人-产品匹配程度”的代言效果研究，三是采用名人代言人形象这一概念来表征各种受众的名人代言人特征感知结果并据此考察代言效果的相关研究。

---

① KIM Y J, NA J H. Effects of celebrity athlete endorsement on attitude towards the product: the role of credibility, attractiveness and the concept of congruence [J]. International Journal of Sports Marketing & Sponsorship, 2007, 8 (4): 310-320.

② FLECK N, KORCHIA M, LE ROY I. Celebrities in advertising: looking for congruence or likability? [J]. Psychology & Marketing, 2012, 29 (9): 651-662. PRADHAN D, DURAIPANDIAN I, SETHI D. Celebrity endorsement: How celebrity-brand-user personality congruence affects brand attitude and purchase intention [J]. Journal of Marketing Communications, 2016, 22 (5): 456-473.

（一）基于信源效应的名人代言效果研究

信源效应在传播学、社会心理学等相关学科的研究中得到了普遍重视，它主要考察的是信息发送者（既可以是生物学意义上的人也可以是组织等）在具备何种条件时是具有说服力的。后来名人代言效果研究引入了这一研究范式，并主要基于名人可信度和名人吸引力两个理论模型来探讨名人代言效果。

1. 基于名人可信度模型的相关研究

（1）信源可信度模型

名人可信度模型源自信源可信度模型，信源可信度模型的主要观点是由以Hovland为代表的美国传播学和社会心理学家提出。信源可信度模型认为信息能否被接收者接受取决于信息的可信度，而信息是否可信决定于信源是否具有专业性和可靠性的特征，即信源的专业性（expertness）和可靠性（trustworthiness）是影响信息是否能够被有效接受的两个重要因素。如前文所述，这里专业性的含义是受众将信息传播者感知为是有效断言或主张的信源的程度，即信源是否在所代言产品方面具有相应知识、经验或技能等。可靠性是指受众对信息传播者是否客观、诚实地提供有效断言或主张的信心程度。以上专业性和可靠性都是受众感知的结果。信源可信度模型的提出对此后的传播说服效果研究产生了重大影响，许多研究支持了信源专业性和可靠性在受众态度改变方面的影响作用①。例如在恐惧诉求（fear-arousing）沟通情境中，Miller和Baseheart（1969）发现信源可靠性对沟通的信服性有显著影响②。McGinnies和Ward（1980）采用实验方法对信息源的专业性和可靠性两个变量进行控制，研究结论证实当信源被认为是专家并值得信赖时测试者更容易被信息说服③。另外一些专门对信源的专业性特征的影响作用进行考察的研究普遍表明，信源的感知专业性对受众态度转变有积极影响④。在探索信源可信度的说服效应的同时，

---

① ARSHAD S，IKRAM M，YAHYA M，et al. Does Celebrity Endorsement Influence the Corporate Loyalty：Mediating Role of Corporate Credibility? [J]. International Journal of Social Sciences，Humanities and Education，2017，1（4）：308-319.

② MILLER G R，BASEHEART J. Source trustworthiness，opinionated statements，and response to persuasive communication [J]. 1969，36（1）：1-7.

③ MCGINNIES E，WARD C D. Better liked than right trustworthiness and expertise as factors in credibility [J]. Personality and Social Psychology Bulletin，1980，6（3）：467-472.

④ HORAI J，NACCARI N，FATOULLAH E. The effects of expertise and physical attractiveness upon opinion agreement and liking [J]. Sociometry，1974，37（4）：601-606. MADDUX J E，ROGERS R W. Protection motivation and self-efficacy：A revised theory of fear appeals and attitude change [J]. Journal of experimental social psychology，1983，19（5）：469-479.

学者们也不断就信源可信度的构成要素进行反复验证，例如在言语交际（speech communication）背景下，一些学者运用因素分析法识别出了除专业性和可靠性之外的其他可信度构成因素，包括信源是否能够为受众带来安全感、信源的资格、活力、客观性、权威性等①，这也表明有关信源可信度构成因素的观点尚未达成一致，而且不同研究在对各个因素进行实际测量时所使用的指标也存在差异。

（2）名人可信度模型的提出及相关研究

信源可信度在名人代言效果研究中引起了较大反响。在名人可信度模型正式提出之前，学者已经对名人代言效果开展了一些研究，通常以名人代言人对受众所持的广告态度或购买意愿为指标评估名人代言人效应，不过结论也存在一定争议，一些学者认为名人与非名人在代言效果方面并没有显著差异，而更多研究则显示名人代言在获得受众关注、提升品牌回忆、塑造品牌形象、品牌的再定位以及开展全球推广活动时具有更好的效果②。信源可信度为深入挖掘名人与非名人、具有不同特征的名人之间代言效果存在差异的原因提供了一扇窗户③。然而由于有关信源可信度的构成因素一直众说纷纭，使得基于信源可信度的名人代言效果研究也缺少较为稳定的测量工具。

鉴于以上背景，美国埃默里大学市场营销专业副教授 Ohanian（1990）对以往大量文献回顾和归纳，运用因素分析，识别出名人可信度由专业性、可靠性和吸引力三个因素构成，即所谓的名人可信度模型④。Ohanian 也在该项研究中提出了对名人可信度所包含的三个因素进行测量的较为标准化的量表并被后来的研究广泛引用。相较于 Hovland、Janis 和 Kelley 最初提出的信源可信度模型，名人可信度模型还涵盖了名人吸引力因素。按照 Ohanian 的测量内容，此处的名人吸引力专指名人代言人的外貌吸引力，考虑这一因素的原因主要在于名人，尤其是明星代言的日渐盛行使得名人吸引力成为考察代言效果时不容忽视的一个重要因素。Ohanian 在随后一项运用三种名人类型、四种产品的研

---

① BERLO D K, LEMERT J B, MERTZ R J. Dimensions for evaluating the acceptability of message sources [J]. Public Opinion Quarterly, 1969, 33 (4): 563-576. MCCROSKEY J C. Scales for the measurement of ethos [J]. Speech Monographs, 1966, 33 (1): 65-72.

② BOWMAN J. Facing advertising reality [J]. Media Asia, 2002, 7 (26): 14-15.

③ 赖俊明. 基于消费者认知的不同类型品牌代言人适用性研究 [J]. 商业研究, 2016 (1): 156-166.

④ OHANIAN R. Construction and validation of a scale to measure celebrity endorsers' perceived expertise, trustworthiness, and attractiveness [J]. Journal of Advertising, 1990, 19 (3): 39-52.

究设计中证实，名人可信度要素中专业性对受众的购买意愿具有最显著的影响效果①。就名人可信度所含吸引力这一因素，Kahle 和 Homer（1985）曾开展一项研究以明确名人的体貌吸引力如何影响广告产品的态度和购买意愿，结果显示有吸引力的模特提高了购买意愿②。Till 和 Busler（1998）的研究发现，企业在选择代言人时，专业性比吸引力更重要③。就名人可信度的总体作用而言，Goldsmith、Lafferty 和 Newell（2000）运用路径分析法，以虚拟的名人代言广告为媒介，证实名人可信度直接影响消费者的广告态度，并通过广告态度对品牌态度和购买意愿发生间接作用④。Erdogan（1999）根据对以往文献的回顾和归纳认为，具有较高可信度的名人代言人更有说服力，在诱发更为积极的产品和品牌态度、行为意愿的改变方面也更为有效⑤。Amos、Holmes 和 Strutton（2008）对以往有关名人代言人效果的实证研究文献进行了元分析，结论在说明了有关名人的负面信息对代言广告活动存在消极影响的同时也证实，名人可信度所包含的专业性、可信赖性和吸引力三项因素对受众的购买意愿、品牌态度以及广告态度发挥着显著的信源效应⑥。

国内学者在名人可信度的构成要素及其对代言效果的研究方面也进行了积极探索。王怀明和马谋超（2004）通过探索性因素分析和验证性因素分析发现名人可信度由专业性、吸引力、品德和名人与商品的一致性四项因素构成⑦。丁夏齐等（2005）参照了 Ohanian 研究名人可信度因素的方法和步骤，并在问项内容中增加了与名人道德声誉相关的条目，识别出了名人的"道德声誉"因素，并且这一因素对与广告态度、品牌态度、购买意向之间都表现

① OHANIAN R. The impact of celebrity spokespersons' perceived image on consumers' intention to purchase [J]. Journal of Advertising Research, 1991, 31 (1): 46-54.

② KAHLE L R, HOMER P M. Physical attractiveness of the celebrity endorser: A social adaptation perspective [J]. Journal of consumer research, 1985, 11 (4): 954-961.

③ TILL B D, BUSLER M. Matching products with endorsers: attractiveness versus expertise [J]. Journal of Consumer Marketing, 1998, 15 (6): 576-586.

④ GOLDSMITH R E, LAFFERTY B A, NEWELL S J. The impact of corporate credibility and celebrity credibility on consumer reaction to advertisements and brands [J]. Journal of Advertising, 2000, 29 (3): 43-54.

⑤ ERDOGAN B Z. Celebrity endorsement: A literature review [J]. Journal of marketing management, 1999, 15 (4): 291-314.

⑥ AMOS C, HOLMES G, STRUTTON D. Exploring the relationship between celebrity endorser effects and advertising effectiveness: A quantitative synthesis of effect size [J]. International Journal of Advertising, 2008, 27 (2): 209-234.

⑦ 王怀明，马谋超. 名人广告源可信度因子结构 [J]. 心理学报，2004 (3): 365-369.

为显著的正相关，丁夏齐从而得到包含“吸引力”“一致性”“专业性”“可信赖性”“道德声誉”的五因子的名人可信度结构特征①。孙晓强（2008）在品牌代言人可信度量表开发过程中，经过定性访谈、文献回顾等步骤提取和归纳了名人可信度问项，并以因素分析法析出了名气声望、产品关联和可信赖性三个名人可信度因素②。李冰心（2005）将名人知名度、喜爱度、形象吸引力、专业性和诚实性五个方面视为影响名人可信度评价的五个主要因素，并在研究中发现名人喜爱度和名人形象吸引力两项因素能够正向、积极地影响消费者的购买意愿，名人诚实性则主要通过广告的可信度这一变量间接地影响消费者的品牌态度和购买意向③。

以上多项国内外研究主要都是以广告态度、品牌态度以及购买意愿等作为评价指标来考察名人代言效果，尤其以此来评估名人广告对受众的影响效应。也有少数学者进一步考察了名人可信度对品牌资产的影响。Spry、Pappu 和 Cornwell（2011）依据联想学习原则（associative learning principles）和品牌信号理论（brand signalling theory）推导出了一个名人代言人影响品牌资产的假设模型，通过采用结构方程模型与实地实验（field experiment）相结合的方法证实，名人代言人的可信度通过品牌可信度间接影响品牌资产④。国内学者孙晓强在其品牌资产提升策略的研究中发现，名人代言人可信度的三个因素首先对品牌关系的不同构面发挥影响作用并间接作用于品牌资产（以品牌溢价支付意愿和再购买意愿为指标）⑤。

2. 基于名人吸引力特征的相关研究

社会心理学 McGuire 在 1985 年提出了信源吸引力模型（Source Attractiveness Model）。McGuire 认为信息的传播能否有效取决于受众对信源三方面特征的感知结果，即熟悉度（familiarity）、喜好度（likeability）、受众与信源之间的相似性（similarity）⑥。熟悉度指受众对信源掌握的知识程度，喜好

---

① 丁夏齐，王怀明，马谋超. 名人推荐者道德声誉对名人广告效果的影响［J］. 心理学报，2005（3）：382-389.

② 孙晓强. 品牌代言人可信度特质模型的建立与验证［J］. 经济管理，2008，（3）：99-106.

③ 李冰心. 名人广告的可信度评价及其对消费者品牌态度与购买意向的影响［D］. 武汉：武汉大学，2005.

④ SPRY A，PAPPU R，BETTINA CORNWELL T. Celebrity endorsement，brand credibility and brand equity［J］. European Journal of Marketing，2011，45（6）：882-909.

⑤ 孙晓强. 品牌代言人对品牌资产的影响研究［D］. 上海：复旦大学，2008.

⑥ MCGUIRE W J. The nature of attitudes and attitude change［J］. The handbook of social psychology，1969，3（2）：136-314.

度指受众因体貌特征和行为而产生的对信源的喜爱程度，相似性是信息接受者所感知中的信源与其自身的相似程度。因而信源吸引力模型的一个基本的理论观点就是，一个广为消费者熟知、被消费者所喜爱而且与消费者自我认知相似的信源就是具有吸引力的信源，故信息因这一信源的吸引力具有了说服力。这一理论观点也成为许多名人代言效果研究的重要基础，并得到了一定程度的支持。例如 Joseph（1982）研究了名人代言人的外貌吸引力对受众产品态度的变化等传播效果的影响，结论支持了 McGuire 的观点，即相对于魅力不足的代言人，富有魅力者带来了受众对代言产品更为积极的评价①。Kahle 和 Homer（1985）认为在广告中采用更有吸引力的代言人将提高广告的好感度并强化购买倾向②。Patzer（1983）对名人代言人体貌吸引力的效应进行了较为深入地研究，他们发现信源的体貌吸引力能够独立影像说服效果③。Silvera 和 Austad（2004）的研究也证实了名人代言的有效性取决于名人吸引力以及消费者对名人是否喜欢其自身所代言产品的推断④。不过，也有学者指出了信源吸引力效应的有限性，Baker 和 Churchill 开展的一项研究说明，名人作为广告信源的吸引力越高，受众就越倾向于对广告持有积极的态度，但购买意愿却并没有发生显著变化⑤。Caballero 的研究也说明信源的体貌吸引力对产品的购买意愿并没有显著影响，他们继而认为，虽然信源的体貌吸引力使测试者产生了正面的情感反应，但是这种情感反应不一定都能够转化为购买意愿，因而未必能够产生实际的消费行为⑥。以上研究表明，名人作为信源，其外貌吸引力能够促进代言广告态度的积极变化，但这种积极态度未必能够顺利迁移到购买意愿上。这也说明，名人代言要取得更好的市场反应，仅仅注重吸引力并不够。

由上文关于名人可信度的研究不难看出，Ohanian 是将早期的信源可信度

---

① JOSEPH W B. The credibility of physically attractive communicators: A review [J]. Journal of advertising, 1982, 11 (3): 15-24.

② KAHLE L R, HOMER P M. Physical attractiveness of the celebrity endorser: A social adaptation perspective [J]. Journal of consumer research, 1985, 11 (4): 954-961.

③ PATZER G L. Source credibility as a function of communicator physical attractiveness [J]. Journal of business research, 1983, 11 (2): 229-241.

④ SILVERA D H, AUSTAD B. Factors predicting the effectiveness of celebrity endorsement advertisements [J]. European Journal of marketing, 2004, 38 (11/12): 1509-1526.

⑤ BAKER M J, CHURCHILL JR G A. The impact of physically attractive models on advertising evaluations [J]. Journal of Marketing research, 1977, 14 (4): 538-555.

⑥ CABALLERO M J, SOLOMON P J. Effects of model attractiveness on sales response [J]. Journal of Advertising, 1984, 13 (1): 17-33. CABALLERO M J, LUMPKIN J R, MADDEN C S. Using physical attractiveness as an advertising tool: An empirical test of the attraction phenomenon [J]. Journal of Advertising Research, 1989, 29 (4): 16-22.

和信源吸引力相结合提出了名人可信度模型，这一模型整合了以往的大量研究所涉及的信源可信度和吸引力特征，揭示了名人有效代言的主要影响因素并得到了普遍推崇。也正因如此，从 20 世纪 90 年代开始，基于名人可信度模型开展的代言效果研究更为普遍，大有取代名人吸引力模型之势。不过，也有学者指出，名人可信度仅吸纳了名人吸引力中体貌吸引力这一方面而忽视了吸引力的其他可能维度。例如 Erdogan（1999）就认为，作为一个构想，吸引力反映的是消费者可能感知到的名人代言人的体貌和其他一些道德特征①。Amos、Holmes 和 Strutton（2008）也强调，仅将名人的体貌吸引力整合到名人可信度模型之中是值得警惕的②。

（二）基于“名人-产品匹配”的代言效果研究

基于“名人-产品匹配”假说（Match-up hypothesis）的研究是名人代言效果研究中又一个重要的流派。在 20 世纪 70 年代学者们就开始注意到代言人与产品的匹配问题，前文已经提到，名人与产品匹配之所以在名人代言研究中被突出强调是因为，名人因具有优越的个人吸引力、较高知名度以及更广泛的社会认可从而被认为是提高产品的关注度和品牌再认度的有效线索，而这些可能性却导致名人一度被滥用于各类产品的广告之中。一些学者对此种现象发出了质疑的声音，认为名人代言并不见得对任何类型的产品都是有效的，尽管名人代言对品牌名称和广告回忆水平可能有所贡献，但倘若名人代言的主要目标是促使消费者产生积极的产品态度和购买意向，那么就应该对名人与产品二者之间的适合或匹配程度加以斟酌③。

Kamins 在 1990 年正式提出了“名人-产品匹配”假说（常用的其他表达方式还有“fit”“congruence”）。该假说的主要观点是，当名人与产品之间存在一定程度的相关性时，名人代言的效果会更好。换言之，欲提高代言信息的

---

① ERDOGAN B Z. Celebrity endorsement: A literature review [J]. Journal of marketing management, 1999, 15 (4): 291-314.

② AMOS C, HOLMES G, STRUTTON D. Exploring the relationship between celebrity endorser effects and advertising effectiveness: A quantitative synthesis of effect size [J]. International Journal of Advertising, 2008, 27 (2): 209-234.

③ FRIEDMAN H H, FRIEDMAN L. Endorser effectiveness by product type [J]. Journal of Advertising research, 1979, 19 (5): 63-71. MCCRACKEN G. Who Is the Celebrity Endorser? Cultural Foundations of the Endorsement Process [J]. Journal of Consumer Research, 1989, 16 (3): 310-21. KAHLE L R, HOMER P M. Physical attractiveness of the celebrity endorser: A social adaptation perspective [J]. Journal of Consumer Research, 1985, 11 (4): 954-961.

说服效果，名人形象与产品特征之间应保持一致[①]。Kamins 的实验研究结论也表明，当名人的形象和代言产品之间被感知具有较高相关性时，产品的积极态度会增强[②]。Misra 和 Beatty（1990）也发现，与品牌形象一致的名人比无关或不匹配的名人能引发更好的品牌回忆和品牌喜爱程度[③]。Walker（1992）等也指出，名人形象与产品形象之间的紧密关系有助于产生较佳的产品评价效应[④]。Fleck、Korchia 和 Roy（2012）运用结构方程模型、独立样本 T 检验等方法证实，对名人的喜爱度和名人与品牌之间的感知一致性在影响广告态度方面都有积极和显著的作用，广告态度进而又影响品牌态度和购买意愿[⑤]。Amos、Holmes 和 Strutton（2008）则综合考察了名人可信度和"名人-产品匹配"两类变量对代言效果的影响效应，并指出学术界对于名人与产品和品牌在哪些维度上必须匹配、又该怎样匹配等问题至今仍无明确的统一标准，这仍然是未来研究需要重点探索的课题之一[⑥]。

以上研究多在总体水平（overall level）上对名人与产品或品牌之间的匹配程度进行测量，这种做法也非常普遍。不过由于名人和产品各自都在多个维度上具有自身的特征，二者之间也会在多个方面向上产生对应关系。例如：有研究表明名人在为那些购买决策具有较高社会风险和心理风险的产品代言时能产生更为积极的广告态度和产品态度；名人的性别与代言产品间也存在合适程度的问题，女性名人代言具有阴柔特征产品的效果便优于男性名人[⑦]。还有研究证实，相对于功能性服务产品（如银行），享乐型服务产品（如餐厅）在采用名人代言时获得了更为积极的产品态度[⑧]。Till 和 Busler（2000）将名人的专

---

① KAMINS M A. An investigation into the "match-up" hypothesis in celebrity advertising: When beauty may be only skin deep [J]. Journal of Advertising, 1990, 19 (1): 4-13.

② KAMINS M A, GUPTA K. Congruence between spokesperson and product type: A matchup hypothesis perspective [J]. Psychology & Marketing, 1994, 11 (6): 569-586.

③ MISRA S, BEATTY S E. Celebrity spokesperson and brand congruence: An assessment of recall and affect [J]. Journal of Business Research, 1990, 21 (2): 159-173.

④ WALKER M, LANGMEYER L, LANGMEYER D. Celebrity endorsers: do you get what you pay for? [J]. Journal of Consumer Marketing, 1992, 9 (2): 69-76.

⑤ FLECK N, KORCHIA M, LE ROY I. Celebrities in advertising: looking for congruence or likability? [J]. Psychology & Marketing, 2012, 29 (9): 651-662.

⑥ AMOS C, HOLMES G, STRUTTON D. Exploring the relationship between celebrity endorser effects and advertising effectiveness: A quantitative synthesis of effect size [J]. International Journal of Advertising, 2008, 27 (2): 209-234.

⑦ KANUNGO R N, PANG S. Effects of human models on perceived product quality [J]. Journal of Applied Psychology, 1973, 57 (2): 172.

⑧ RYU G, PARK J, FEICK L. The role of product type and country of origin in decisions about choice of endorser ethnicity in advertising [J]. Psychology & Marketing, 2006, 23 (6): 487-513.

业性作为“名人-产品匹配”关系的一项来源并发现，被试对匹配与否的感知显著影响产品态度①。“名人-产品匹配”对产品（或品牌）态度的影响效应在国内一些学者有关名人与产品档次、名人与产品国别匹配关系的研究中也得到了证实②。

（三）名人代言人形象视角的相关研究

综上所述，无论是名人的可信度还是名人的吸引力，都是对名人自身相关因素或特征的解析。值得强调的是，学者们在各自的研究中对名人可信度或名人吸引力概念的理解和操作都采取的是受众感知的视角，即名人的可信度是受众感知中的可信度程度，名人吸引力也是受众感知中的吸引力。这就产生一个难以回避的问题，那就是受众所感知到的名人自身的特征是否仅限于可信度或吸引力？一些学者也就此提出了一些不同的看法。McCracken（1989）最早指出了以往基于名人可信度和名人吸引力模型的相关研究的局限性。他认为可信度模型和吸引力模型各自都难以较为充分地解释名人代言人的效应，可信度或吸引力不足以捕捉到名人自身所蕴含得更为丰富的偶像特质或象征性意义③。Erdogan（1999）也指出，将对一个人的评价限制在特定的维度上显得过于局限了④。Choi 和 Rifon（2007）认为，虽然很多研究证实了名人代言人通过可信度对消费者发挥着影响效应，但在当今社会这样的文化氛围中，仅考虑可信度则是对名人形象的突出特征和其具有的消费影响力的一种过度简化⑤。这种对名人代言人自身所蕴含社会文化意义的强调促使一些学者逐渐开始从名人代言人形象视角对名人代言引起的消费者品牌评价和消费行为方面的变化开展相关研究。

虽然名人代言人形象这一概念得到了强调，但已有的少数基于名人代言人

---

① TILL B D, BUSLER M. The match-up hypothesis: Physical attractiveness, expertise, and the role of fit on brand attitude, purchase intent and brand beliefs [J]. Journal of Advertising, 2000, 29 (3): 1-13.

② 王怀明，马谋超．名人与产品一致性对名人广告效果影响的实验研究［J］．心理科学，2004，27（1）：198-199．张红霞，张益．国别属性重要吗？代言人与广告效果关系研究的新视角［J］．心理学报，2010，42（2）：304-316．沈雪瑞，李天元，吕兴洋，昌晶亮．名人代言会影响旅游者的目的地态度吗？——基于名人-目的地匹配度和个人卷入度的实验研究［J］．旅游学刊，2015，30（4）：62-72.

③ MCCRACKEN G. Who is the celebrity endorser? Cultural foundations of the endorsement process [J]. Journal of consumer research, 1989, 16 (3): 310-321.

④ ERDOGAN B Z. Celebrity endorsement: A literature review [J]. Journal of marketing management, 1999, 15 (4): 291-314.

⑤ CHOI S, RIFON N J. Who is the celebrity in advertising? Understanding dimensions of celebrity images [J]. The journal of popular Culture, 2007, 40 (2): 304-324.

形象视角所进行的名人代言效果的探讨对名人代言人形象应包含哪些内容尚未形成较为明确的界定。Erdogan，Baker 和 Tagg（2001）对名人自身因素的研究实际上也就是关于名人代言人形象特征的探讨。他们以英国范围内的经验丰富的广告代理经理们（advertising agency managers）为调查对象，通过探索性因素分析发现，这些实践者们感知中的以下五种名人自身的因素或特征对于代言效果至关重要，即匹配性（congruence）、可信度（credibility）、职业（profession）、声望（popularity）、易得性（obtainability）①。Rifon 和 Choi（2004）在一项关于名人代言人形象与消费者自我概念之间的一致性对代言效果的影响研究中，对名人代言人形象的测量直接引用了以往关于“自我概念”的指标和测量工具，并将形象内容预先规定为“粗犷-雅致”“易激动-冷静”“造作-自然”“专横-顺从”“节俭-放纵”等 15 个维度，这些维度多与人的个性特征有关②。Choi 和 Rifon（2007）还开展了另一项旨在专门揭示名人代言人形象内涵的研究。他们以体育明星为名人类型，以学生为样本，经过初步量表问题项的选择、探索性分析和验证性因素分析几个步骤，识别出了名人形象所包含的四个主要维度，即真诚（genuineness）、能力（competence）、刺激（excitement）和社交（sociability）。但 Choi 和 Rifon 也强调，该研究仅以学生为样本且只涉及体育明星这一类名人，结论的普及性还有待进一步验证③。可见，关于名人代言人形象的内在维度构成仍有待进一步探索，而且名人代言人形象对代言效果的影响也还缺乏足够的实证性验证。

与以往基于名人可信度和吸引力的代言效果研究有所不同的是，基于名人代言人形象视角的相关研究将重点放在了探讨名人代言人形象对于一个品牌在塑造其品牌个性和创建品牌资产过程中可能发挥的作用。Ang、Dubelaar 和 Kamakura（2006）以手表品牌为例，通过一个“2×2”的实验设计，发现被试对手表品牌个性的感知结果能够因具有不同个性特征的名人代言而发生变化④。Roy 和 Moorthi（2012）试图借意义或个性在名人与品牌之间发生转移这一假

---

① ERDOGAN B Z, BAKER M J, TAGG S. Selecting celebrity endorsers: The practitioner's perspective [J]. Journal of advertising research, 2001, 41 (3): 39-48.

② RIFON N J, CHOI S M, TRIMBLE C S, et al. Congruence effects in sponsorship: The mediating role of sponsor credibility and consumer attributions of sponsor motive [J]. Journal of Advertising, 2004, 33 (1): 30-42.

③ CHOI S, RIFON N J. Who is the celebrity in advertising? Understanding dimensions of celebrity images [J]. The journal of popular Culture, 2007, 40 (2): 304-324.

④ ANG L, DUBELAAR C, KAMAKURA W. Changing brand personality through celebrity endorsement [C]. ANZMAC Conference Proceedings, Brisbane: Queensland University of Technology, 2006 (11): 1679-1686.

设寻找到名人代言与品牌个性两类研究之间的关联。他们的结论证实，在代言过程中，名人代言人的个性对品牌个性确有统计意义上显著影响作用①。Batra和Homer（2004）通过实验研究发现，消费者有关名人代言人有趣（fun）和品位（classiness）方面的个性联想加强了他们对品牌能够在乐趣和品位方面为其提供利益的信念，从而验证了名人代言人形象与品牌形象之间意义的可迁移性②。国内学者吴琼（2014）也认为品牌形象代言人能够通过自身的个性或形象魅力强化品牌个性③。杨笑天（2012）从消费者视角围绕赞助营销中体育名人代言人如何通过其自身的五个维度（知名度、吸引力、专业性、可信任度、匹配度）对品牌形象三个维度（质量感知、品牌个性、组织形象）的影响机制进行了探讨④。

还有学者意识到名人代言对消费者认知视角的品牌资产（customer-based brand equity）可能存在影响，Walker等在20世纪90年代初曾指出，虽然存在着运用代言人提升品牌资产的巨大潜力，但这方面的实证研究一直都很欠缺⑤。Till（1998）后来也认为，大量的名人代言人效果研究主要考虑了名人代言人在消费者对名人广告、产品和（或）品牌态度方面所发挥的影响效应，而在如何管理名人能够带给品牌的一系列联想方面所提供的指导却非常之少。Till还依据联想记忆模型（associative network model of memory）和联想学习理论（associative learning）提出了通过名人代言提升品牌资产的管理建议⑥。Jaiprakash（2008）则依据对以往名人代言相关的理论和经验研究的总结，认为名人代言其实是品牌联合（co-branding）的一种具体形式，名人代言通过在联合品牌化过程中实现名人自身意义向被代言品牌的迁移来影响品牌形象，进而影响到品牌资产。Jaiprakash据此还提出了一个以“名人形象-品牌形象-品牌资产”为主线的概念模型，以描述名人代言发挥作用的过程（见图2.1），不过Jaiprakash并未对该模型进行实证研究。按照Jaiprakash在文中的阐述，图

---

① ROY S, MOORTHI Y L R. Investigating endorser personality effects on brand personality: Causation and reverse causation in India [J]. Journal of Brand Strategy, 2012, 1 (2): 164-179.

② BATRA R, HOMER P M. The situational impact of brand image beliefs [J]. Journal of Consumer Psychology, 2004, 14 (3): 318-330.

③ 吴琼. 基于品牌个性视角的品牌形象代言人选择研究 [J]. 科技创业月刊, 2014 (2): 32-34.

④ 杨笑天. 体育名人代言对企业品牌形象的影响分析 [D]. 成都：西南财经大学, 2012.

⑤ WALKER M, LANGMEYER L, LANGMEYER D. Celebrity endorsers: do you get what you pay for? [J]. Journal of Consumer Marketing, 1992, 9 (2): 69-76.

⑥ TILL B D. Using celebrity endorsers effectively: lessons from associative learning [J]. Journal of product & brand management, 1998, 7 (5): 400-409.

2.1 所示模型中名人代言人形象的内容主要还是体现为名人的吸引力和名人的可信度①。

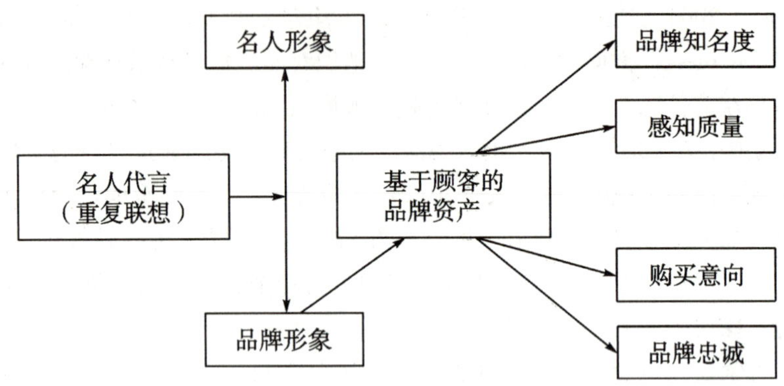

图 2.1　名人代言人形象-品牌形象联想模型

资料来源：JAIPRAKASH A T. A conceptual research on the association between celebrity endorsement, brand image and brand equity ［J］. The Icfai University Journal of Marketing Management, 2008, 7 (4): 54-64.

三、启示

由以上文献回顾可见，在大量名人代言效果的相关文献中，基于名人可信度和名人吸引力模型所开展的研究占据绝大比重，尤其是 Ohanian 开发了名人可信度量表之后，该领域的国内外学者便倾向于在名人可信度这一框架下探索名人代言的效果问题。并且，从国内外名人代言人可信度所包含要素的研究进展来看，名人吸引力和“名人-产品匹配”等内容也逐渐被纳入名人代言人可信度视角之下，也即名人吸引力和名人-产品匹配度等都被认为是名人代言人可信度所涵盖的要素内容。而以 McCracken 为代表的一些学者认为，无论是名人吸引力还是可信度视角，最大的不足之处在于它们迫使我们接受这样一种观念，那就是只有名人的可信度和吸引力才使得代言过程发挥作用，并认为这种做法不利于将名人视为一系列文化意义的载体。后来出现的基于名人代言人形象视角的相关研究事实上便是对 McCracken 所持观点的一种积极回应。虽然名人代言人形象这一概念更有助于涵盖更为广泛的名人形象特征和拓展人们对名人代言人文化意义的认识，并有利于人们超越以往研究囿于广告态度、产品和

① JAIPRAKASH A T. A conceptual research on the association between celebrity endorsement, brand image and brand equity ［J］. The Icfai University Journal of Marketing Management, 2008, 7 (4): 54-64.

（或）品牌态度以及购买意愿这些即时性的代言效果指标从而将品牌个性、品牌资产等具有品牌化的战略性目标纳入代言效果评估范畴，但学界至今还没有形成较为一致的关于名人代言人形象这一概念内在构成要素的观点。而且，现有一些基于名人形象视角的研究也仍将名人代言人可信度视为名人代言人形象的主要内容。虽然 Choi 和 Rifon 专门测量了名人形象，但由于他们在测量过程中主要借鉴了自我概念、品牌个性等量表，导致其识别结果仅涵盖了名人的个性特征，并且脱离了产品或品牌代言这一具体情境，使得其研究结论仅仅是被调查者在一般情况下对名人进行感知而得到的结果，没有揭示出被调查者在代言关系之中如何对名人形象进行感知。因此基于名人代言人可信度对名人代言效果加以研究仍然是学界的主流。

第二节　基于消费者视角的品牌资产研究

一、品牌资产的概念内涵

本研究所使用的“品牌资产”这一表述对应的英文词汇是“brand equity”一词，对于该词，国内还有“品牌权益”的译法，但相对而言，“品牌资产”这一解释最为普遍。学界普遍认为品牌资产这一概念得以被提出和被重视的时期为 20 世纪 80 年代。究其被关注的缘由，主要存在两种说法，其一是由于 20 世纪 80 年代全球市场竞争的日益加剧，出现大规模的企业并购和兼并现象，在此过程中，作为一项无形资产，品牌的易主必涉及其自身的作价问题，品牌资产作为品牌自身市场价值的体现充当了这一功能；其二则是当时的美国广告界在大批企业为竞争之需要逐渐削减广告支出并频繁采取各种降价或打折的方法来降低成本以提高利润的背景下对品牌资产进行的强调，意在提醒业界不要将品牌资产简单地视为是品牌的一种数字化的价格，而是要将品牌资产视为是类似品牌形象的一种由企业营销活动所塑造的特性①。以上体现了当时人们对品牌资产概念理解的侧重点有所不同。正是由于研究的动机和关注视角的不同，人们对品牌资产概念的理解也并不一致。回顾和总结以往文献，大致可以将品牌资产概念的诠释归为以下几个视角：

（一）财务视角

理论界基于财务视角对品牌资产进行诠释和研究的传统与 20 世纪 80 年代

① 于春玲，赵平. 品牌资产及其测量中的概念解析［J］. 南开管理评论，2003（1）：10-25.

西方国家企业界发生的企业间并购案、破产清算等有着直接的关系。在并购、合并或破产清算过程中，品牌这一无形资产的价值需要得到精确的评估，并将其具体化为货币数字形式，如此品牌的买卖才有凭借的客观依据，财务视角下品牌资产观念也由此而生。代表性的观点如 Brasco（1988）的观点，品牌资产表现为财务报表上的一项无形资产，是并购或清算时品牌的价值，它的具体值由现在盈余与未来盈余折现的总和构成①。Smith（1991）也将品牌资产视为是企业的财务价值，这种财务价值是由企业卓有成效的某项活动或计划的执行所创造的②。Biel（1992）认为品牌资产是产品或服务在拥有了品牌之后所产生的额外的现金流量，并将生产环节、产品及其他有形资产排除在品牌资产价值来源范畴之外③。Shoeke 和 Weitz（1988）更为具体地将品牌资产视为产品在有品牌名和无品牌名两种情况下产生现金流量的差额④。持有相似观点的人还有 Simon 和 Sullivan（1999），他们也认为品牌资产是有品牌名的产品相对于无品牌名产品带来的现金额的增加量⑤。

（二）产品市场表现视角

以上从财务视角对品牌资产的理解重在将品牌资产货币化，呼应了实务界将品牌作为无形资产进行资本运作的现实需要，基于这一视角的品牌资产测评研究的深入也进一步促进了品牌资产价值评估的精确性。然而仅强调品牌资产的财务视角使得企业在品牌管理上更偏重短期利益和相应财务指标，此时的品牌更多的是作为一项企业间开展金融活动时一项可交易的资产被重视，这对品牌的长期成长和企业的发展不利。因而一些学者和机构开始从产品市场表现的角度定义品牌资产，此类品牌资产定义所遵循的基本逻辑是品牌价值应通过品牌在产品市场上的绩效表现出来。

美国市场营销科学学会（MSI）提出，品牌资产是品牌因其顾客、渠道、母公司等对品牌具有的联想和行为而使品牌获得的强大、持久和差异化的竞争

---

① BRASCO T C. How brand name are valued for acquisitions [J]. MA: Marketing science institute, 1988: 88-104.

② SMITH J W. Thinking about brand equity and the analysis of customer transactions [C] //Managing Brand Equity: A Conference Summary, Report. 1991 (91-110): 17-18.

③ BIEL A L. How brand image drives brand equity [J]. Journal of advertising research, 1992, 32 (6): 6-12.

④ SHOCKER A D, WEITZ B. A perspective on brand equity principles and issues [J]. Report, 1988 (88-104): 2-4.

⑤ SILVERMAN S N, SPROTT D E, PASCAL V J. Relating consumer-based sources of brand equity to market outcomes [J]. Advances in Consumer Research, 1999, 26 (1): 352-358.

优势，这一优势能够使品牌产品获得的比无品牌产品更多的销售额和利润①。Tauber（1988）认为品牌资产是超过实体资产价值的附加价值，这种附加价值主要来源于品牌所取得的市场地位。正是由于品牌的现实市场地位，一些企业才会放弃创建自有品牌而花费高额的溢价去购买现有品牌，目的就是要将现有品牌的市场占有率和获利率直接转为己有，这种做法能够获得成功就是因为品牌拥有较为强大的以延伸能力为表现形式的品牌资产②。Pitta 和 Katsanis（1995）同意使用品牌延伸能力来表现品牌资产的观点，并认为品牌延伸能力还可以在节约成本的前提下协助企业进入新的产品领域。可见成本节约效应也被视为是品牌资产的一种现实表现③。

Doyle（1990）认为品牌资产是企业为建立相比竞争者持久且具差异化的优势进行长期投资所取得的效果④。Farquhar（1989）认为品牌资产是产品因拥有品牌而产生的超越其使用价值之外的附加价值或利益⑤。Kamakura 和 Russell（1993）也认为品牌资产是品牌为产品创造的超越其功能属性的增量效用⑥。Hollis、Farr 和 Dyson（1996）将品牌市场占有率与实际市场占有率进行比较，将其计算结果视为品牌资产⑦。Ailawadi（2003）的研究反映了以下事实，即销售品牌产品的盈利远高于无品牌产品，也就是说企业的品牌产品可以获得更多的溢价，这种溢价能力来源于品牌，品牌资产也就由此产生⑧。

总体来看，产品市场表现视角的品牌资产定义主要涉及以下几类指标，即溢价、市场占有率、品牌的扩张和延伸能力、成本结构、盈利能力等。以上这些用以定义品牌资产的指标反映了品牌给企业带来的具体成果，有利于企业组织重视对品牌的长期投入和管理并以此巩固自身竞争优势，较财务视角有了一

① 于春玲，赵平. 品牌资产及其测量中的概念解析［J］. 南开管理评论，2003(1)：10-25.

② TAUBER E M. Brand leverage-Strategy for Growth in a Cost-Control World［J］. Journal of Advertising Research, 1988, 28（4）: 26-30.

③ PITTA D A, PREVEL KATSANIS L. Understanding brand equity for successful brand extension［J］. Journal of consumer marketing, 1995, 12（4）: 51-64.

④ DOYLE P. Building successful brands: the strategic options［J］. Journal of consumer Marketing, 1990, 7（2）: 5-20.

⑤ FARQUHAR P H. Managing brand equity［J］. Marketing research, 1989, 1（3）: 24-33.

⑥ KAMAKURA W A, RUSSELL G J. Measuring brand value with scanner data［J］. International Journal of Research in Marketing, 1993, 10（1）: 9-22.

⑦ HOLLIS N S, FARR A, DYSON P. Understanding, measuring, and using brand equity［J］. Journal of Advertising Research, 1996, 36（6）: 9-21.

⑧ AILAWADI K L, LEHMANN D R, NESLIN S A. Revenue premium as an outcome measure of brand equity［J］. Journal of Marketing, 2003, 67（4）: 1-17.

定的进步。

（三）消费者认知视角

虽然基于产品市场表现对品牌资产加以认识凸显了品牌对于企业发展的战略意义，但这种视角仍没有触及品牌资产来源的根本之处。以戴维·阿克和凯文·莱恩·凯勒为代表的一些品牌学者强调从消费者认知视角对品牌资产的内涵来进行界定，这一视角的主要观点是认为品牌资产是消费者对品牌的心理认知反应，一个品牌的强势程度取决于消费者在其以往经历中对品牌的所见、所闻、所知和所感，换言之，品牌存在于消费者的认知①。凯文·莱恩·凯勒曾指出，如果品牌更为潜在和根本的价值没有被创造出来，仅在财务或金融意义上进行的品牌的价值评估工作将变得无关紧要。这里的潜在、根本的价值指的便是企业通过以往营销手段在消费者头脑当中所创建的一系列品牌知识。凯文·莱恩·凯勒还明确提出了基于消费者的品牌资产（Customer-based Brand Equity）概念，简称 CBBE，并将其定义为消费者因其所具有的品牌知识而导致的对营销活动的差异化反应。CBBE 模型将消费者的品牌知识视为品牌资产的根本来源，品牌知识具体又涵盖了品牌知名度和品牌形象两项主要内容，品牌资产的创建继而要依靠较高的品牌知名度和独特、强有力并且积极的品牌形象。CBBE 这一概念模型是基于认知心理学中“关联网络记忆”理论提出的，这也使得 CBBE 更具理论说服力②。

戴维·阿克也是消费者认知视角品牌资产研究领域的一个代表性人物。他认为品牌资产是与品牌（名称和标识）相关联的资产和负债，这些资产和负债可以为企业或消费者增加或削减产品或服务的价值。按照戴维·阿克的进一步界定，品牌资产包含品牌忠诚度、品牌知名度、感知质量以及品牌联想等几个维度，因而也可以说，戴维·阿克所言的与品牌名称和标识相联系的资产和负债指的就是消费者在以上这几个维度感知上表现出来的积极或消极状态③。

除戴维·阿克和凯文·莱恩·凯勒外，从消费者认知视角对品牌资产加以理解的方式也得到了许多其他学者的认同。Kim（1990）认为品牌的作用在于引起消费者注意、感知、体验该品牌产品，并促使消费者购买，这一行为的发

① 凯文·莱恩·凯勒. 战略品牌管理［M］. 卢泰宏，吴水龙，译. 3 版. 北京：中国人民大学出版社，2009：47-83.

② KELLER K L. Conceptualizing, measuring, and managing customer-based brand equity［J］. The Journal of Marketing, 1993, 57（1）: 1-22.

③ 戴维·阿克. 管理品牌资产［M］. 吴进操，常小虹，译. 北京：机械工业出版社，2012：13-18.

生即产生品牌资产[①]。Park 和 Srinivasan（1994）认为品牌资产来源于顾客的感知，它表现为个体消费者在消费前后对品牌整体偏好和评价之间所形成的差异[②]。Lasser，Mittal 和 Sharma 将品牌名称作为定义品牌资产的关键要素。他们认为品牌名称能够造成消费者所得效用和价值的增加或减少，因而强调基于消费者认知的品牌资产才是增加企业财务利益的根本驱动力，因此基于消费者视角评估品牌资产更具有根本性意义。该定义还从三个方面阐释了品牌资产的特性：（1）品牌资产并不是某种客观指标，而是消费者的主观感知；（2）品牌资产是关于品牌整体表现的主观联想；（3）这种品牌整体表现的联想主要源自产品物理属性和品牌名称；（4）品牌资产具有相对性，而并不是绝对的，它是相对于竞争对手而言的；（5）品牌资产对财务绩效具有正向影响作用[③]。Krishnan（1996）以凯文·莱恩·凯勒的定义为依据，从品牌知识和品牌联想的角度理解品牌资产，提出了企业要培养独特且区别于竞争者的品牌形象，以便使消费者产生丰富的记忆和联想[④]。

（四）不同视角品牌资产概念之间的关系

虽然有关品牌资产的定义存在着不同的视角，但是从创造品牌价值这一复杂且动态化的品牌化实践过程来讲，各个视角的品牌资产概念之间并不是相互孤立、毫无关联的。不同视角下的品牌资产概念之间存在着一定的因果关系，凯文·莱恩·凯勒开发的品牌价值链模型系统地概括了这种联系。凯文·莱恩·凯勒（2009）指出，要理解怎样设计和实施品牌资产的评估和管理系统就需要具有比基于消费者视角的品牌资产更为广阔的视野。品牌价值链便是一种评价哪些营销活动创造品牌价值、评价品牌资产的驱动因素和结果的结构化方法[⑤]。如图 2.2 所示，品牌价值链模型最基本的假设就是品牌资产来源于消费者的认知，在此基础上，该模型认为品牌价值的创造过程从企业针对实际或潜在消费者所进行的营销活动的投资行为便已经开始了，这些营销方案的投资包括产品的研发和设计以及传播活动等，消费者的认知正是伴随着这些营销方案的变化而发生变化。大量消费者所形成的认知会在市场上产生一定的品牌业

---

① KIM P. A perspective on brands [J]. Journal of Consumer Marketing, 1990, 7 (4): 63-67.

② PARK C S, SRINIVASAN V. A survey-based method for measuring and understanding brand equity and its extendibility [J]. Journal of marketing research, 1994, 31 (2): 271-288.

③ LASSER W, MITTAL B, ARUN S. Measuring Customer-Based Brand Equity [J]. Journal of Consumer Marketing, 1995, 12 (4): 11-19.

④ KRISHNAN H S. Characteristics of memory associations: A consumer-based brand equity perspective [J]. International Journal of research in Marketing, 1996, 13 (4): 389-405.

⑤ 凯文·莱恩·凯勒. 战略品牌管理 [M]. 卢泰宏，吴水龙，译. 3 版. 北京：中国人民大学出版社，2009：286-287.

绩，即有多少将变成顾客、消费者在何时购买以及他们所支付的价格等。最后，相关投资团体注意到该品牌的市场业绩以及其他一些置换成本、并购价格等因素，据此达成股东总体价值的评估，并专门评估品牌价值。

在品牌价值创造的各个阶段，还存在一些乘数会调节各个价值阶段之间的相互关系。例如，在营销方案投资阶段，品牌营销项目对于消费者而言的可理解程度如何，也即消费者是否能够正确诠释并评价营销项目的意义。这将决定营销方案影响消费者认知的能力，因此该乘数也是营销方案投资质量的一个函数。另外，消费者乘数在消费者认知与品牌业绩之间也发挥调节作用，消费者乘数决定在消费者心中创造的品牌价值对品牌市场业绩的影响程度。这一影响的结果取决于竞争优越性（其他竞争品牌的营销投资的数量和质量如何）、渠道及其他中间商支持（各类营销伙伴投入的品牌支援和销售努力怎样），以及消费者规模和概况（受品牌吸引的消费者数量、类型及可营利性影响）。最后，市场乘数决定品牌的市场业绩显现的价值将在多大程度上变成股东价值，这部分地依赖于财务分析者和投资者的具体行为。

由此可见，品牌价值链模型理清了财务观点的品牌资产（股东价值）、市场观点的品牌资产（市场业绩）和消费者视角的品牌资产之间的逻辑关系，这也明确了各种不同视角的品牌资产概念实际上各自都是在从不同方面就品牌资产如何创造品牌价值进行着相应的探讨。

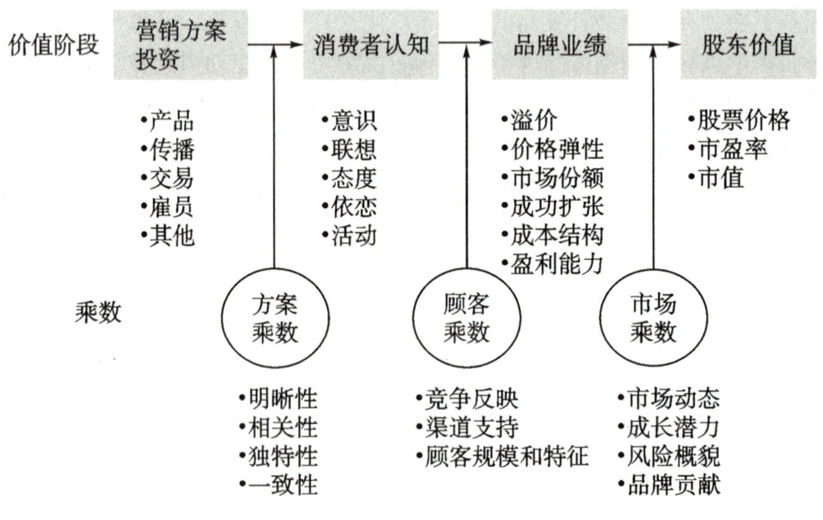

图 2.2　品牌价值链

资料来源：菲利普·科特勒，凯文·莱恩·凯勒. 营销管理［M］. 王永贵，于洪彦，何佳讯，等译. 14 版. 上海：上海人民出版社，2012：251.

二、品牌资产维度研究

综上所述，学术界对品牌资产概念认识的不同视角形成了不同观点下的品牌资产，这一认识结果也导致了对品牌资产构成要素理解的不尽相同。其中基于消费者认知视角的品牌资产理论得到了学者们的广泛关注，也构成了当前品牌资产研究领域的主流范式，受到了学术界的高度重视，该领域的大部分研究也多是从这一角度开展。其中对消费者视角品牌资产概念维度的探索是该领域一个重要研究方向，对概念维度的揭示也有助于人们更为深入地理解品牌资产的内涵，同时该项工作也是消费者视角品牌资产测量时的基础。

（一）凯文·莱恩·凯勒的主要观点

凯文·莱恩·凯勒最早在 1993 年提出基于消费者的品牌资产模型（CBBE）时认为，企业所开展的各种营销活动在消费者头脑中促成了品牌知识（brand knowledge）的形成，这些品牌知识便是企业提升营销效力的最有价值的资产，这也说明品牌知识是创造品牌资产的关键，企业营销工作的主要目标就是要在顾客记忆中建立和加强这种品牌知识。凯文·莱恩·凯勒根据这一理解，运用认知心理学中表征人类头脑中记忆结构的关联网络记忆模型来解释品牌知识的形成。关联网络记忆模型的主要观点是，记忆或知识是由人们头脑中众多的节点（nodes）和链条（links）构成的，诸多节点被具有不同强度的链条链接故而成为存贮在头脑中的信息。当某个节点被外部刺激或内在信息激活时它就成为一个潜在的信息扩散的来源，节点之间联想的强度决定了某个外部刺激或内在信息所能造成扩散激活的范围①。

按照关联网络记忆模型的思想，品牌知识就是由消费者头脑中与品牌相关的节点和连接节点间的链条构成（见图 2.3）。凯文·莱恩·凯勒认为品牌知名度（brand awareness）和品牌形象（brand image）是品牌知识网络中的两个重要节点。品牌知名度具体由品牌记忆和品牌再认构成，前者是指在给定某产品类型时消费者能够回忆起这一品类中该品牌的能力。品牌再认指顾客根据自己曾经的见闻或给定的品牌线索，正确识别出品牌的能力。品牌形象是消费者因企业的各种营销活动而产生一系列有关品牌的联想之后的抽象感知结果。这些品牌联想具有类型、美誉度、强度以及独特性等特征。品牌联想的类型特征是依据联想的抽象程度来划分的，包括属性、利益和态度三种形态。其中属性

---

① KELLER K L. Conceptualizing, measuring, and managing customer-based brand equity［J］. The Journal of Marketing, 1993, 57（1）: 1-22.

包括产品相关和非产品相关两类属性，这里的非产品相关属性涉及价格、包装、使用者形象和使用情境。利益则包括功能性、体验性和象征性三种。功能性利益专指产品或服务在满足消费者基本需求方面的实用利益，体验性利益是消费者消费产品或服务过程中产生的感受（feelings），象征性利益则是指产品或服务给消费者带来的与产品属性本身无直接关系的附加价值，例如个性的表达、彰显身份地位等社会需求。

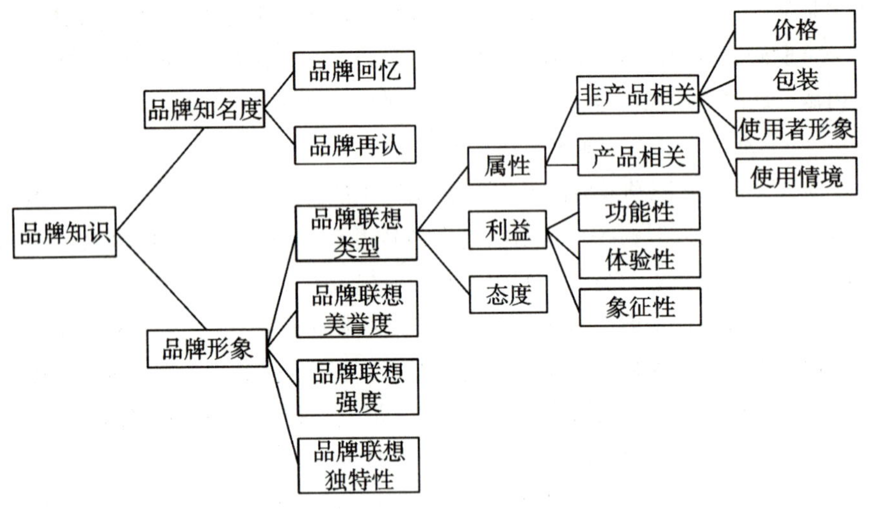

图 2.3　品牌知识的维度

资料来源：KELLER K L. Conceptualizing, measuring, and managing customer-based brand equity [J]. The Journal of Marketing, 1993, 57 (1): 1-22.

在凯文·莱恩·凯勒所阐述的品牌知识的结构中，品牌形象及其产生所依凭的品牌联想是影响品牌资产的重要内容，尤其是品牌联想在类型、强度、美誉度以及独特性方面的特征决定了消费者的品牌知识是否能够对特定品牌做出差异化的反应。凯文·莱恩·凯勒后来在其《战略品牌管理》一书中又对基于消费者的品牌资产的构成进行了发展，提出了基于消费者的品牌资产金字塔模型（见图 2.4）。

这一模型为品牌创建经历的阶段提供了一个指导性的结构框架。其各个部分的基本含义如下：

品牌显著度（brand salience）：测量品牌的认知程度。例如在不同的情形和环境下，品牌出现的频率、品牌能否被回忆或认出以及这种回忆或认出需要哪些必需的暗示或提醒、品牌认知程度的高低等。

品牌功效（brand performance）：产品或服务在满足消费者功能性需求（实

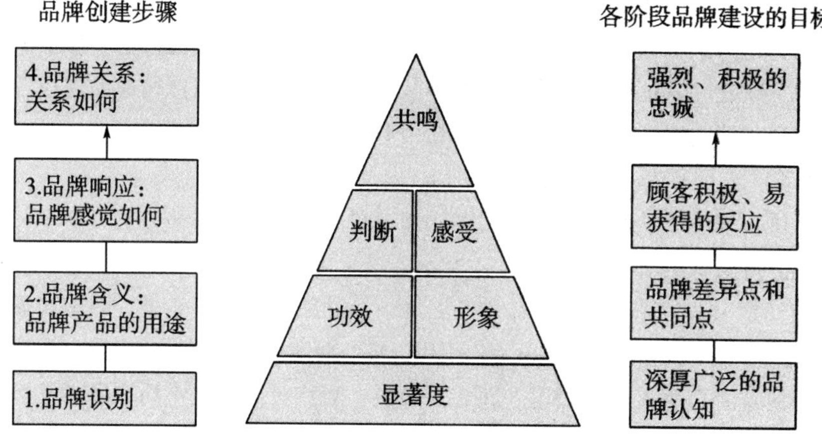

图 2.4　基于消费者的品牌资产金字塔

资料来源：凯文·莱恩·凯勒. 战略品牌管理［M］. 卢泰宏，吴水龙，译. 3 版. 北京：中国人民大学出版社，2009：59.

用和经济方面）方面的能力。产品的这种功能性一般体现在产品的成分、可靠性、耐用性、便利性、服务效率、风格和设计以及价格等方面。

品牌形象（brand image）：与产品或服务的外在属性有关，更多的指品牌的无形元素，例如消费者关于品牌的使用者形象、购买或使用情境、品牌个性等方面的联想，与品牌有关的这些的联想对消费者满足其心理和社会需求紧密相关。

品牌判断（brand judgements）：消费者对品牌的个人喜好和评价，涉及消费者如何将不同的品牌功效与品牌形象结合起来以产生不同的个人看法。品牌判断的形式多种多样，主要表现为四种类型，即品牌质量、品牌信誉、品牌考虑和品牌优势。

品牌感受（brand feelings）：消费者在对品牌产生的情感上的反应。这些情感的类型包括温暖感、乐趣感、兴奋感、安全感、社会认同感以及自尊感等。

品牌共鸣（brand resonace）：一种消费者与品牌建立起来的终极关系和认可水平，以及消费者感受到的与品牌同步的程度。品牌共鸣可以通过消费者的行为忠诚度、品牌态度依附、品牌社区归属感以及主动介入四个方面进行衡量。

依据以上基于消费者的品牌资产建立的金字塔模型，凯文·莱恩·凯勒认为，品牌只有到达金字塔的顶端时，才能产生具有深远价值的品牌资产。相应的，只有品牌资产达到品牌共鸣的水平，品牌创建才能实现其将消费者对品牌的反应转化为消费者和品牌之间紧密、积极、忠诚关系的终极目标。虽然凯文·莱恩·凯勒和其他合作者后期也提出过其他形式的品牌资产构成的观点，但其主要思想皆与上述金字塔模型的内容相似。

（二）戴维·阿克的主要观点

戴维·阿克被认为是基于消费者认知视角品牌资产研究领域的另一个代表性人物，并被称为是品牌资产的鼻祖。戴维·阿克（1991）提出了品牌资产五要素模型，认为品牌资产由品牌知名度、品牌联想、感知质量、品牌忠诚以及其他品牌专有资产（如专利、商标等）五个维度构成①。其中前四个维度已被大量研究者广泛接受和采用。此后，戴维·阿克又出于在不同市场对品牌资产加以测量的目的进一步提出了品牌资产十要素模型（Brand Equity Ten），将品牌资产结构进一步细化为溢价、满意或忠诚（测量品牌忠诚）、感知质量和领导能力（测量感知质量）、感知价值、品牌个性、公司组织联想（测量品牌联想）、品牌回忆和品牌再认（测量品牌知名度）、市场份额和价格（测量市场行为）等十个子维度。其中前八个子维度的测量需直接从消费者处获取相关数据，这也使得戴维·阿克的品牌资产概念具有了鲜明的消费者导向色彩②。

（三）Yoo 和 Donthu 的观点

为了能够得到一个普适性较高的基于消费者认知品牌资产的维度结构，Yoo 和 Donthu 综合了戴维·阿克和凯文·莱恩·凯勒的主要观点，构建了基于消费者的多维品牌资产模型（Multidimensional consumer-based brand equity，简称 MBE）③。他们通过选择三类产品中的 12 个具体品牌，并对三个国家的消费者进行了调研和实证研究。结果显示，MBE 由品牌忠诚度、感知质量、品牌联想或知名度构成。有别于戴维·阿克和凯文·莱恩·凯勒的观点之处在于，该研究通过验证性因素分析发现品牌联想和品牌知名度可以合并为一个独立维度，因为二者之间不具有良好的判别效度。后来 Washburn 和 Plank 又对 Yoo 和 Donthu 所得结论进行了再次的验证，得出的维度构成大致相同，但他们发现品牌知名度和品牌联想二者之间的判别效度是显著的，因而还是应该将二者区别看待。

---

① 戴维·阿克. 管理品牌资产［M］. 吴进操，常小虹，译. 北京：机械工业出版社，2012：13.

② AAKER D A. Measuring brand equity across products and markets［J］. California management review，1996，38（3）：103.

③ YOO B，DONTHU N. Developing and validating a multidimensional consumer-based brand equity scale［J］. Journal of business research，2001，52（1）：1-14.

（四）Netemeyer 等的观点

Netemeyer 等同样综合了戴维·阿克和凯文·莱恩·凯勒的观点，通过对多个品类中的 16 个品牌进行了多达 1000 多次的访谈，最终开发出了一个基于消费者视角品牌资产的核心构面概念模型。该模型中具体包括了感知质量、相对于成本的感知价值、独特性和溢价支付意愿四个维度。经过进一步的数据分析，感知质量与基于成本的感知价值这两个维度可以进行合并，即构成感知质量或基于成本的感知价值这一新的维度①。从这几个关键维度之间的影响关系来看，感知质量或基于成本的感知价值、独特性这两个变量是溢价购买意愿的直接前因变量。Taylor、Hunter 和 Lindberg 后来还对 Netemeyer 等的这一模型在金融服务业情境中进行了检验并做了相应修正，在原有维度构成的基础上加入了品牌态度和品牌满意两个维度②。

（五）国内学者的主要观点

国内学者在基于消费者认知视角的品牌资产维度结构方面也做出了诸多尝试并提出了各自的观点。范秀成基于对西方品牌资产研究的梳理和归纳，指出了基于消费者的品牌资产测量应关注品牌认知（品牌记忆和识别）、品牌态度（美誉度、喜爱度、感知质量以及品牌形象等）、消费者行为（购买决策、未来购买意愿和行为等）③。卫海英和王贵明对国内 105 家大中型企业进行了调查和研究，并提炼出了品牌地位、顾客价值取向、品牌定位、品牌创新能力和市场执行能力这五个品牌资产的重要因素④。何志毅、赵占波从消费者态度方面对品牌资产维度进行了探索性研究，得到的品牌资产评估维度包括品牌忠诚、品牌形象、品牌支持、企业家形象、品牌创新、品牌韧性和品牌延伸⑤。王海忠等（2006）考虑到中国情境下基于消费者的品牌资产的维度构成可能与西方存在差异，他们遂通过定性的焦点小组访谈自下而上收集信息，捕捉到了中国消费者头脑中的品牌知识，并在此基础上构建和实证检验了基于消费者的品牌资产模型，结论证实了公司能力联想、品牌知名度、品质认知、品牌共鸣四个维度的存在⑥。

---

① NETEMEYER R G, KRISHNAN B, PULLIG C, et al. Developing and validating measures of facets of customer-based brand equity [J]. Journal of Business Research, 2004, 57 (2): 209-224.

② TAYLOR S A, HUNTER G L, LINDBERG D L. Understanding (customer-based) brand equity in financial services [J]. Journal of Services Marketing, 2007, 21 (4): 241-252.

③ 范秀成. 品牌权益及其测评体系分析 [J]. 南开管理评论, 2000 (1): 9-15.

④ 卫海英，王贵明. 品牌资产与经营策略因子关系的回归分析——对 105 家大中型企业的问卷调查 [J]. 学术研究, 2003 (7): 63-65.

⑤ 何志毅，赵占波. 品牌资产评估的公共因子分析 [J]. 财经科学, 2005 (1): 75-80.

⑥ 王海忠，于春玲，赵平. 品牌资产的消费者模式与产品市场产出模式的关系 [J]. 管理世界, 2006 (1): 106-119.

卢宏亮和李桂华（2014）认为虽然良好的品牌形象会累积企业的品牌资产这一说法在B2C市场中早有印证，但在相对理性的企业间交易领域，这种真有之情能否提升品牌资产的问题仍很少有研究涉及。于是他们在B2B情境中，整合了认知和关系视角并基于以往文献把品牌真情（企业对其供应商企业能力、诚信的评价）、品牌人情（双方企业人员对面子、互惠方面的重视程度）、品牌满意（对合作的满意程度）和品牌忠诚（支付溢价和维持合作关系的意愿等）视为B2B情境中品牌资产的主要维度。经过数据采集和处理，验证了以上四个维度，并发现品牌真情对品牌忠诚有直接和间接影响，品牌人情则并没有直接影响品牌忠诚①。

三、品牌资产的驱动因素研究

在学界对品牌资产的定义、构成维度以及测量方法等问题给予持续关注的同时，一部分学者也意识到，品牌资产既然具有如此深远的理论和实践意义，那么究竟哪些因素可以驱动品牌资产的产生和积累？对于渴望创建强势品牌的任何企业组织而言无疑迫切地需要找到以上这一问题的答案。对品牌资产驱动因素的研究也因而成为理论研究的一个主题，其中基于消费者视角的品牌资产的驱动因素研究仍是主流。学者们一般将营销活动以及与营销活动相关的其他因素（例如消费者的体验、消费者个性等）视为是品牌资产的驱动因素，而将品牌资产自身的构成维度视为品牌资产的来源，各种因素正是通过作用于品牌资产的各个维度从而对品牌资产产生驱动或减损效果。

从以往研究涉及的具体内容来看，早期一些学者对广告投入对品牌资产的影响给予了关注，一些研究结论发现长期的广告支出与品牌资产之间存在相关关系，广告的类型也会对品牌资产的水平高低产生正向影响②。

价格促销这一被许多企业组织惯用的营销策略与品牌资产变化之间的关系引起了学者们的兴趣。在该问题上一些研究发现，消费者在产品属性、利益、感觉、经验和想法等方面的品牌知识会受到价格促销的影响并随之发生

---

① 卢宏亮，李桂华.基于B2B2C视角的B2B品牌资产影响因素研究［J］.当代财经，2014（6）：75-86.

② COBB-WALGREN C J, RUBLE C A, DONTHU N. Brand equity, brand preference, and purchase intent［J］. Journal of advertising, 1995, 24（3）：25-40. KAUL A, WITTINK D R. Empirical generalizations about the impact of advertising on price sensitivity and price［J］. Marketing Science, 1995, 14（3）：151-160. KALRA A, GOODSTEIN R C. The impact of advertising positioning strategies on consumer price sensitivity［J］. Journal of Marketing Research, 1998, 35（2）：210-224.

改变①；消费者会为曾购买过的某品牌产品的价格促销做出负面评价，会通过价格促销联想到该品牌的质量较低，即价格促销对品牌资产有负向影响②；再如在对品牌没有过广告宣传的情况下，单纯采用直接的价格促销这一策略时，消费者对品牌的偏好评价会降低③。不过也有研究并未发现价格促销会对品牌资产产生影响，例如发现价格促销会提高消费者的购买频率，但这种购买频率的增加并不是因为品牌资产的提升而导致的，因为价格促销结束后购买决策会恢复到原有水平④。这种价格促销对品牌资产并无显著影响的结论很可能是由于相关学者对促销策略本身就持有一种片面化的理解，即仅将价格促销视为是影响购买行为的因素，并未考虑其对消费者心理造成的深层影响。我国学者江明华和董伟民以感知质量、购买意向和品牌忠诚为品牌资产指标所开展的实验研究证实，深度折扣价格促销策略会使得消费者对品牌资产的评价明显降低⑤。杨德锋和王新新基于他们的实验研究结果认为，从长期来看，价格促销对品牌资产有负面影响，但是这种影响会因原有品牌资产高低而有差异，即高资产品牌受到的负面影响小于低资产品牌。换言之，相对于低资产品牌，高资产品牌在从价格促销中获得更大的销售效果而同时遭到价格促销负面影响的程度要更小⑥。

还有学者对市场价格和市场推广与品牌资产之间的关系进行了研究，并发现市场价格和品牌资产二者之间有着正向相关关系，自身具有较高品牌资产的品牌其市场价格也相对较高。市场推广活动被证实是创建和提升品牌资产的重要工具，一旦市场推广活动得以恰当运用，消费者对品牌资产各个构成维度的评价水平便会得到有效提升⑦。

---

① PALAZÓN-VIDAL M, DELGADO-BALLESTER E. Sales promotions effects on consumer-based brand equity [J]. International Journal of Market Research, 2005, 47 (2): 179-204.

② RAGHUBIR P, CORFMAN K. When do price promotions affect pretrial brand evaluations? [J]. Journal of Marketing Research, 1999, 36 (2): 211-222.

③ DELVECCHIO D, HENARD D H, FRELING T H. The effect of sales promotion on post-promotion brand preference: A meta-analysis [J]. Journal of Retailing, 2006, 82 (3): 203-213.

④ MELA C F, GUPTA S, LEHMANN D R. The long-term impact of promotion and advertising on consumer brand choice [J]. Journal of Marketing research, 1997, 34 (2): 248-261.

⑤ 江明华，董伟民. 价格促销的折扣量影响品牌资产的实证研究 [J]. 北京大学学报（哲学社会科学版），2003 (5): 48-56.

⑥ 杨德锋，王新新. 价格促销对品牌资产的影响：竞争反应的调节作用 [J]. 南开管理评论，2008 (3): 20-30, 38.

⑦ LASSER W, MITTAL B, ARUN S. Measuring Customer-Based Brand Equity [J]. Journal of Consumer Marketing, 1995, 12 (4): 11-19.

在品牌个性日益成为业界和学界的一个关注焦点之时，学者们敏锐地意识到品牌个性也可能发挥品牌资产驱动因素的作用。Daniiloudi 和 Chang 运用回归分析，并同时在两个国家情境中考察了品牌个性与品牌资产之间的关系，结论说明了品牌个性能够积极影响基于消费者视角的品牌资产①。Florence 等比较了品牌个性与销售促进强度两个变量对品牌资产的影响，发现品牌个性对品牌资产有积极效应而销售促进则消极影响品牌资产②。国内研究方面，陈振东在基于 CBBE 视角的品牌年轻化研究中认为，鲜明的品牌个性和向年轻人市场延伸的举措可以发挥提升品牌形象和扩大品牌知名度的作用，在此基础上重新获取品牌资产，从而扭转业已老化的品牌③。屈冠银指出品牌个性能够驱动品牌资产增长的基本逻辑在于，品牌行为塑造品牌个性，品牌个性再通过满足消费者自我表达的需求来建立品牌关系，实现品牌和消费者共鸣，进而驱动品牌资产增长④。金立印曾经构建了一个基于品牌个性和品牌认同的品牌资产驱动关系模型，实证分析结果证实品牌个性五维度中的“仁、智、勇”三个个性感知通过消费者个体品牌认同和社会品牌认同显著影响品牌资产，“乐、雅”两类感知则仅通过个体品牌认同间接影响品牌资产⑤。

由于营销活动多种多样，品牌资产的形成和改变很可能是多种营销策略共同作用的结果，因而考察多种营销措施的综合效果也构成了国内外理论研究的一个趋势。概括来说，这些营销行为变量包括：市场价格、价格促销、分销渠道、企业形象、广告类型和支出、产品线长度、产品类别、产品创新、代言人，等等。品牌资产的驱动因素不止以上这些内容，基于以往国内外学者在基于消费者视角品牌资产驱动因素方面的研究情况，国内学者沈鹏熠较为全面地归纳并整理了基于消费者的品牌资产的驱动因素，如图 2.5 所示：

---

① DANIILOUDI M, CHANG K. Summary Brief Brand Personality and Overall Brand Equity [J]. Comparison between the UK and Greece, Working Paper, 2009.

② VALETTE-FLORENCE P, GUIZANI H, MERUNKA D. The impact of brand personality and sales promotions on brand equity [J]. Journal of Business Research, 2011, 64 (1): 24-28.

③ 陈振东. 基于 CBBE 视角的品牌年轻化研究：以品牌个性和品牌忠诚为视角 [J]. 管理学报, 2009 (7): 972-977.

④ 屈冠银. 品牌个性驱动品牌资产的机理研究 [J]. 中国市场, 2012 (35): 4-6.

⑤ 金立印. 基于品牌个性及品牌认同的品牌资产驱动模型研究 [J]. 北京工商大学学报（社会科学版）, 2006 (1): 38-43.

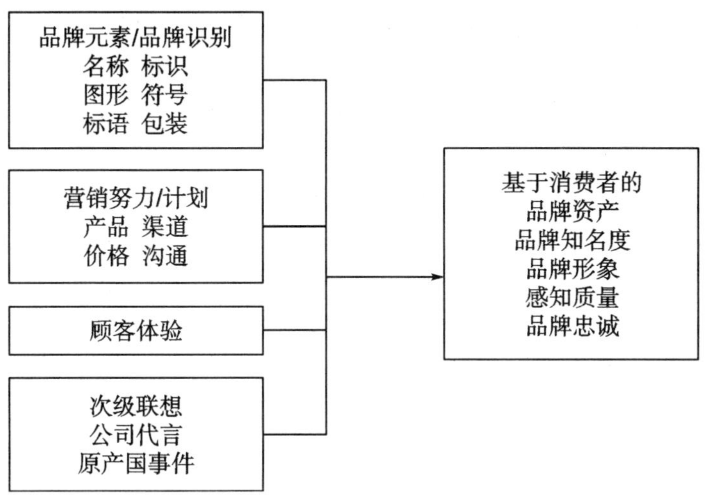

图 2.5 基于消费者的品牌资产的驱动因素

资料来源：沈鹏熠. 基于顾客视角的零售商品牌资产形成机制研究［D］. 济南：山东大学，2010.

四、启示

对前文对名人代言效果研究的文献回顾中也可以发现，名人代言人的使用对品牌资产也存在着一定的影响作用。可以说名人代言人对品牌资产的影响也是名人代言效果研究和品牌资产驱动因素研究两个领域的一个交叉领域。但总体来说，对名人代言人之于品牌资产影响的实证研究仍很有限。而名人代言作为一项品牌营销策略其势必也存在着影响品牌资产的潜在可能性，因而探讨名人代言之于消费者认知视角的品牌资产的影响也应属于整个品牌资产驱动因素研究中的一个必不可少的主题。

第三节 品牌可信度研究

一、品牌可信度研究的背景

（一）市场信息不对称

很多经济学家在对市场经济进行研究时通常有一个重要的预设前提，那就是市场上的完全信息状态，经济资源配置中的帕累托最优状态也是在这一预设前提下方能成立的。但在现实中的产品市场上，信息往往是不对称的。所谓信息不对称，是指市场上开展交易的双方各自掌握着在数量和质量上都存在差异信息的一种经济现象①。在这种信息不对称的市场上，卖方通常拥有较为完整的信息而买方则掌握较不完整的信息，简而言之，买方通常较卖方而言处于信息拥有上的劣势地位。

这种信息的不对称不仅给买方的购买决策带来了很多不确定性因素，而且对于卖方而言，也意味着实现交易和销售难度的提高。因为随着经济的不断发展，生产能力和技术不断提高，产品和服务的数量和项目日益庞大，市场竞争也愈演愈烈。在这种情况下，企业要想取得竞争的胜利，必然要加大对自身产品和服务的宣传和推介取得消费者的信任从而避免本身的产品信息被淹没在浩瀚的信息海洋之中。尤其是那些想以质量和信誉取胜的企业，在市场交易过程中，由于潜在消费者对产品的性能、质量以及企业的声誉并非了如指掌，企业便需要投入大量的资金，通过有效的媒介来对产品信息和企业的信誉进行传递、展示和阐释以便使潜在消费者对产品从陌生到熟悉，从熟悉到信任，再进一步付诸购买行为。小到产品或服务的说明书、宣传册，大到海报、广告以及展销会等，都意味着大笔的营销费用的产生。然而，受限于资金的用途分配，企业难以做到面面俱到，而只能在特定的时间和资金投入的现实条件下，把有限的信息传递给潜在消费者，因而难以避免买卖双方之间的信息不对称，企业也因此需要有效的信号传递信息。而对潜在消费者来说，为了在购买决策制定过程中降低购买风险、减少收集信息的成本以及突破个人获取信息能力的局限，他们也迫切需要有效的信号传递渠道来获取产品的相关信息。

（二）作为信息传递信号的品牌

消费者在斟酌是否购买某种产品或服务时，无疑需对与产品相关的线索做一番综合评价。按照消费者信息搜索行为的特征，这些线索大致包括两种类型，即内部线索（intrinsic cues）和外部线索（extrinsic cues）。内部线索指的是产品的有机构成成分或要素，这些成分或要素履行着告知产品在满足消费者功利性需求方面所应具备的必要功能，如材料、成分等；外部线索则是指产品或服务的品牌、价格、广告，还包括公司的声誉、担保、原产地、产品出售场所等满足消费者非功能性需求的因素②。在信息不对称的情况下，产品相关的内部线索是很难被消费者较为完全地获得而不足发挥指示和预测产品质量等特性的作用。此时，相对暴露的产品的外部线索会更多地影响消费者的购买行

---

① 侯琳. 信息不对称条件下品牌的信号传递作用研究［D］. 西安：陕西师范大学，2008.

② SZYBILLO G J，JACOBY J. Intrinsic versus extrinsic cues as determinants of perceived product quality［J］. Journal of Applied Psychology，1974，59（1）：74.

为。企业可以通过主动的行为运用以上外部线索，使其成为向消费者传递产品信息的信号。所谓信号，按照 Spence 的观点，指的就是企业所采取的能够使消费者信任其产品质量或价值的可观察的行动，Spence 也第一次提出了信号传递模型（Signaling Model），即在市场机制下，由拥有更为私密信息的企业自发地向潜在消费者传递有关产品质量等特征的信号来发射其自身产品的信息，从而影响消费者的选择以促进市场资源配置①。信号理论研究的潮流进一步检验了许多各种各样的市场信号，如广告、价格、产品的包装和质量担保等营销要素不仅可以提供直接的产品信息，而且可以传递消费者难以透彻知晓的关于产品属性的间接信息。例如，如果在消费者的认知当中，较高的广告费是雄厚的企业实力、较高产品质量以及品牌承诺的象征，那么此时广告就常常被认为是一个有效的质量信号②。

按照科特勒的定义，品牌是用以识别一个或一群卖家产品或服务的一个名称、术语、符号、设计或以上元素的组合，并且能够将产品和服务与竞争者区别开来③。品牌能够在消费者的消费决策制定和产品选择过程中发挥多种作用，而品牌之所以能够对消费者的决策发挥诸多效应，其原因很大程度上在于，消费者对产品属性和（或）利益的评判存在着较大的不确定性，这种不确定性主要来源于绝大部分产品市场上卖方和买方之间信息的不对称性。在信息不对称的市场条件下，品牌传递信息的作用凸现出来。品牌由于凝结了企业历来营销措施所附着在产品之上的意义集合，是买方与卖方之间进行沟通和对话的纽带，各种品牌要素也是卖方有效传递产品信息的载体，为买方做出相应的购买决策和评估产品利益提供了有力支持。也就是说，一个品牌因其体现、表达或象征了一个企业过往和现在的营销策略而变为一种信号，企业进而能够树立自己的品牌形象并以此来向消费者表明本企业的产品是值得信赖的产品。企业通过品牌向市场发出信号，也就意味着通过品牌向消费者发出了相应的承诺。消费者在信息不完全的情况下，为了降低购买风险、减少搜集信息的成本，也倾向于以品牌来推断产品或服务的质量、信誉等特征，购买他们认为可信度较高的产品或服务，从而减少在消费过程中可能会发生的不满和损失。

---

① SPENCE M. Job market signaling [J]. The quarterly journal of Economics, 1973, 87 (3): 355-374.

② MILGROM P, ROBERTS J. Price and advertising signals of product quality [J]. The Journal of Political Economy, 1986, 94 (4): 796-821.

③ 菲利普·科特勒，凯文·莱恩·凯勒. 营销管理 [M]. 王永贵，于洪彦，何佳讯，等译. 14 版. 上海：上海人民出版社，2012：236.

二、品牌可信度研究

（一）国外相关研究

品牌可信度（brand credibility）研究领域的代表性人物是 Erdem 和 Swait，他们对品牌作为信号的现象进行了较为深入的研究。此二人将品牌可信度定义为：包含在品牌内的产品信息的被信赖程度（believability）。品牌具有可信度需要消费者感知到品牌有能力（ability）和有意愿（willingness）始终如一地履行其所做的承诺。

以上这一定义中所言品牌的“能力”和“意愿”对应品牌的“专业性”（expertise）和“值得信赖性”（trustworthiness），因为只有品牌有较强的专业性和值得信赖性才会被进一步感知为有能力并出于真实的意愿去履行其承诺。因而品牌可信度这一概念也包含了专业性和值得信赖性这两个维度①。

Erdem 和 Swait 关于品牌可信度的观点也主要立足于市场信息不对称这一现实情况。他们认为，市场信息不对称促使品牌的可信度（credibility）（由企业与消费者之间的动态的互动决定）的作用成了基于消费者的品牌资产（consumer-based brand equity）的重要决定因素，因为品牌可信度可以通过影响消费者的感知风险、感知质量和信息成本进而影响消费者的预期效用。他们指出，当消费者对产品属性不确定时，企业可以通过使用品牌来告诉消费者产品的定位并以此保证对产品的承诺具有可信性。因此，品牌具备了以可信的形式传达产品定位的可能性。品牌作为市场信号能够提高消费者对产品属性水平的感知并增强对品牌所做承诺的信心，这样一来，降低不确定性也就降低了消费者信息搜索成本和感知风险，从而提高预期效用，这一连锁反应便会驱动基于消费者的品牌资产。可以说，Erdem 和 Swait 从影响品牌资产的角度，阐明了品牌作为市场信号时其最为重要的特征就是可信度。品牌可信度也就是指包含于品牌中的产品定位信息的可信性，这种可信性的大小主要取决于消费者对企业履行其所做承诺的意愿和能力的感知，这也意味着，品牌要具有可信度，必须能够使消费者感知到品牌有相应的能力（expertise）并且有意愿（willingness）去实现它的承诺。Erdem 和 Swait 的研究也发现品牌可信度的构成主要包括值得信赖性（Trustworthiness）和专业性（Expertise）两个成分或维度②。

---

① ERDEM T, SWAIT J. Brand credibility, brand consideration, and choice [J]. Journal of consumer research, 2004, 31 (1): 191-198.

② ERDEM T, SWAIT J. Brand equity as a signaling phenomenon [J]. Journal of consumer Psychology, 1998, 7 (2): 131-157.

Erdem 和 Swait 在 2004 年进一步对品牌可信度的影响效应进行了考察，发现较强的品牌可信度提高了品牌进入潜在消费者的考虑集（consideration set）和最终被选择的可能性。虽然这种影响作用在那些消费者决策不确定性感知更强的品牌中更为明显，但是总体来说，在大多数产品品类中，品牌可信度都会通过降低感知风险、节省信息成本以及提高感知质量来影响消费者的选择，即使是那些决策不确定性感知比较小的产品类别也是如此。就品牌可信度两个构成成分而言，该研究还证实，品牌可信度中的可信赖性（trustworthiness）比专业性（expertise）对品牌选择和考虑集的形成发挥更大的影响作用①。

在 2006 年的另一项研究中，Erdem 和 Swait 又在跨文化的背景之中再次验证了品牌可信度对消费者品牌选择行为的影响效应。在该研究中，来自巴西、德国、印度、日本、西班牙、土耳其和美国的样本都以有说服力的经验证据证实了品牌具有产品定位传递信号的作用这一现象，并且品牌的信号影响效应主要通过品牌的可信度这一特质发挥作用。就该项研究的结论而言，品牌可信度对那些具有集体主义价值观较明显或不确定性规避倾向较强的消费者群体的品牌选择行为决策发挥着更大的积极效应。这是因为可信度较高的品牌由于被认为象征着较高的质量且选择这种品牌有助于实现群体认同而向集体主义文化倾向的消费者提供了更高的价值。同样，不确定性规避倾向较强的消费者也因较为可信的品牌使其降低了购买感知风险和信息成本从而认为会从此类品牌中获得较高的价值②。

除了 Erdem 和 Swait 开展的几项代表性的研究之外，其他国外学者近年也纷纷对品牌可信度的影响效应问题进行了探索。此类研究中，多数文献以品牌选择行为③、品牌形象④、品牌感知质量⑤、品牌承诺⑥、品牌忠诚、购买意

---

① ERDEM T, SWAIT J. Brand credibility, brand consideration, and choice [J]. Journal of consumer research, 2004, 31 (1): 191-198.

② ERDEM T, SWAIT J, VALENZUELA A. Brands as signals: A cross-country validation study [J]. Journal of Marketing, 2006, 70 (1): 34-49.

③ ERDEM T, SWAIT J, LOUVIERE J. The impact of brand credibility on consumer price sensitivity [J]. International Journal of Research in Marketing, 2002, 19 (1): 1-19.

④ SWEENEY J, SWAIT J. The effects of brand credibility on customer loyalty [J]. Journal of Retailing and Consumer Services, 2008, 15 (3): 179-193.

⑤ BAEK T H, KIM J, YU J H. The differential roles of brand credibility and brand prestige in consumer brand choice [J]. Psychology & Marketing, 2010, 27 (7): 662-678.

⑥ MATHEW V, THOMAS S, INJODEY J I. Direct and indirect effect of brand credibility, brand commitment and loyalty intentions on brand equity [J]. Economic Review: Journal of Economics & Business/Ekonomska Revija: Casopis za Ekonomiju i Biznis, 2012, 10 (2): 73-82.

愿[①]、价格敏感度、满意度以及口碑宣传意愿[②]等结果变量为指标，对品牌可信度的影响机制加以揭示。少数文献关注了品牌可信度的前因变量相关内容，例如发现品牌价值（包括功能价值、享乐价值以及社会价值）、品牌信任会影响品牌可信度感知的强弱[③]。另外，以往研究中的品牌感知质量这一品牌可信度的结果变量也被证实可以反过来对品牌可信度产生一定的影响[④]。

（二）国内相关研究

我国学者陈强和沈鹏熠对跨文化背景中品牌可信度效应发生差异的影响因素进行了概括和阐述。他们以美国管理协会管理心理学家 Geert Hofstede 提出的区分国家文化类型的五个维度，即权力差距、个人主义/集体主义、男性主义/女性主义、不确定性规避、长期导向为框架阐述了以上不同文化维度下品牌可信度效用可能产生的差异[⑤]。

李海涛的研究结论表明，品牌可信度在节省消费者的信息成本、降低感知风险、提高感知质量、相对价格这几个变量上都具有较为显著的正向影响；并且降低感知风险与节省信息成本之间也存在着显著的正向影响关系；相对价格对感知质量具有显著的正向影响作用；信息成本节省、较低的感知风险和感知质量的提升都显著地正向影响品牌选择偏好。该研究还在区分了品牌可信度高、低两个水平的前提下，验证了品牌可信度的影响效应。结果表明高品牌可信度会产生较高的品牌选择偏好，而品牌可信度较低时，消费者对其的偏好也较低[⑥]。

马明峰等采用因素分析识别了品牌可信度由品质认知（质量稳定、品质满意、品质保证）、外部认知（经常获奖、专家的推荐、声誉、外观包装、权

---

① LI Y, WANG X, YANG Z. The effects of corporate-brand credibility, perceived corporate-brand origin, and self-image congruence on purchase intention: Evidence from China's auto industry [J]. Journal of Global Marketing, 2011, 24 (1): 58-68.

② GHORBAN Z S, TAHERNEJAD H. A study on effect of brand credibility on word of mouth: With reference to internet service providers in Malaysia [J]. International Journal of Marketing Studies, 2012, 4 (1): 26-37.

③ OK C, CHOI Y G, HYUN S S. Roles of Brand Value Perception in the Development of Brand Credibility and Brand Prestige [J]. ICHRIE Conference Refereed Track, University of Massachusetts, 2011: 1-8.

④ ALAM A, USMAN ARSHAD M, ADNAN SHABBIR S. Brand credibility, customer loyalty and the role of religious orientation [J]. Asia Pacific Journal of Marketing and Logistics, 2012, 24 (4): 583-598.

⑤ 陈强，沈鹏熠. 跨文化的品牌可信度效用分析 [J]. 市场论坛，2006 (8): 49-51.

⑥ 李海涛. 品牌可信度对消费者品牌选择偏好的影响研究 [D]. 成都：西南交通大学，2008.

威的认证）、企业实力（企业的历史、知名度、产品系列、企业规模）、企业情感（运作规范、欣赏企业、信任企业）四个因素构成，并通过回归分析证实品牌可信度对品牌忠诚具有显著影响①。

以往研究表明，在传统购物情形下，品牌的可信性可以显著降低价格敏感性，但在网络购物情境中这种关系是否依然成立并未得到足够的关注。基于这一背景，国内学者刘玉明认为，找到降低网上购物消费者价格敏感性的影响因素对于厂商赢得竞争的胜利具有重要的意义，并对网络购物中品牌可信度与价格敏感性之间的关系进行了探索。研究结论说明，网上购物情境中较高的品牌可信度可以显著地降低消费者的价格敏感性②。

三、启示

综上所述，从品牌可信度研究兴起的背景来看，品牌的存在使得消费者在评判相关产品的质量、声誉等信息时有了可以依凭的指示信号。并且从围绕品牌可信度所开展的经验研究的内容来看，品牌可信度的确可以影响到消费者的购买决策过程和消费者对品牌所做的一系列评价。如此一来，如何提高品牌的可信度便自然成为一个值得理论研究和实践领域关注的话题。正如 Erdem 和 Swait 所言，品牌可信度来源于品牌主（例如企业）以往所开展的一系列的品牌营销措施，但以往研究多注重对品牌可信度的后向影响机制开展探索，缺少对品牌可信度前因变量的考察。正因为品牌可信度来源于各种营销手段，因而评估特定营销手段对品牌可信度的影响机制不仅有助于从理论上揭示品牌可信度的前因变量，而且对诊断和调整品牌营销措施也大有助益。本研究以旅游目的地名人代言这一问题为契机，探索名人代言人可信度、目的地品牌可信度和目的地品牌资产之间是否存在着相应的影响路径，从这一角度来说，本研究也是在探寻品牌可信度的前因后果方面所做的一次尝试。尤其对于目的地产品而言，旅游服务的不可预先试用性、异质性等特征无疑增加了潜在旅游消费者在购买决策制定过程中的不确定性，感知风险较一般产品要高，因而探讨影响目的地品牌可信度的因素更为必要。

① 马明峰，陈春花. 品牌信任、品牌可信度与品牌忠诚关系的实证研究［J］. 经济管理，2006（11）：55-58.

② 刘玉明. 网上购物情形下品牌可信性对价格敏感性的影响研究［J］. 西安电子科技大学学报（社会科学版），2007（1）：11-14.

第四节　旅游目的地名人代言研究

近年来，名人代言，尤其是明星代言，作为旅游目的地面向国内外市场进行形象推广的一种营销手段越加普遍（如第一章中表 1.1 和图 1.1 所示）。从实践角度来看，名人因早已被大众熟识，只需花费少量认知资源就可以识别，从而有助于提高目的地知名度。然而在越来越多旅游目的地逐渐走上品牌化发展道路的今天，名人代言究竟能够对旅游目的地品牌的塑造带来哪些方面的影响仍是一个值得从理论研究角度进一步探索的问题。但与日益普遍的旅游目的地名人代言实践相比，名人代言效果的理论研究还很有限。通过相关文献的检索，各类数据库可见的国内外旅游目的地名人代言研究大致都出现在 2000 年以后，目前成果也并不多见（见表 2.1）。

表 2.1　　　　　　　　　旅游目的地名人代言研究

文献		题目
国外相关研究	Robert van der Veen, 2004	Analysis of celebrity endorsement as an effective destination marketing tool
	Chang et al, 2005	Endorsement Advertising in Aboriginal Tourism: an Experiment in Taiwan
	Glover , 2009	a. Celebrity endorsement in tourism advertising: Effects on destination image b. The Effect of Celebrities on Destination Image
	Robert van der Veen, 2009	Celebrity endorsement effectiveness for print destination advetising
	Robert van der Veen, Song, 2010	Exploratory study of the measurement scales for the perceived image and advertising effectiveness of celebrity endorsers in a tourism context
	Robert van der Veen, Song, 2014	Impact of the Perceived Image of Celebrity Endorsers on Tourists' Intentions to Visit

表2.1(续)

文献		题目
我国内地及台湾地区相关研究	崔凤军，2004	女子十二乐坊代言杭州 旅游营销渐起形象经济
	袁希卓，2009	旅游形象代言人与国际旅游市场营销——以杭州“女子十二乐坊”对日市场开发为例
	赵雅敏，2009	RAIN出任山东形象大使之辩——兼论旅游目的地形象大使的选择
	马 明，2010	形象代言人在旅游地品牌建设中的运用
	刘 红等，2013	名人代言对旅游目的地品牌价值影响分析
	沈雪瑞等，2016	名人代言对旅游目的地品牌资产的影响研究——基于代言人可信度的视角［J］. 经济管理，2016，38（4）：138-148.
	王若帆，2009	台湾观光代言人对国际观光客在旅游目的地意象、态度与旅游意愿之影响
	莊崇志，2012	广告代言人可信度与观光地形象对旅游意愿之影响

资料来源：笔者根据文献检索结果整理

一、国外相关研究

van der Veen有感于名人代言如今已被众多商业企业用于进行广告活动和营销沟通的一种普遍要素而旅游目的地这一享乐性消费对象却长期忽视这一营销要素的事实，初步探讨了名人代言作为一项旅游目的地营销工具的适用性。van der Veen首先通过对营销专家的访谈收集了名人代言有效性的观点，在此基础上对旅游目的地采用名人代言措施可能存在的机会和风险进行了阐述。针对营销专家的观点，van der Veen总结道，名人代言总体上可以被认为是在成熟市场上并在实际产品差异化空间十分狭窄的情况下与竞争者进行区分的有效营销工具，而这一工具发挥积极效果的前提是采用合适的名人代言人。在旅游目的地名人代言方面，van der Veen进一步提出，旅游目的地尽可以依据名人代言人在一般产品领域具有的改变消费者态度或行为的效应来制定自身的营销策略，但同时旅游目的地自身的一些固有特点使得这一措施的使用也存在一些局限。例如对于度假旅游目的地的选择，决策主体往往是团体形式的（如家庭），在这一情况下，名人代言人要做到吸引每一位群体成员是很困难的。再者，名人代言人并不能改变旅游目的地的有形属性特征，因此名人代言人如何发挥影响效应尚不明确。这些结合旅游目的地自身特点所做的思考也给未来研究提供了一些值得进一步探索的方向①。

Chang、Wall 和 Tsai 等以台湾土著地区为旅游目的地，运用现场调查并进行实验设计，以旅游目的地宣传册作为代言材料，比较了当地雇员、原住民明星以及非原住民明星三类代言人的效果。结果发现，对于广告态度、品牌态度以及购买意愿这几个指标，当地雇员为代言人的宣传册诱发了旅游者更为积极的感知评价②。

Glover 以“澳大利亚——绝美风光”（Australia—A Different Light）这一采用多位明星所开展的宣传活动为例，阐释了名人代言人对包括旅游目的地原生形象、引致形象、认知形象、情感形象等在内的多个维度旅游目的地形象的形成所存在的潜在影响，从而论证了名人代言人在塑造旅游目的地形象方面具有的多方面的作用③。同时，Glover 还指出了未来研究中可以予以探讨的方向，包括名人在不同媒体暴露之间的关联、旅游目的地与名人和旅游消费者三者之间的匹配问题、名人代言人在旅游目的地知名度以及到访意愿方面的效应等④。

van der Veen 和 Song 尝试将 Ohanian 开发的包含吸引力、可靠性和专业性三项因素的名人可信度模型在旅游情境中加以验证，并将测量结果直接称为名人代言人形象。他们发现，专业性和可靠性两项因素并没有被各自独立析出，而是共同构成了一个独立因素，并将其命名为“可信赖性”（believability）。van der Veen 和 Song 就此认为受众对名人代言人的感知形象包含吸引力和可信赖性两项因素⑤。

van der Veen 和 Song 的另一项研究分析了名人代言人形象对旅游者的目的地到访意愿的影响。他们以香港为目的地并以中国广州市居民为样本进行了现场调查。该研究同时进行了实验设计，选择了 4 个名人代言人（刘德华、张曼

---

① VAN DER VEEN R. Analysis of celebrity endorsement as an effective destination marketing tool [D]. Dorset：Bournemouth University，2004.

② CHANG J，WALL G，TSAI C T S. Endorsement advertising in aboriginal tourism：an experiment in Taiwan [J]. International journal of tourism research，2005，7 (6)：347-356.

③ GLOVER P. Celebrity endorsement in tourism advertising：effects on destination image [J]. Journal of Hospitality and Tourism Management，2009，16 (01)：16-23.

④ GLOVER P. The effect of celebrities on destination image [J]. 2009，CAUTHE 2009：See Change：Tourism & Hospitality in a Dynamic World. Fremantle，W. A.：Curtin University of Technology，2009：1230-1250.

⑤ VAN DER VEEN R，SONG H. Exploratory study of the measurement scales for the perceived image and advertising effectiveness of celebrity endorsers in a tourism context [J]. Journal of Travel & Tourism Marketing，2010，27 (5)：460-473.

玉、大卫·贝克汉姆、布兰妮·斯皮尔斯)，并将样本分为5个组别，其中4个组是有名人代言的实验组，1个则为无名人代言的对照组。该研究得出了以下研究结论：名人吸引力积极影响旅游者对目的地的态度；名人的可信赖性积极影响旅游者对目的地广告的态度；对目的地代言广告的态度积极影响旅游者的目的地态度和到访意愿。另外，组间比较的结果还表明，在目的地代言广告态度和旅游目的地态度两项指标上，有名人代言组的评价普遍高于无名人代言组，但是组间差异在到访意愿指标上并不显著。van der Veen 和 Song 在本土名人代言人（刘德华和张曼玉）与非本土名人代言人（大卫·贝克汉姆、布兰妮·斯皮尔斯）之间进行了比较，发现本土名人代言组在可信赖性上表现更佳①。

二、我国内地及台湾地区相关研究

我国内地学者多围绕目的地名人代言的营销意义和如何选择代言人等问题开展定性讨论，刘红等于2013年才在名人代言广告效果研究的理论框架下实证检验了名人代言人（以明星为例）在目的地品牌价值构建中的作用②。

我国的江苏省杭州市曾于2004年正式聘请“女子十二乐坊”为其城市形象代言人，并借此在海外市场，尤其是日本市场进行了一系列的营销推广活动，获得了较好的市场反响。这一事件也引起了学界的兴趣和关注，一些学者撰文对该案例进行了剖析。崔凤军（2004）认为作为旅游目的地的城市或地区，聘请旅游形象代言人是政府旅游营销的一个常规手段，并以杭州聘用“女子十二乐坊”为其城市形象代言人为例对这一代言人选择的必要性、聘用时机、选择理由和条件、代言人的代表性等问题进行了深入的探讨③。袁希卓（2009）运用描述传播行为基本过程的五个参数，即控制分析、内容分析、媒介分析、受众分析和效果分析，对杭州借由“女子十二乐坊”代言对日本市场开展旅游形象宣传活动的功效进行了论述④。以上两项研究有针对性地围绕“女子十二乐坊”代言杭州这一实例对名人代言的选择和效果问题进行了解

---

① VAN DER VEEN R, SONG H. Impact of the perceived image of celebrity endorsers on tourists' intentions to visit [J]. Journal of Travel Research, 2014, 53 (2): 211-224.

② 刘红，颜麒，杨韫. 名人代言对旅游目的地品牌价值影响分析——以某华东古镇旅游景区为例 [J]. 经济问题探索，2013 (7): 87-92.

③ 崔凤军. 女子十二乐坊代言杭州——旅游营销渐起形象经济 [N]. 中国旅游报，2004-03-10.

④ 袁希卓. 旅游形象代言人与国际旅游市场营销——以杭州“女子十二乐坊”对日市场开发为例 [J]. 经济与社会发展，2009, 7 (10): 96-98.

析，但尚停留在定性论述，并未对相应观点开展实证检验工作。

2009年底，媒体报道山东省旅游局曾借与山东卫视共同主办“好客山东2010贺年会”之机，向韩国当红艺人Rain发出邀请，并表示如果Rain一旦接受邀请，将现场聘请Rain出任“山东形象大使”。此消息一经发布立即在网上引起热议。除了个别网友持支持态度，即认为山东邀请国外当红明星来做形象大使的行为彰显了该省开放、大度、灵活的形象之外，绝大多数网友都表示不解，质疑山东这样以文化大省、孔孟之乡著称的地方为何要请一名韩国明星来代言。国内学者赵雅敏针对该事件进行了理论探讨。她首先肯定了旅游形象大使已成为注意力经济时代旅游目的地重要的营销手段，并通过山东旅游资源特征和韩国明星Rain的自身特点的分析，剖析了“好客山东”选择Rain做其形象代言人而引发争议的原因，据此提出建议：旅游目的地在选择旅游形象大使或形象代言人时不仅应该考虑备选对象的知名度、美誉度，更应该考虑候选人的个人特征、个人形象与本目的地形象的匹配程度，千万不可单纯地出于短期经济目的与利益的追求而将备选对象的知名度看得过重，而忽略了其美誉度及代言人与旅游目的地二者之间形象的契合①。

马明阐（2010）述了在旅游目的地品牌建设中形象代言人具有的五方面的主要作用：一是扩大目的地的知名度，二是树立和快速传播目的地形象，三是利用形象代言人的晕轮效应让旅游者产生美好的联想，四是易于形成品牌识别，五是提升品牌价值。在此基础上，马明进一步比较和分析了虚拟代言人和明星代言人在旅游目的地品牌建设中各自具有的优势和劣势。他认为明星代言人的优势在于能够体现目的地的个性化、人性化、感性化三方面的价值，而其不足之处体现在明星代言人的酬金过高、明星可能过时、明星可能犯错（如因为个人不良事件影响目的地形象）等。相较而言，虚拟代言人的优势在于无须向代言人付酬金、容易塑造完美的品牌形象、品牌形象具有专属性、虚拟人物给人更多的想象、有助于构建品牌与旅游者的忠诚关系、利于展现新奇的广告创意并吸引更多旅游者关注、不受地域限制。虚拟代言人的劣势则在于使用具有不确定性、虚拟代言人的培养具有长期性。但无论是明星代言人还是虚拟代言人，马明认为形象代言人必须有鲜明的个性和较高的知名度，形象代言人的名人效应是选择形象代言人的前提，代言人自身价值和形象要与目的地形象定位相吻合，并且旅游目的地要选择没有或较少担任其他形象代言人者。旅

---

① 赵雅敏. RAIN出任山东形象大使之辩——兼论旅游目的地形象大使的选择［J］. 当代旅游（学术版），2010（1）：66-68.

游目的地还应制定形象代言人的整合营销传播策略以提升宣传效果，旅游目的地也可以采用明星代言人和虚拟代言人相结合的方法，让虚拟形象代言人与明星代言人“同台演出”，以明星知名度逐渐引发旅游目的地受众群体关注和最终接受虚拟代言人①。

刘红等选取某华东古镇旅游景区为研究对象，该景区从 2007 年 8 月起一直采用台湾某知名女艺人担当代言人，并借此开展了密集而有计划的市场推广活动，广告媒体形式涉及平面、电视以及网络媒体等。该研究在品牌价值相关理论的基础上，通过构建结构方程模型，实证检验了名人代言这一市场营销手段对旅游目的地品牌价值构建的功能以及对品牌价值的作用机理。研究结果说明：名人代言人的使用能够显著地影响旅游目的地的品牌价值（包括品牌觉醒、品牌联想、品牌质量），并引起了旅游者态度和行为意图的积极变化。刘红等根据研究结论也为旅游目的地名人代言实践提出了相关建议，即旅游目的地市场营销部门应充分重视名人代言的作用，并将名人代言有机地融入品牌建设的各个维度和层面上。旅游目的地在名人代言人的选择方面，不能仅仅从经济成本或单纯注重知名度的角度出发，而应该更看重名人的综合素质和道德修养，同时在市场营销活动中大力宣传这样的契合性，以便达到名人和旅游目的地之间的优势联合和携手共赢②。

台湾地区学者王若帆基于名人可信度模型，以台湾为旅游目的地，对日本、韩国、香港以及澳门的旅游者进行了问卷调查，运用多元回归等多种统计方法得出结论：名人代言人对台湾旅游目的地形象有正向影响，旅游目的地形象又正向影响到访意愿；名人代言人对国际旅游者来台湾旅游的态度有正向影响，来台旅游态度也对到访意愿有正向影响③。莊崇志同样基于名人可信度模型，以台南科学园区员工为调查对象，调查了样本对明星林志玲所代言的日本旅游宣传广告的反应。该研究结合了 Ohanian 和蔡淑妹两人的名人可信度量表，将名人可信度维度修订为吸引力、专业性、可靠性、知名度和曝光率。通过运用皮尔森相关分析、回归分析和阶层回归分析等方法对数据进行处理，结论显示，曝光率、吸引力和知名度对到访意愿有显著的正向影响，并且该研究

① 马明. 形象代言人在旅游地品牌建设中的运用［J］. 泰山学院学报，2010，32（1）：118-122.

② 刘红，颜麒，杨韫. 名人代言对旅游目的地品牌价值影响分析——以某华东古镇旅游景区为例［J］. 经济问题探索，2013（7）：87-92.

③ WANG R F. The Effect of Celebrity Endorsers on Destination Image，International Tourist’s Attitude，and Intention to Visit Taiwan［D］. Taipei：Ming Chuan University，2009.

还证实，旅游目的地形象在名人代言人与到访意愿之间发挥调节作用①。

三、启示

通过上文文献回顾可见，国内外学者在旅游目的地名人代言研究方面开展了一定程度的研究，我国内地学者多就名人代言这种策略的适切性以及名人代言人的选择进行定性论述，国外以及我国台湾地区相关研究还在名人广告效果的研究框架下开展了代言效果的实证研究，但在评估名人代言效果时人们普遍使用旅游者的广告态度、目的地态度以及到访意愿等单一和即时性的指标。

随着越来越多的旅游目的地开始以品牌化的发展模式来获取自身的市场竞争优势，名人代言这一措施多大程度上能够对实现一系列的品牌化战略目标有所助益就成为一个值得研究的问题。创建坚实的品牌资产是塑造强势品牌的不容忽视的重要方针并且也是品牌化应予以全力实现的战略目标，这在品牌学界已基本得到共识。因而，旅游目的地品牌化的一系列措施也应不断地在创建和提升品牌资产方面蓄积力量。从国内外研究现状来看，虽然名人代言已经成为旅游目的地的一种营销手段并被寄予提升旅游目的地宣传效果的厚望，但这一营销措施在多大程度上对目的地品牌资产的积累有所贡献亟待相关研究的评估。在一般营销研究领域，名人代言人对品牌资产的影响已成为一个前沿性问题并得到了相关学者的关注，但在旅游目的地研究领域还尚未有将名人代言与旅游目的地品牌资产之间关系作为主要议题的文献。因此，一个旅游目的地在试图通过名人代言来辅助其创建或提升目的地品牌资产时，从原理上把握名人代言人与旅游目的地品牌资产各维度之间的相互关系则十分必要。

第五节　旅游目的地品牌资产研究

一、旅游目的地品牌资产研究兴起的背景

旅游目的地品牌资产这一问题是在 20 世纪 90 年代后期旅游目的地品牌化研究兴起之后逐渐引起学界重视的。国内外一些旅游目的地愈加重视运用品牌化的一系列措施去实现目的地促销、定位或重新定位的目标，而品牌营销策略是否成功达到了欲实现的目标则需要有效的方法予以测评。在实践中，国外很

---

① CHUANG C C. The Influence of Advertising Endorser Credibility and Destination Image on Travel Intention [D]. Tainan: University of Kang Ning, 2012.

多旅游目的地为测算品牌营销的现实经济效果，通常会采用一些实用的做法，例如转化研究、广告投放回报率以及广告与公共关系之间的价值换算等①。然而，以上这些方法的测算结果最多能体现出旅游目的地品牌营销的短期经济效果，但对于旅游目的地品牌究竟对旅游者的心理产生了哪些影响以及旅游者是否正确接收并理解了旅游目的地品牌所传播信息的含义等问题，以上方法却很难给出答案。而对旅游者心理或感知产生的影响也正是旅游目的地实现短期以及长期财务目标的深层来源。

正是基于以上原因，旅游学者普遍借鉴了营销领域中的消费者认知导向这一视角对目的地品牌资产开展研究，也因而更为关注基于消费者的旅游目的地品牌资产（Customer/Consumer-Based Destination Brand Equity）这一概念（鉴于此并为了行文方便，本研究以下将以“旅游目的地品牌资产”这一表述指代“基于消费者视角的旅游目的地品牌资产”这一概念）。正如学者 Pike（2008）所曾指出的：除了可能的特许收入以外，以企业资产负债表中那种形式体现的品牌资产对于旅游目的地营销组织而言实用意义甚微②。

从旅游者感知视角对目的地品牌营销的效果给予评估的战略意义也得到了多数学者的认同。不过，对旅游目的地来说，学界业已开展的旅游目的地形象、满意度评价以及旅游目的地忠诚等研究无疑也从旅游者感知视角为旅游目的地营销效果的测评提供了大量理论框架和方法，尤其是旅游目的地形象测评，其反映的正是旅游者对目的地属性的认知和情感反应。既然如此，引入基于消费者的品牌资产评价体系意义何在？这又涉及了旅游目的地形象与品牌化二者之间的关系问题。Cai（2002）曾指出，形象塑造本身不等于品牌化，虽然前者构成了后者的核心③。Konecnik 和 Gartner（2007）也认为，虽然形象塑造是品牌化的核心，然而一旦目的地的名称被人知晓，形象便会转化为品牌感知的各个维度，并被品牌（目的地名称）所遮蔽。他们对斯洛文尼亚所开展的一项研究结论也说明，形象在旅游者的目的地品牌评价过程中发挥着重要作用，但并非是唯一的因素，品牌知名度、感知质量以及品牌忠诚同样是旅游者

① 尼格尔·摩根，等. 旅游目的地品牌管理［M］. 杨桂华，田世政，等译. 天津：南开大学出版社，2006：155，254.

② PIKE S D. Destination branding：analysing brand equity for Queensland's Coral Coast［C］. Queensland：18th Annual Council for Australian University Tourism and Hospitality Education Conference：Where the Bloody Hell Are We?，2008.

③ CAI L. Cooperative Branding for Rural Destination［J］. Annals of Tourism Research，2002，29：720-742.

用以评价目的地品牌的几个因素①。可见，消费者的品牌资产这一概念更能全面地反映旅游者在评价目的地品牌时所涉及的多方面的内容。

二、旅游目的地品牌资产研究现状及特点

（一）文献总体情况

本研究通过以“destination brand equity”和“customer/consumer-based destination brand equity”为关键词，通过 ISI Web of knowledge、CSA、EBSCO、ScienceDirect 等几大数据库检索到 12 篇严格符合基于消费者视角的旅游目的地品牌资产研究文献。另外，经 CNKI 的国内文献检索结果显示，国内学界则于 2013 年开始较为集中地对旅游目的地品牌资产这一问题进行了探讨。可见，旅游目的地品牌资产研究还属于一个新领域。

表 2.2　国内外旅游目的地品牌资产文献的主要研究内容

国外文献	主要研究内容	国内文献	主要研究内容
Konecnik, Maja,2006	维度构成	崔凤军,顾永键,2009	定性阐述
Konecnik,Gartner,2007	维度构成	黄杰,2012	维度间关系
Pike,2008	绩效评估	莫莉萍,2012	维度间关系
Kim et al.,2009	维度构成	刘丽娟,2013	维度间关系
Boo,Busser,2009	维度间关系	黄晶等,2013	综述
Pike,Scott,2009	绩效评估	许春晓,莫莉萍,2013	综述
Pike,2010	维度间关系	郭永锐,陶犁,2013	维度间关系
Gartner,Ruzzier,2010	维度构成	李天元,沈雪瑞,2013	综述
Evangelista,Dioko,2011	维度构成	张宏梅等,2013	维度间关系
Im et al,2012	维度间关系	沈鹏熠,2014	维度间关系
Tsai, Cheung,2013	维度构成	苑炳慧,辜应康,2015	维度构成
Ruzzier et al, 2014	模型的跨文化比较	刘丽娟,吕兴洋,2016	维度构成
Fathabadi,2017	影响因素	苑炳慧,辜应康,2016	量表开发

资料来源：笔者根据文献检索结果整理

（二）主要研究内容

就具体的研究内容而言，学者们在目的地品牌资产的概念维度测量以及各维度之间关系方面倾注了最多的研究力量，国外研究中也有个别学者考察了旅

① KONECNIK M, GARTNER W C. Customer-based brand equity for a destination [J]. Annals of Tourism Research, 2007, 34 (2): 400-421.

游目的地品牌资产与品牌偏好、行为意向等一些结果变量的关系。国内学界则于 2013 年较为集中地对旅游目的地资产这一问题进行了探讨，除了对国外研究情况进行回顾的几篇综述类文献之外主要内容也主要集中在对目的地品牌资产内在维度间关系的探索。

1. 构成维度的识别

旅游学界多以凯文·莱恩·凯勒和戴维·阿克提出的基于消费者的品牌资产概念构成维度为基础，同时结合旅游目的地形象以及品牌化的相关理论来对量表工具和调查问卷进行设计。

表 2.3 显示了国内外一些实证研究所识别出的旅游目的地品牌资产的构成维度，从学者们对各个维度的命名情况来看，维度多达 16 种。其中，国外研究的识别结果多集中在前 8 种范围之内，国内研究识别的维度类别则更为丰富，除前 8 种之外还涉及品牌支持、区位条件、区域形象、感知绩效、品牌信任、品牌关系等。国内外研究之间产生这种差异的原因之一在于，国外研究多直接借用营销领域现有基于消费者的品牌资产测量量表和指标，而国内一些学者则将定性访谈或质性研究与现有理论和量表相结合作为基础对旅游目的地品牌资产结构进行测量和验证①。但就国内外研究的总体结论而言，品牌知名度、品牌形象或联想、感知质量以及品牌忠诚四个维度最为常见。

表 2.3　　一些实证研究所识别出的旅游目的地品牌资产维度

构成维度 / 文献	品牌知名度	品牌形象或联想	感知质量	品牌显著性	品牌共鸣	品牌体验	品牌价值	品牌忠诚	品牌支持	区位条件	区域形象	核心品质	感知绩效	品牌认知	品牌关系	品牌信任
Konecnik, Maja, 2006	●	●	●					●								
Konecnik, Gartner, 2007	●	●	●					●								
Pike, 2008		●		●	●			●								
Boo, Busser, 2009	●					●	●	●								
Pike, Scott, 2009		●	●	●				●								
Pike, 2010		●	●	●				●								
Pike et al., 2011	●	●	●					●								
Gartner, Ruzzier, 2011	●	●	●					●								

① 黄洁. 国家级风景名胜区的品牌资产研究 [D]. 上海：复旦大学，2012. 刘丽娟. 基于消费者的旅游目的地品牌资产—模型构建与评价 [D]. 天津：南开大学，2013.

表2.3（续）

构成维度 / 文献	品牌知名度	品牌形象或联想	感知质量	品牌显著性	品牌共鸣	品牌体验	品牌价值	品牌忠诚	品牌支持	区位条件	区域形象	核心品质	感知绩效	品牌认知	品牌关系	品牌信任
Im et al，2012	●	●						●								
Tsai，Cheung，2013	●	●	●					●								
Ruzzier et al，2014	●	●	●					●								
黄杰，2012	●	●					●	●	●	●		●				
莫莉萍，2012	●	●	●				●	●								
刘丽娟，2013）	●	●	●					●			●		●			
郭永锐，陶犁，2013		●	●				●							●	●	
张宏梅等，2013	●	●	●					●								
沈鹏熠，2014	●		●				●	●								●
苑炳慧，辜应康，2016	●	●	●			●		●								
各维度被识别次数	14	16	14	3	1	2	5	17	1	1	1	1	1	1	1	1

资料来源：笔者根据文献查阅结果整理

还有一些学者则根据具体情况，在品牌资产概念维度的选择方面做了特殊的考虑。如 Pike（2010）认为目的地品牌资产的产生需要旅游者的感知经过一个逐渐增强的过程，这一过程可由包含品牌显著性-品牌联想-品牌共鸣-品牌忠诚四个维度的递进序列来表示①。此外，Boo 等（2009）在其研究中发现品牌形象与感知质量两个维度之间的判别效度并不明显，于是将二者各自所包含的测量指标加以筛选，综合成为了品牌体验这一新的维度，并且发现这一维度对整体品牌资产具有明显的影响作用（见图 2.6）②。Tsai 和 Cheung 证实旅游目的地品牌资产是其四个子维度的一个二阶因素，并且各个维度的次序按照与这一二阶因素相关系数强度由大到小依次表现为品牌形象、感知质量、品牌忠诚和品牌知名度③。

① PIKE S. Consumer-based brand equity for Australia as a long-haul tourism destination in an emerging market [J]. International Marketing Review, 2010, 27 (4): 434-449.

② BOO S, BUSSER J, BALOGLU S. A model of customer-based brand equity and its application to multiple destinations [J]. Tourism Management, 2009, 30 (2): 219-231.

③ TSAI H, LO A, CHEUNG C. Measuring customer-based casino brand equity and its consequences [J]. Journal of Travel & Tourism Marketing, 2013, 30 (8): 806-824.

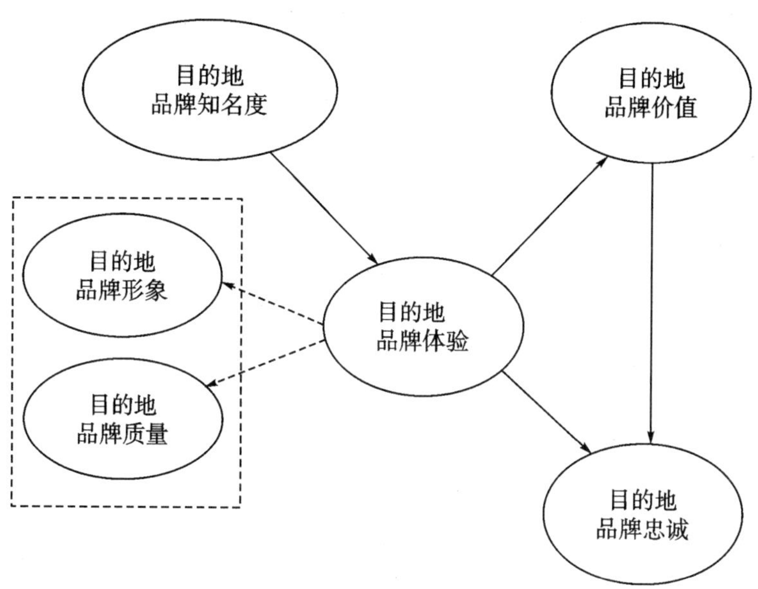

图 2.6　旅游目的地品牌资产结构模型

资料来源：BOO S, BUSSER J, BALOGLU S. A model of customer-based brand equity and its application to multiple destinations [J]. Tourism Management, 2009, 30 (2): 219-231.

2. 各维度间的关系及结构模型的适用性结论

Konecnik 和 Gartner（2007）认为一旦目的地的名称被人知晓，旅游者原来所持有的目的地形象便会影响到目的地品牌的各个感知维度，这些维度继而又对形象的各构成部分（认知、情感、意动）产生影响，最终形成品牌资产（见图 2.7）。他们对克罗地亚和德国两个目的地的研究结论证实，目的地形象是基于旅游者的目的地品牌资产的核心维度，重要程度次之的依次是品牌忠诚度和品牌知名度①。Boo 等以拉斯维加斯和大西洋城两个博彩类目的地品牌为例，验证了一个包含目的地品牌知名度、品牌体验（该维度由形象和质量两个维度整合而来）、品牌价值以及品牌忠诚四个维度的结构模型（见图 2.6），研究结论最终说明目的地品牌体验对品牌价值具有积极的影响，但并不直接影响品牌忠诚；目的地品牌知名度直接影响目的地品牌体验，尤其是知名度中“第一提及”（top of mind）这一指标能够更强地预测品牌体验。此外，该研究也证实了品牌价值是基于旅游者的目的地品牌资产的维度之一，该维度还在目

① KONECNIK M, GARTNER W C. Customer-based brand equity for a destination [J]. Annals of tourism research, 2007, 34 (2): 400-421.

的地品牌体验与目的地品牌忠诚两个变量之间发挥显著的中介作用①。Pike 等证实品牌显著性对品牌形象、品牌质量以及品牌忠诚三个维度都具有积极的影响；品牌形象和品牌质量对品牌忠诚具有积极影响，但品牌质量与品牌忠诚之间的关系非常弱；品牌显著性是整个模型的基础，而品牌忠诚则是品牌资产最显著的影响因素①。

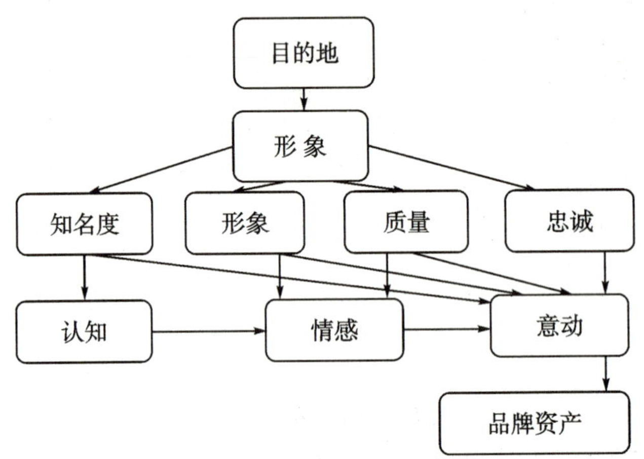

图 2.7　旅游目的地品牌资产的产生

资料来源：KONECNIK M，GARTNER W C. Customer-based brand equity for a destination [J]. Annals of tourism research，2007，34（2）：400-421.

Gartner 和 Ruzzier（2011）以标准载荷为依据，在对初游者和重游者的比较研究中发现，品牌形象和感知质量在两类旅游者群体的目的地评价中都发挥最为重要的作用；而品牌忠诚在重游者群体中的影响作用更大；品牌知名度这一维度对初游者群体来说，作用则更大②。Im 等的研究证实品牌知名度、品牌形象、品牌联想和品牌忠诚几个维度与旅游目的地总体品牌资产之间确实存在着相关关系，并且品牌忠诚在前三个维度和总体品牌资产之间发挥中介作用③。

国内学者黄洁（2012）所识别的几个旅游目的地品牌资产维度之间的关

① PIKE S，BIANCHI C，KERR G，et al. Consumer-based brand equity for Australia as a long-haul tourism destination in an emerging market [J]. International Marketing Review，2010，27（4）：434-449.

② GARTNER W C，RUZZIER M K. Tourism destination brand equity dimensions renewal versus repeat market [J]. Journal of travel research，2011，50（5）：471-481.

③ IM H H，KIM S S，ELLIOT S，et al. Conceptualizing destination brand equity dimensions from a consumer-based brand equity perspective [J]. Journal of Travel & Tourism Marketing，2012，29（4）：385-403.

系为：区位条件、品牌知名度和目的地形象都正向影响感知价值，核心品质和目的地形象正向影响品牌忠诚①。莫莉萍（2012）考察了旅游目的地品牌资产各个维度间的驱动关系。结论说明品牌形象对品牌价值和目的地品牌忠诚具有明显的驱动作用，而目的地品牌忠诚对总体目的地品牌资产的驱动作用最为明显②。刘丽娟认为旅游目的地品牌资产各构成维度之间并不是并列的，消费者的认知逻辑使得各维度之间存在特定的路径关系。其中，区域形象和品牌知名度都是外生变量，而目的地品牌形象、感知绩效和品牌忠诚则属于内生变量，区域形象、品牌知名度、品牌形象和感知绩效直接或间接对目的地品牌忠诚产生影响③。郭永锐和陶犁（2013）的研究发现，旅游目的地品牌资产包括品牌认知、感知质量、品牌联想、感知价值和品牌关系五个维度，并且五个维度间存在着显著性的相关关系④。张宏梅等采用旅游目的地品牌权益这一表述方式，证实旅游目的地品牌权益包括品牌知晓、品牌形象、品牌质量、品牌忠诚四个维度。各维度之间关系表现为：品牌知晓构成了品牌权益的基本来源，并对品牌形象和品牌质量有直接影响；品牌形象是品牌权益的最重要维度，对品牌质量和品牌忠诚都有显著影响；品牌质量显著影响品牌忠诚；品牌忠诚是目的地品牌权益的核心概念，是目的地品牌建设追求的重要目标⑤。

总体而言，学者们构建的结构模型都对数据有较好的适配性，并且验证了旅游目的地品牌资产确实是其各维度的一个共同因素（潜在变量），这在统计意义上证实了模型中的各维度是旅游者在对目的地品牌进行评价时所考虑的具有内在联系的几个方面。尤其是一些学者还在不同目的地情境中检验了结构模型的适配情况，在构建并得出具有更高普适性的结构模型方面做了必要和有益的尝试。也有学者并不将验证模型的适用性作为其主要研究目的，而是在承认营销领域中既有的基于消费者的品牌资产维度结构的前提下，直接将其运用于目的地品牌营销效果的评价。

---

① 黄洁. 国家级风景名胜区的品牌资产研究［D］. 上海：复旦大学，2012.

② 莫莉萍. 基于旅游者视角的旅游目的地品牌资产驱动因素模型研究［D］. 长沙：湖南师范大学，2012.

③ 刘丽娟. 基于消费者的旅游目的地品牌资产—模型构建与评价［D］. 天津：南开大学，2013.

④ 郭永锐，陶犁. 基于旅游者的旅游目的地品牌资产模型研究［J］. 旅游研究，2013（3）：1-7.

⑤ 张宏梅，张文静，王进，梁倩. 基于旅游者视角的目的地品牌权益测量模型：以皖南国际旅游区为例［J］. 旅游科学，2013（1）：52-63.

三、启示

以上对旅游目的地品牌资产的文献回顾表明，学界主要将研究重点放在了旅游目的地品牌资产的概念维度测量以及各维度之间相互关系方面。国内外研究存在的一个共同薄弱环节就是缺乏对驱动旅游目的地品牌资产的影响因素的探索。无论是从识别旅游目的地品牌资产前因变量的理论研究角度还是从指导旅游目的地创建品牌资产的实践角度，寻找旅游目的地品牌资产的驱动因素以及识别其与目的地品牌资产之间的关系都是值得深入探索的问题。

第三章　旅游目的地名人代言人可信度探索性因素分析

在探讨名人代言人可信度对旅游目的地品牌资产的影响机制的过程中，旅游目的地名人代言人可信度的内在维度构成是一个应首先予以澄清的问题，这也是对名人代言人可信度这一概念进行实际测量的必要前提。本章的主要任务就是首先对已有的名人代言人可信度相关量表进行回顾，之后再通过定性的深度访谈进一步了解受众对名人代言人可信度感知的内容，之后结合以上文献分析和深度访谈结果设计调查问卷，利用数据收集进行探索性因素分析从而把握旅游目的地名人代言人可信度特征的内在结构。

第一节　名人代言人可信度量表

一、Ohanian 的量表

20 世纪 60 年代开始，基于信源可信度模型从可信度角度对代言人效应进行研究就已经成为学界的一个传统，学者们也不断尝试运用因素分析来揭示可信度的感知结构。这些尝试和努力产生了一些用以测量名人代言人可信度的量表，但各种量表包含的维度各异。Ohanian 在系统总结前人研究成果的基础上，专门针对名人代言，采用心理测量量表开发技术，对名人代言人的可信度特征进行了测量。该项研究在名人代言效果研究领域产生了重大影响，所开发的包含三个可信度来源因素（专业性、可信赖性和吸引力）的名人可信度量表也成为该研究领域广泛采纳的测量工具。Ohanian 量表共涉及三个维度，15 个测量问题项，每一个维度之下均包含5个问题项①。

二、王怀明和马谋超的量表

王怀明和马谋超（2004）通过三种途径，即文献资料查阅、广告专业人员访谈以及开放式问卷调查收集问卷项目，经探索性和验证性因素分析得到了一个包含四个维度（即名人的专业性、吸引力、品德以及名人与商品的一致性）、22个问题项的量表②。与Ohanian的研究相比，该项研究结果中增加了名人形象和商品形象一致性这一因素。同时，该研究还析出了“品德”这一因素，Ohanian量表中的“可信赖性”（trustworthiness）因素成了“品德”这一新的因素的内容，品德因素涵盖了可靠性，但要比Ohanian量表中单纯的可靠性丰富得多。根据王怀明和马谋超的解释，对于中国的消费者来说，名人代言人的品德，如名声、口碑、绯闻情况以及是否有偷税漏税违法乱纪行为等影响着消费者们对名人可信度的感知和评价。

三、丁夏齐等的量表

丁夏齐（2005）等也意识到名人代言人的道德声誉对代言效果会存在影响，他们采用了与Ohanian相似的研究方法和步骤，不同的是在问卷中增加了与名人道德声誉相关的问题项条目。在借鉴前人量表和访谈基础上构建了包含22个问题项的量表，经调查析出了五个名人可信度因素，即吸引力、一致性、专业性、可信赖性、道德声誉。其中，“名人推荐者拥有良好的声誉”“名人推荐者尊重社会公德”“名人推荐者没有丑闻”等几个问题项被抽取为“道德声誉”这一因素。丁夏齐等还认为，名人代言人的道德声誉是中国消费者对名人广告进行评价时所依凭的重要指标，会对名人代言的效果产生很大影响③。

四、孙晓强的量表

孙晓强（2009）结合以往名人可信度测量文献和多种定性研究（开放式问卷调查、焦点小组访谈和深度访谈）方法提出了品牌代言人可信度特征五维度结构的假设。在经过探索性因素分析、模型验证和修正之后，得到了包含

---

① OHANIAN R. Construction and validation of a scale to measure celebrity endorsers' perceived expertise, trustworthiness, and attractiveness [J]. Journal of advertising, 1990, 19 (3): 39-52.

② 王怀明，马谋超. 名人广告源可信度因子结构 [J]. 心理学报，2004 (3): 365-369.

③ 丁夏齐，王怀明，马谋超. 名人推荐者道德声誉对名人广告效果的影响 [J]. 心理学报，2005 (3): 382-389.

名气声望、产品关联和可信赖性三个维度、20 个问题项的品牌代言人可信度模型。在该研究中，吸引力并没有成为一个独立因素被析出，孙晓强认为原因之一在于众多的消费者对名人代言人的喜爱不一定是基于其外貌特征，个性的认同和职业成就的崇拜是名人代言人博得喜爱的重要原因①。

五、van der Veen 和 Song 的量表

van der Veen 和 Song 曾在旅游目的地情境中对名人代言人感知形象的构成维度进行了探索性研究，提出了一套测量指标体系，并在他们后来的一项针对旅游目的地名人代言人感知形象之于旅游者到访意愿影响的研究中得以应用。但从 van der Veen 和 Song 所采用的名人代言人感知形象探索性因素分析的方法和过程来看，他们实质上是将 Ohanian 的名人可信度量表在旅游目的地情境中进行了验证，因此严格说来，van der Veen 和 Song 所提出的名人代言人感知形象量表仍可被视为是测量名人代言人可信度的一套指标体系。van der Veen 和 Song 在其研究中发现，名人可信度结构中的可靠性（trustworthiness）并没有作为一个独立因素被析出，原属于名人可信度量表中的可靠性和专业性两个因素中的若干问题项聚合在了一起，van der Veen 和 Song 将其命名为可信任性（believability），因而最终得到了由吸引力和可信赖性两个维度构成的名人代言人形象量表②（见表 3.1）。

第二节　深度访谈

名人代言人可信度是一个感知视角的概念，要想对其内在结构进行初步把握，有必要采用定性方法探测性地了解受众对名人代言人可信度的感知内容。通过上文现有量表的回顾可见，一般营销领域已对名人代言人可信度开展了较多的测量研究。在旅游目的地领域，仅 van der Veen 和 Song 进行了这方面的尝试。而且，van der Veen 和 Song 的研究还是以借鉴以往量表为主，以先验性较强而缺乏相应的定性研究作为基础。鉴于此，本研究采用深度访谈的方式加以

---

① 孙晓强. 品牌资产提升策略——品牌代言人视角下的理论与案例［M］. 北京：经济科学出版社，2009：96-113.

② VAN DER VEEN R, SONG H. Exploratory study of the measurement scales for the perceived image and advertising effectiveness of celebrity endorsers in a tourism context［J］. Journal of Travel & Tourism Marketing, 2010, 27（5）：460-473.

表 3.1　　名人代言人可信度测量题题项汇总

Ohanian 的量表	王怀明、马谋超的量表	丁夏齐等的量表	孙晓强的量表	van der Veen 和 Song 的量表
吸引力	品德	吸引力	名气声望	吸引力
引人注意——不引人注意	诚实	名人推荐者有吸引力	知名度高	高雅的
有风度的——没有风度的	品德高尚	名人推荐者长得漂亮	名气大	漂亮的
漂亮的——丑陋的	遵纪守法	名人推荐者令人愉快	上镜率高	吸引人的
高雅的——平常的	口碑好（无不良传闻）	我喜欢名人推荐者	有人气	帅气/美丽的
性感的——不性感的	客观介绍商品	我知道名人推荐者	媒体报道多	可信任性
可靠性	有责任心	一致性	有独特个性	有知识的
可靠的——不可靠的	吸引力	名人推荐者能给产品带来积极的联想	在自己的领域很有成就	诚实的
诚实的——不诚实的	有魅力	名人推荐者的身份和产品相适应	产品关联	可信赖的
可信赖的——不可信赖的	使人对商品产生美好的联想	名人推荐者可以代表消费者的身份	与代言产品有较高相关性	专家
真诚的——不真诚的	风度优雅	名人推荐者的形象与产品相一致	形象与代言产品相符	有资格的
可信任的——不可信任的	相貌漂亮/帅气	我认同推荐	有被代言产品方面的知识	有技能的
专业性	举止大方、端庄	产品可以和名人推荐者联系起来	个性和代言产品相符	有经验的
专家——非专家	令人喜欢	产品适合于我	是被代言产品方面的专家	
有经验的——没有经验的	名人与商品的一致性	专业性	气质与代言产品相符	
有知识的——没有知识的	使人自然想到商品	名人推荐者有产品知识	可信赖性	
适合的——不适合的	能体现出商品使用者形象	名人推荐者有产品使用经验	有责任心	
有技能的——没有技能的	名人身份和商品档次相一致	名人推荐者可以熟练使用产品	可靠的	
	容易使人产生认同感	名人有资格做产品的推荐	无不良传闻	
	使人觉得这种商品适合我	可信赖性	值得依赖	
	名人形象和商品特点有联系	名人推荐者是可靠的	有良好人品	
	专业性	名人推荐者是可信赖的	值得信任	
	熟悉商品	名人推荐者是诚实的	尊重社会公德	
	有商品方面的知识	道德声誉		
	名人有见识	名人推荐者有良好声誉		
	有商品使用经验	名人推荐者尊重社会公德		
		名人推荐者没有丑闻		

资料来源：笔者根据文献整理

弥补，与受众进行面对面的沟通和交流，了解受众在旅游目的地代言情境下对名人代言人可信度的感知内容，据此进一步提炼和设计旅游目的地名人代言人可信度调查问卷的问题项，并对调研结果进行探索性因素分析。

一、访谈设计

顾名思义，“访谈”就是研究者“寻访”“访问”受访者并且与其进行“交谈”和“询问”的一种活动。“深度访谈”是一种研究性交谈，是研究者通过口头谈话的方式从被研究者那里收集（或者说“建构”）第一手资料的一种研究方法。由于访谈人员事先准备的访谈问题具有一定的开放性，因而能够通过此访谈过程了解受访者的所思所想，包括他们的价值观念、情感感受和行为规范，了解受访者过去的生活经历以及他们耳闻目睹的有关事件，并且了解他们对这些事件的意义解释。按照类型，深度访谈可以分为结构型、半结构型和无结构型访谈。在结构型访谈中，研究人员对访谈的走向和步骤起主导作用，按照自己事先设计好了的、具有固定结构的统一问卷进行访谈。半结构型访谈中，研究者对访谈的结构具有一定的控制作用，但同时也允许受访者积极参与。研究者事先备有一个粗线条的访谈提纲，根据自己的研究设计对受访者提出问题。但是，访谈提纲主要作为一种提示，访谈者在提问的同时鼓励受访者提出自己的问题，并且根据访谈的具体情况对访谈的程序和内容进行灵活的调整。无结构型访谈中没有固定的访谈问题，研究者鼓励受访者用自己的语言发表自己的看法。目的是了解受访者自己认为重要的问题、他们看待问题的角度、对意义的解释，以及他们使用的概念及其表达方式。访谈者只是起一个辅助的作用，尽量让受访者根据自己的思路自由联想。

鉴于本研究的研究目的，笔者采用无结构型访谈形式。首先将多个名人与旅游目的地进行代言关系的组合。之后由笔者将这些代言关系制作成为彩色图片向受访者展示。这些组合包括具有真实代言关系的刘若英与乌镇、刘亦菲与吴中、陆毅与俄罗斯、成龙与香港、王石与华山，还包括一个虚构代言关系组合，即刘德华与香港（图片见附录A）。在访谈的具体流程方面，笔者先向受访者说明此次访谈的主要目的，然后提供代言图片资料供受访者翻阅，在受访者查阅之后向受访者首先询问以下问题：“以下是一些名人代言旅游目的地的例子，您对这些代言有什么看法？就这个问题您可以自由发表关于任何方面的观点，如果方便，可以针对每个或其中几个代言例子分别进行说明。”

该问题主要是为了能够以更为敞开的环境促使受访者尽可能自由并尽量多

地表达看法。一旦受访者所谈及的具体内容偏离本研究的主要研究目的时，笔者则补充提出以下问题："那么，具体来说您觉得这个名人的哪些特征会影响到代言效果?"

这一问题具有更强的引导性，更为聚焦于受访者对名人代言人作为信息源在可信度方面的感知内容（访谈提纲见附录 B)。

访谈于 2013 年 8 月至 9 月之间开展，访谈过程由笔者自行完成。由于时间和经费限制，访谈对象选定为笔者所在学校的本科生、硕士生以及博士生，同时为兼顾样本代表性，除从上样本外，笔者还通过朋友介绍约见了相关企、事业单位的工作人员进行了访谈。访谈过程中综合采用笔录和录音两种方式对访谈内容进行记录，并在访谈结束后整理成文。

二、访谈结果分析

笔者共对 13 名受访者进行了深度访谈。将受访者人数停止在 13 人主要是因为在实际访谈过程中，笔者在这 13 名受访者之后的受访人员中并没有获得更多不同于之前样本的信息，据此判定现有信息已达到很大程度的饱和状态，加之对研究时限的考虑，故而不再增加新的受访样本。在 13 名受访者中，男性 6 名，女性 7 名，其中本科以下学历者共 2 名，在读本科生共 2 名，拥有本科学历者共 6 名，拥有硕士学历者和在读硕士研究生各 1 名，博士 1 人。职业情况为学生 4 名，教师 1 名，企业工作人员 8 名。被访者平均年龄为 29 岁。对每位受访者进行访谈所用时间平均约为 30 分钟。

通过对访谈结果的分析发现，受访者提及了名人代言人多个方面的特征，其中，受访者在发表关于名人代言人的成就、影响力、知名度、品德、外貌吸引力、名人与被代言旅游目的地之间的关系这几个方面的观点时都是基于代言信息是否具有较强的说服力以及代言信息能否发挥较好效果这一考虑，且这些访谈结果与以往名人代言人可信度量表的题项内容也较为接近，因而以上这些特征都可视为是名人代言人的可信度特征。除此之外，名人代言人的个性特征也体现为受访者感知中的一项较为显著的内容。在所有访谈工作进行结束之后，笔者对所收集到的受访者较为典型的口述内容整理并归类如下：

1. 个人成就

名人代言人在各自的活动领域所取得的成就是受访者感知中的一项重要内容，W01（受访者代码，下同）在访谈中提到了名人代言人“他在自己的领域成就很高”，W02、W03、W05、W08 等都在描述相应名人代言人时提到

“影视作品和歌曲优秀”“音乐做得好”“影视歌三栖”“商业领袖”“事业成功”“打球很厉害”“演技传神” 等方面的内容，这些描述都反映了名人代言人在其职业领域所获的非凡成就。

2. 影响力

名人代言人的影响力也是被多个受访者提到的特征，例如 W01、W05 和 W09 都提到名人代言人“有影响力”或“影响力大”，W03 认为名人代言人的言论“对关注他的人群有很大的影响力”。W13 则用“一位无人不知的公众人物，给人一种正能量”的言语来评价名人代言人。W05 提到代言人“能把品牌影响力辐射到全球范围”。

3. 知名度

W07、W08、W10 和 W12 都使用了“关注度高”“知名度高/不够高”“名气很大”等词语来形容相应的名人代言人。

4. 品德

一些用于形容社会道德准则和行为规范以及描绘个人品行的词语也常被用来表达受访者对名人代言人形象特征评价，例如“洁身自好”（W05）“有正义感”（W11）“有社会责任感”（W09）“勤奋”“努力”“好学”（W01、W05）等。此外，受访者也会将是否有相应负面信息作为评价名人代言人品德的一种标准，例如 W03 提到“他人不错，几乎看不到他的负面信息”，W05 则提到“他如果没有出这个事儿我还是挺喜欢他的”。

5. 外貌吸引力

一些受访者也提到了名人代言人在外貌方面具有吸引力，例如 W01 提到“长得很漂亮”，W02 提到“样子很吸引眼球”，W06 形容代言人“英俊潇洒”，W08 认为代言人很“性感高贵”，另外还有诸如“长得很爷们儿”（W10）“清新、亮丽、自然可爱”（W11）“很帅、养眼”（W12）等也被用来表达对名人代言人外貌特征的感知。

6. 与被代言旅游目的地之间的相关性

本次访谈是在向受访者展示了名人代言人与旅游目的地组合的情境下开展，因而在问及对名人代言人形象的感知情况时，受访者还表达了其对于名人代言人与旅游目的地之间关系的一些描述，以此表达对代言例子的看法。例如一些受访者分别从名人代言人的外貌特征、性格特征、气质、爱好等方面对名人代言人与所代言旅游目的地之间是否适合进行了评价（W01、W02、W04、W05、W06、W08、W09、W11、W13）。也有受访者提到了名人的籍贯、扮演的角色和影视作品与其代言的旅游目的地具有紧密关系，因而具有代表性（W10、W12）。

深度访谈内容除体现了名人代言人可信度的一些特征之外，受访者对名人个性特征的感知也较为普遍。个性方面的特点是受访者提到较多的名人代言人形象特征，例如“温文尔雅”（W01）“有个性”“个性很鲜明”（W01、W02、W07），“真实、朴实、坚韧”（W04）“气质不凡、成熟干练”（W06）“心思细腻”（W07），“率真直爽”（W08）“性格开朗、令人愉快、实力和勇气”（W09）“坚忍不拔”（W12）等。不过，受访者谈及这些名人个性特征主要是为了表达名人代言人与旅游目的地之间的一种搭配关系是否协调。

第三节　问卷设计

一、初始问题项的产生

在现有文献和深度访谈的基础上，笔者从名人代言人的成就、影响力、知名度、品德、外貌吸引力、与旅游目的地之间的相关性几个方面初步设计了用于测量旅游目的地名人代言人可信度的 38 个初始问题项。初始问题项的表述有两个主要来源：一是现有名人可信度量表中的问题项表述，二是深度访谈阶段识别出的受众所使用的表述。

二、预测试及调查问卷的形成

（一）预测试

在初始问题项产生之后，笔者选择了一些受访者对问卷问题项进行了预测试，这些受访者包括 2 位营销专业教师（包括 1 名教授和 1 名副教授），3 名营销专业博士研究生，3 名随机采访的本科生，还有笔者在居住城市内随机采访的 3 名居民。此次预测试的主要目的是要求受访者对问题项的测量内容、问题项的适当性、问题项表述的易懂性、术语的准确性进行评价。11 位受访者分别独立完成问卷，并确定哪些问题项应该增加或者被删减，并请其给出他们的修改意见。笔者根据 11 位受访者的反馈，对问卷进行了调整和修改，最终保留了 32 个问题项。各问题项对应的变量名称以及问题项的来源详见表 3. 2。

表 3.2　　旅游目的地名人代言人可信度测量问题项

变量	问题项	问题项来源
1.成就	C01 该代言人有一技之长 C02 该代言人在他/她从事的领域很成功 C03 该代言人在他/她从事的领域可以称为一个专家 C04 该代言人在他/她从事的领域具有丰富的经验 C05 该代言人在他/她从事的领域具有丰富的专业知识	深度访谈
2.影响力	Y01 该代言人是一位具有影响力的公众人物 Y02 该代言人的言行对公众能够产生影响力	深度访谈
3.知名度	Z01 我很熟悉这个代言人 Z02 该代言人很有名气 Z03 该代言人能够引起大家的关注 Z04 该代言人比其他同类的名人更让人印象深刻	深度访谈
4.品德	P01 该代言人洁身自好 P02 该代言人有社会责任感 P03 该代言人有良好的声誉 P04 该代言人遵纪守法 P05 该代言人有良好的人品 P06 该代言人口碑很好 P07 该代言人没有不良传闻 P08 很少看到关于该代言人的负面新闻	P01，P03，P04，P07 深度访谈 P02，P06 王怀明，马谋超，2004 P05 丁夏齐等，2005 P06 王怀明，马谋超，2004 P07 丁夏齐等，2005 P08 深度访谈
5.外貌吸引力	T01 该代言人的长相吸引人 T02 该代言人长得很漂亮/帅 T03 该代言人有风度 T04 该代言人很性感 T05 该代言人很有魅力	T01 深度访谈 T02-T04 Ohanian，1990 T05 王怀明，马谋超，2004
6.与旅游目的地之间的相关性	R01 该代言人的形象与这个旅游目的地的特点有联系 R02 该代言人的身份与这个旅游目的地是匹配的 R03 该代言人的个性与这个旅游目的地一致 R04 该代言人与这个旅游目的地有较高的相关性 R05 该代言人有这个旅游目的地方面的知识 R06 该代言人是这个旅游目的地方面的专家 R07 该代言人能体现这个旅游目的地主要客源的形象 R08 我认同这个旅游目的地采用该名人做代言人	R01，R02，R08 王怀明，马谋超，2004 R03-R06 孙晓强，2009 R07 丁夏齐等，2005

（二）问卷结构设计

根据以上问题项筛选的结果，笔者设计出了名为“旅游目的地名人代言人可信度调查”的问卷，问卷包括三个主要部分（问卷详细内容请见附录 C）：

第一部分是展示名人代言人和被代言旅游目的地的图片组合，这一做法的主要目的是要尽量模拟“代言”这一情境而对名人代言人的可信度进行测量。

这一阶段所使用的代言图片采用与深度访谈阶段相同的名人与旅游目的地的组合，分别是“刘若英与乌镇”“刘亦菲与吴中”“刘德华与香港”（虚拟代言关系）、“成龙与香港”“陆毅与俄罗斯”“王石与华山”，所有图片均采用彩色形式。由于选用了6组名人代言人与旅游目的地的代言组合，因而问卷共有6个版本。

第二部分是名人代言人可信度问卷填答。该部分问卷内容主要提供名人代言人可信度的问题项。在问卷题题项的填答方式方面，采用7分李克特量表，让被调查者在“1~7”分的量表上表达他们对相应名人代言人可信度特征描述的同意程度，“1”分表示非常不同意，“7”分表示非常同意。

第三部分主要包括一些人口统计变量测量问项，涉及年龄、性别、职业等。

第四节　数据收集与处理

一、数据收集

本研究通过两个主要途径开展调查问卷的发放：一是通过问卷星在线调查网站发放，该网站能够基于地域、年龄、收入等条件对样本来源进行控制和筛选，从而能够使样本来源不至于过于单一；二是在所在市区进行随机问卷发放。问卷发放于2014年7月15日开始，截至8月20日，共发放问卷160份，收回158份，其中有效问卷为151份。

其中，男性样本占55.3%，女性样本占44.7%；年龄方面，18~25岁21人、26~30岁43人、31~40岁64人、41~50岁16人、51~60岁6人、61岁以上1人；学历方面，高中及以下占2%、大中专占17%、本科占69%、硕士占12%；职业方面，企业职员最多，占64%，其余为私营或个体劳动者占9%、学生占7%、教师占7%、政府机构和事业单位7%、军人/武警/公安占3%、离退休人员占2%、下岗或待业人员占1%；月收入方面，2 001~3 000元占15%、3 001~5 000元占29%、5 001~8 000元占31%、8 001~12 000元占13%、12 001~20 000元占3%、20 000元以上占2%。样本来源的地域分布方面，上海、广东和北京人较多，其次为江苏、山东、浙江人。具体数据为：上海35人，广东18人，北京17人，江苏15人，山东11人，浙江10人。样本特征的总体分布情况见图3.1~3.5。

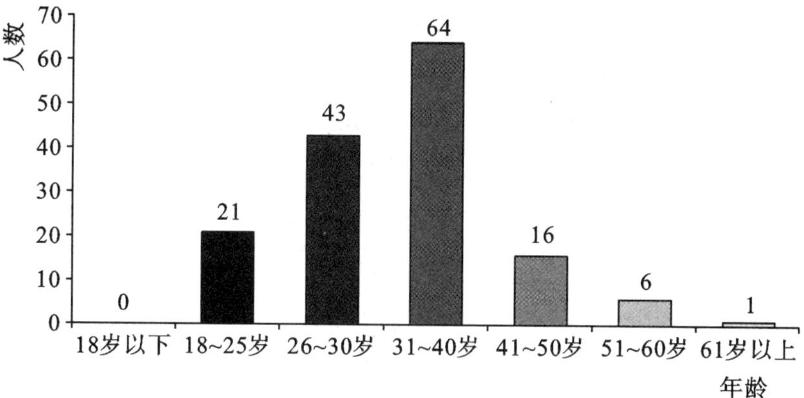

图 3.1 各年龄段样本人数

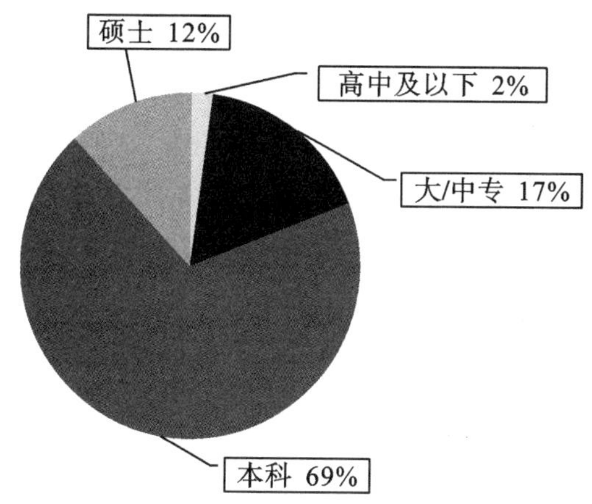

图 3.2 不同学历的样本比重

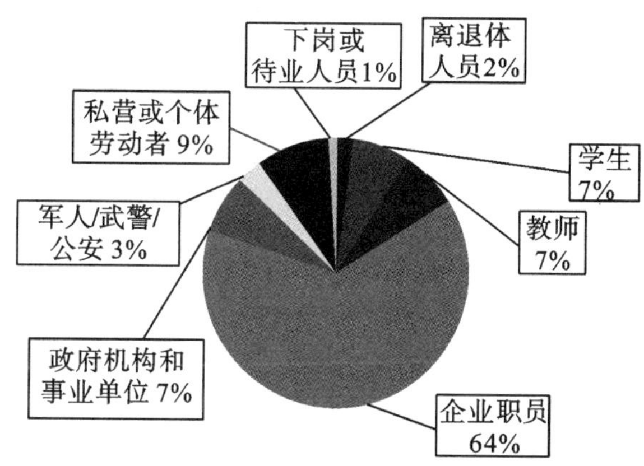

图 3.3 不同职业的样本比重

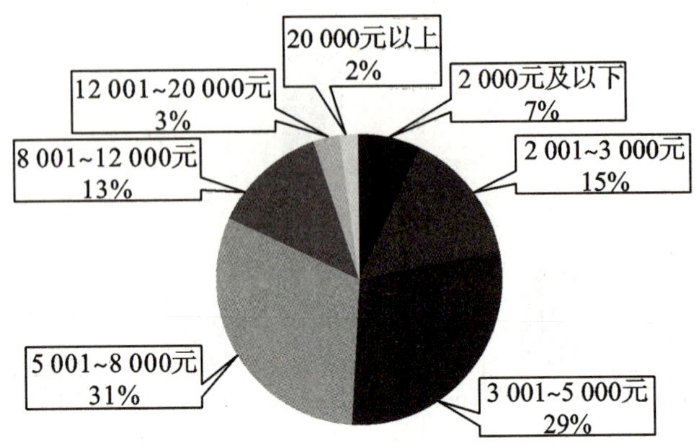

图 3.4　不同收入的样本比重

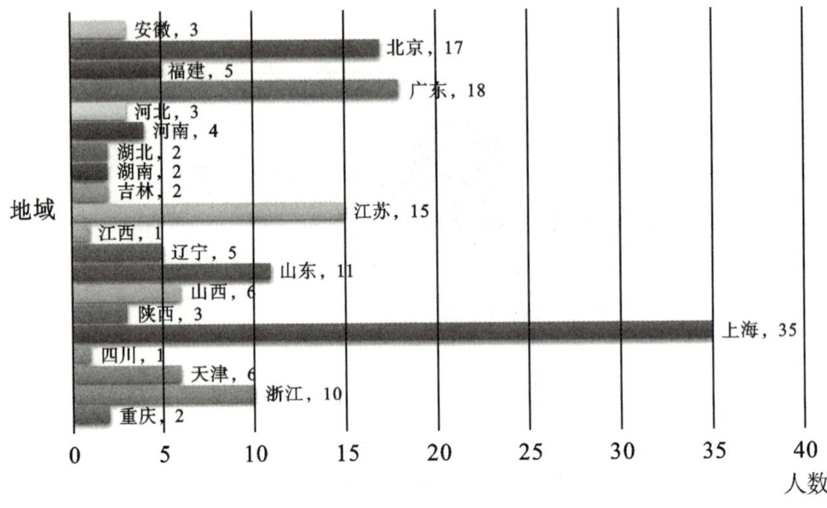

图 3.5　不同地域样本人数

二、数据处理

（一）因素分析及结果

该环节分析需要将与旅游目的地名人代言人可信度相关的 32 个问题项纳入因素分析程序之中，从而检验名人代言人可信度层面能够提取多少个因素。本研究采用“主成分析法”（principal component analysis），配合“最大变异法”（Varimax）进行变量的转轴和公共因素的提取，因素取舍的标准是特征值大于 1 并且因素载荷值高于 0.5。

1. 第一次因素提取

首先对样本取样的适当性进行检验，数据处理的结果显示，量表的 KMO

值为0.868，大于0.80，Bartlett检验值为3 472.498，显著性水平为0.000（见表3.3），因而KMO和Bartlett检验值都说明本量表包含的所有问题项间适合进行因素分析。

表3.3　　第一次KMO和Bartlett检验

Kaiser-Meyer-Olkin Measure of Sampling Adequacy		0.868
Bartlett's Test of Sphericity	Approx. Chi-Square	3 472.498
	df	496
	Sig.	0.000

表3.4显示了采用最大变异法（Varimax）对问题项变量进行转轴后的因素载荷矩阵。通过第一次因素分析，旅游目的地名人代言人可信度特征共提取五个公共因素，其中归属于每一因素的问题项的因素载荷均超过了0.5（见表3.4）。五个因素联合解释所有观察变量71.957%的变异量，说明提取的五因素结构是较为理想的。但与预期因素结构的不同之处是，原本指向名人代言人影响力的两个问题项（Y01、Y02）与代表名人代言人知名度的题项之间发生了聚合并被共同包含在公共因素4之下，说明两类题项的答案反映了名人代言人的同一特质，由于这些问项的表述大部分体现的是名人代言人的知名度，因而笔者将这些题项合并为“名人代言人知名度”这一因素并将其带入第二次因素分析。另外，指向名人代言人品德特征的“该代言人口碑很好”（P06）这一问题项在公共因素2和公共因素4上的载荷都超过了0.5的数值，因而笔者对该问项进行删除处理。总体上来看，在第一次因素分析过程中，除以上两点需要修改之外，其余问题项与预先编制的量表是一致的。

表3.4　　第一次因素提取后的因素载荷

问题项	公共因素及因素载荷				
	1	2	3	4	5
C01			0.791		
C02			0.795		
C03			0.797		
C04			0.870		
C05			0.822		
Y01				0.554	
Y02				0.517	

表3.4(续)

问题项	公共因素及因素载荷				
	1	2	3	4	5
Z01				0.634	
Z02				0.737	
Z03				0.717	
Z04				0.662	
P01		0.767			
P02		0.623			
P03		0.654			
P04		0.739			
P05		0.794			
P06		0.595		0.530	
P07		0.702			
P08		0.713			
W01					0.796
W02					0.884
W03					0.635
W04					0.755
W05					0.743
R01	0.801				
R02	0.700				
R03	0.828				
R04	0.860				
R05	0.835				
R06	0.819				
R07	0.703				
R08	0.593				

注：因素载荷小于0.5的数据省略

2. 第二次因素提取

由于上文在进行第一次因素分析时，合并了名人代言人的影响力和知名度两类问题项并将其命名为“名人代言人知名度”因素，同时还删除了问题项P06，因而有必要进行第二次因素分析以观察因素结构是否会发生变化。将其余问题项再次纳入因素分析过程，数据处理结果显示，量表的 KMO 值为 0.870，大于 0.80，Bartlett 检验值为 3 296.255，显著性水平为 0.000（见表 3.5），KMO 和 Bartlett 检验值都说明所有问题项间适合进行因素分析。

表 3.5　第二次 KMO 和 Bartlett 检验

Kaiser-Meyer-Olkin Measure of Sampling Adequacy		0.870
Bartlett's Test of Sphericity	Approx. Chi-Square	3 296.255
	df	465
	Sig.	0.000

因素提取结果仍为五因素结构，且结构与第一次因素提取结果相比变化并不大，只有用以测量名人代言人品德的问题项 P02 在公共因素 3 和公共因素 4 上的因素载荷都超过了 0.5（见表 3.6），因而考虑将该问题项删除。

表 3.6　第二次因素提取后的因素载荷

问题项	公共因素及因素载荷				
	1	2	3	4	5
C01		0.791			
C02		0.800			
C03		0.796			
C04		0.873			
C05		0.816			
Y01				0.576	
Y02				0.542	
Z01				0.624	
Z02				0.736	
Z03				0.715	
Z04				0.654	
P01			0.775		
P02			0.626	0.501	
P03			0.648		
P04			0.736		
P05			0.783		
P07			0.697		

表3.6（续）

问题项	公共因素及因素载荷				
	1	2	3	4	5
P08			0.706		
W01					0.798
W02					0.886
W03					0.636
W04					0.754
W05					0.742
R01	0.801				
R02	0.699				
R03	0.827				
R04	0.863				
R05	0.834				
R06	0.821				
R07	0.705				
R08	0.590				

注：因素载荷小于0.5的数据省略

3. 第三次因素提取

删除问题项P02后再次进行因素提取，取样适当性检验显结果显示，KMO值为0.867，大于0.80，Bartlett检验值为3 152.815，显著性水平为0.000（见表3.7），KMO和Bartlett检验值说明量表题项间有公共因素存在，所有问题项间适合进行因素分析。

表3.7　　　　第三次KMO和Bartlett检验

Kaiser-Meyer-Olkin Measure of Sampling Adequacy		0.867
Bartlett's Test of Sphericity	Approx. Chi-Square	3 152.815
	df	435
	Sig.	0.000

因素提取结果如表3.8所示。此次因素提取结果获得了清晰的五因素结构，与第二次因素分析结果比较，所有问题项都没有再发生归属变化的情况。五个因素累积方差贡献率达到71.947%（见表3.9），这表明五大因素反映了

原有指标的大部分信息。经过以上三次探索性因素分析，对最初设计的旅游目的地名人可信度问卷所包含的问题项进行了逐一删除，最后得到了包含 30 个问题项的五因素结构。根据各个问题项与公共因素的归属情况以及方差贡献率，将各个公共因素命名为名人代言人与旅游目的地的相关性（因素 1）、名人代言人成就（因素 2）、名人代言人知名度（因素 3）、名人代言人品德（因素 4）以及名人代言人外貌吸引力（因素 5）。

表 3.8　　第三次因素提取后的因素载荷

问题项	公共因素及因素载荷				
	1	2	3	4	5
C01		0.799			
C02		0.794			
C03		0.806			
C04		0.863			
C05		0.824			
Y01			0.584		
Y02			0.558		
Z01			0.642		
Z02			0.753		
Z03			0.729		
Z04			0.645		
P01				0.757	
P03				0.629	
P04				0.721	
P05				0.781	
P07				0.731	
P08				0.732	
W01					0.804
W02					0.884
W03					0.638
W04					0.754
W05					0.750
R01	0.799				
R02	0.700				

表3.8(续)

问题项	公共因素及因素载荷				
	1	2	3	4	5
R03	0.828				
R04	0.863				
R05	0.836				
R06	0.821				
R07	0.707				
R08	0.589				

注：因素载荷小于0.5的数据省略

表3.9　　五个因素解释总变异量情况

成分	初始特征值			平方和载荷量提取			转轴平方和载荷量		
	总和	方差的(%)	累积(%)	总和	方差的(%)	累积(%)	总和	方差的(%)	累积(%)
1	12.556	41.855	41.855	12.556	41.855	41.855	5.626	18.754	18.754
2	3.586	11.954	53.809	3.586	11.954	53.809	4.360	14.535	33.289
3	2.397	7.990	61.798	2.397	7.990	61.798	3.987	13.291	46.580
4	1.854	6.181	67.979	1.854	6.181	67.979	3.891	12.971	59.551
5	1.190	3.968	71.947	1.190	3.968	71.947	3.719	12.396	71.947

（二）信度检验

在探索性因素分析之后，为进一步了解问卷的有效性和可靠性，有必要进行信度检验。本研究综合参考“修正的问题项总相关”“复相关平方”“问题项删除时的Cronbach's α”几项指标对前文所获的旅游目的地名人代言人可信度五因素结构量表进行信度检验分析。数据处理结果显示，总量表的α系数为0.947，由各个公共因素构成的分量表的α系数见表3.10。

表3.10显示，除问题项W04、P07和Z01以外，各公共因素所包含的问题项在被删除之后的α值均小于各分量表全部问题项的α值，因而无需对这些问题项做删除处理。对于问题项W04、P07和Z01而言，虽然其被删除后会提高其对应分量表的α值，但出于实际应用的考虑，删除该问题项意义不大，因为包含这三个问题项的分量表的α系数分别为0.909、0.901和0.857，均已明显大于0.80，信度指标的值已经达到了较佳水平，而且删除这三个问题项后的新的分量表α值分别为0.912、0.909和0.865，与原来的三个分量表的α系数0.909、

0. 901 和 0. 857 这三个数值差异并不大，故而本研究将保留这三个问题项。

表 3. 10　　信度检验结果

问题项序号	Corrected Item-Total Correlation	Squared Multiple Correlation	删除条目后的 Cronbach's α	分量表的 Cronbach's α
R01	0. 800	0. 672	0. 920	0. 932
R02	0. 779	0. 742	0. 922	
R03	0. 853	0. 781	0. 916	
R04	0. 812	0. 756	0. 919	
R05	0. 811	0. 744	0. 919	
R06	0. 756	0. 694	0. 923	
R07	0. 658	0. 507	0. 931	
R08	0. 656	0. 593	0. 931	
C01	0. 736	0. 559	0. 907	0. 916
C02	0. 823	0. 702	0. 892	
C03	0. 781	0. 622	0. 902	
C04	0. 802	0. 711	0. 894	
C05	0. 813	0. 687	0. 891	
W01	0. 803	0. 739	0. 883	0. 909
W02	0. 810	0. 748	0. 881	
W03	0. 741	0. 709	0. 895	
W04	0. 687	0. 531	0. 912	
W05	0. 841	0. 786	0. 874	
P01	0. 725	0. 579	0. 884	0. 901
P03	0. 758	0. 817	0. 881	
P04	0. 827	0. 808	0. 871	
P05	0. 863	0. 797	0. 865	
P07	0. 614	0. 552	0. 909	
P08	0. 688	0. 538	0. 890	
Y01	0. 720	0. 713	0. 823	0. 857
Y02	0. 629	0. 645	0. 836	
Z01	0. 518	0. 329	0. 865	
Z02	0. 751	0. 697	0. 816	
Z03	0. 754	0. 700	0. 815	
Z04	0. 620	0. 404	0. 841	

经过三次因素分析以及信度检验，本研究最终确定了旅游目的地名人代言人可信度的五因素结构，各因素的名称以及问题项因素载荷见表 3. 11。

表 3. 11　　　　　　　旅游目的地名人代言人可信度因素结构

因素名称	问题项序号	问题项内容	因素载荷
因素 1：名人代言人与目的地的相关性	RR01	该代言人的形象与这个旅游目的地的特点有联系	0. 799
	RR02	该代言人的身份与这个旅游目的地是匹配的	0. 700
	RR03	该代言人的个性与这个旅游目的地一致	0. 828
	RR04	该代言人与这个旅游目的地有较高的相关性	0. 863
	RR05	该代言人有这个旅游目的地方面的知识	0. 836
	RR06	该代言人是这个旅游目的地方面的专家	0. 821
	RR07	该代言人能体现这个旅游目的地主要客源的形象	0. 707
	RR08	我认同这个旅游目的地采用这个人做代言人	0. 589
因素 2：名人代言人成就	CC01	该代言人有他的专业特长	0. 799
	CC02	该代言人在他从事的领域很成功	0. 794
	CC03	该代言人在他从事的领域可以称为一个专家	0. 806
	CC04	该代言人在他从事的领域具有丰富的经验	0. 863
	CC05	该代言人在他从事的领域具有丰富的专业知识	0. 824
因素 3：名人代言人知名度	ZZ01	该代言人是一位具有影响力的公众人物	0. 584
	ZZ02	该代言人的言行对公众能够产生影响力	0. 558
	ZZ03	我很熟悉这个代言人	0. 642
	ZZ04	该代言人很有名气	0. 753
	ZZ05	该代言人能够引起大家的关注	0. 729
	ZZ06	该代言人比其他同类的名人更让人印象深刻	0. 645
因素 4：名人代言人品德	PP01	该代言人洁身自好	0. 757
	PP02	该代言人有良好的声誉	0. 629
	PP03	该代言人遵纪守法	0. 721
	PP04	该代言人有良好的人品	0. 781
	PP05	该代言人没有不良传闻	0. 731
	PP06	很少看到关于该代言人的负面新闻	0. 732

表3.11(续)

因素名称	问题项序号	问题项内容	因素载荷
因素5：名人代言人外貌吸引力	WW01	该代言人的长相吸引人	0.804
	WW02	该代言人长得很帅气/漂亮	0.884
	WW03	该代言人有风度	0.638
	WW04	该代言人很性感	0.754
	WW05	该代言人很有魅力	0.750

注：由于删除了原来的问题项P02和P06，并且合并了最初知名度和影响力两类问题项，为了查看和使用方便，笔者对最终保留下来的各问题项序号进行了重新编码

第四章　理论模型与研究假设

第一节　理论基础与概念模型

一、理论基础

（一）联想学习理论（Associative learning Theory）

联想学习理论源自认知心理学中联结主义这一流派，联结主义取向是探索人类心理的主要途径之一，联结主义把人的认知系统看成一个联结网络，该网络能够迅速地感知一个事物并快速对其做出判断。在该网络中，知识是相互激活的，对大脑的模拟更加接近生物脑，因此它更能揭示心理的实质。在认知心理学的联结主义取向基础上产生了联想学习理论，这一理论的代表模型是联想网络记忆模型，该模型在品牌研究中的应用较为普遍①。该模型认为记忆是由众多结点（nodes）和代表结点间联想关系的连线（links）组成的网络②。凯文·莱恩·凯勒（1993）和戴维·阿克（2012）都曾指出，品牌资产的管理涉及对与品牌相关的诸多联想的管理，并将联想网络记忆模型及其原理应用于品牌资产研究中的顾客心智分析③。

营销人员可以凭借多种营销组合要素来开发和保持一系列的联想从而对品牌资产加以管理，名人代言便是向品牌进行意义赋予的途径之一。按照联想学

---

① SRULL T K, WYER R S. Person memory and judgment [J]. Psychological review, 1989, 96 (1): 58-83.

② COLLINS A M, LOFTUS E F. A spreading-activation theory of semantic processing [J]. Psychological review, 1975, 82 (6): 407. RATCLIFF R, MCKOON G. A retrieval theory of priming in memory [J]. Psychological review, 1988, 95 (3): 385.

③ KELLER K L. Conceptualizing, measuring, and managing customer-based brand equity [J]. The Journal of Marketing, 1993: 1-22. 戴维·阿克. 管理品牌资产 [M]. 吴进操，常小虹，译. 北京：机械工业出版社，2012：13.

习理论，名人代言人与品牌构成了消费者记忆网络中的两个结点，当两者结合并反复呈现时，受众记忆中的这两结点同时得到激活（activation），它们间便会建立起某种联想性连线，并且随着呈现次数的加大该连线也会得到不断增强，结果名人与品牌分别成了彼此记忆联想网络中的一部分，于是一方的激活便会引发另一方不同程度的激活。

（二）意义迁移模型（The Meaning Transfer Model）

意义迁移模型是 McCracken 于 1989 年提出的。“意义”是指名人的形象。他认为名人广告对受众的影响过程也就是名人形象的迁移过程①。首先，一定的文化环境赋予名人一定的象征性意义，使其成为某种性别、年龄、社会地位、个性或生活方式的象征。当名人和商品一起出现在广告中时，名人就把这种象征性意义或形象迁移到商品上，使商品具有某种象征性意义。消费者通过使用或消费这种商品而获得这些象征性意义并借此塑造和彰显自我形象。

McCracken 的这一模型可以用来解释名人代言人如何将一系列联想转移至他们所代言的品牌。这也意味着企业组织在选择代言人来表征其品牌时也要做到代言人与品牌之间的相互匹配以便能够使代言人传递正确的品牌信息。

（三）品牌信号理论

品牌信号理论源于信息经济学当中的信号传递理论，该理论主要探讨信息不对称条件下买卖双方如何沟通并达到资源有效配置的议题。信号传递理论是从企业视角出发，说明企业向消费者传递信号的行为过程。在信息不对称的情况下会出现市场逆向选择问题，这一问题的出现会造成市场买卖双方利益的不均衡，双方交易的不公平、不公正，以及整个市场资源配置的低效率。为此，信息经济学家提出了一些办法来解决这一问题，市场信号理论应运而生。该理论主要包括信号传递和信号甄别两部分内容，信号传递是指处于信息优势的一方（比如企业）通过某种可观察的渠道向处于信息劣势的一方（比如消费者）传递与产品质量有关的信息；信息甄别是指处于信息劣势的一方接收信息后，评估、判断信息的真伪。信号传递理论的实施，可以改善市场信息不对称、买卖双方利益不均衡的现象。

然而对于处于信息获得劣势的消费者而言，获取产品质量属性的内部信号往往是困难的，要么获取成本较高，要么需要更多的体验。此时，“品牌”成为企业与消费者之间进行沟通的一种信号，承担着传递质量等信息的任务。

---

① MCCRACKEN G. Who is the celebrity endorser? Cultural foundations of the endorsement process [J]. Journal of consumer research, 1989, 16 (3): 310-321.

Erdem 和 Swait 在 1998 年对品牌作为信号的现象进行了研究，重点考察了品牌资产作为一种市场信号传递的现象和结果如何受到品牌可信度的影响。按照 Erdem 和 Swait 的观点，市场信息的不对称促使品牌可信度（由企业与消费者之间的动态的互动决定）成为基于消费者的品牌资产（customer-based brand equity）的重要决定因素。具有可信度的品牌作为市场信号能够提高消费者对产品属性水平的感知并增强对品牌所做承诺的信心。这样一来，对购买决策不确定性的降低进一步削减了消费者的信息搜索成本和感知风险，从而提高预期效用，这一连锁反应提高了基于消费者的品牌资产①。

品牌信号体现为由企业以往和现在所进行的与品牌相关的营销策略和活动。换言之，当一个品牌因其体现、表达或象征了一个企业过往和现在的营销策略时，它就会变为一种市场信号。因此，品牌信号的具体内容涵盖了各种营销组合要素，例如在营销研究中，广告、担保（warranty）、零售商选择（retailer choice）等作为质量信号的作用已得到了相应的实证检验②。当品牌运用名人代言来传递宣传信息时，名人代言人也势必会成为诸多品牌信号线索之一参与到对消费者购买决策的影响机制之中，名人代言人也很有可能成为消费者推断产品品质所凭借的一项外部因素。

（四）平衡理论

社会学家海德（Heider）基于认知过程的研究提出了用以解释态度变化的平衡理论③。平衡理论认为，人们在认知和人际关系方面普遍具有一种达到平衡和协调的需要，也就是把自己对他人的态度和认知建立在双方共同对第三方“客体”（人、事、物）的态度异同上。一旦一个人发现三方之间存在不平衡或不和谐，那么就会在心理方面产生一种焦虑感，这种焦虑感会推动个人调整原有的认知结构向更为平衡和协调的状态转化。平衡理论可以用 P-O-X 模型来表示，如图 4.1。图 4.1 中 P 和 O 各自代表一个人，X 便是 P 和 O 所指向的第三方态度对象，P、O、X 之间的关系能否达到平衡取决于他们三者之间每对双边关系之间状态的正（代表喜欢或肯定等正面态度）负（代表不喜欢或否定等负面态度）。如图 4.1 中的（a），它表示一种平衡关系，因为 P 和 O 相互之间有正向态度，而二者同时对 X 持负向态度，因而态度达到一致，故呈

---

① ERDEM T, SWAIT J. Brand equity as a signaling phenomenon [J]. Journal of consumer Psychology, 1998, 7 (2): 131-157.

② KIRMANI A, RAO A R. No pain, no gain: A critical review of the literature on signaling unobservable product quality [J]. Journal of marketing, 2000, 64 (2): 66-79.

③ HEIDER F. On social cognition [J]. American Psychologist, 1967, 22 (1): 25.

平衡状态。而图 4.1 中的（b）则表示一种不平衡状态，因为 P 和 O 相互之间呈现正向态度，而二者对 X 持有正、负两种态度倾向，因而态度不一致，故呈现不平衡状态。

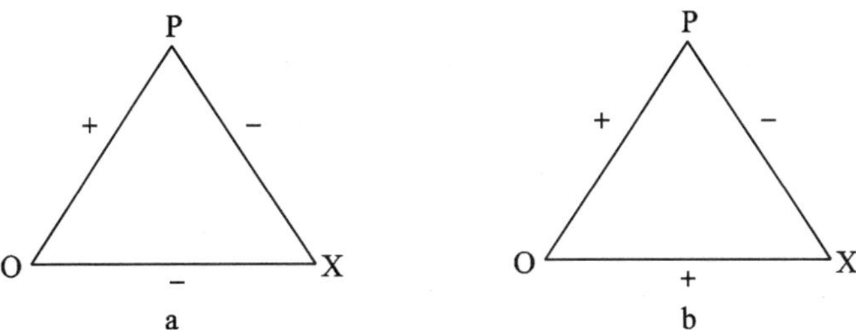

图 4.1　平衡理论

Mowen 和 Brown（1981）曾运用平衡理论来阐释消费者、代言人以及产品之间的三边关系①。当消费者对代言人有好感，同时代言人与产品之间又能实现恰当的结合时，代言人对产品的推荐效果是最显著的。而当三者之间处于不平衡状态时，受众心理上会产生一种不协调感，这种不协调感会促使消费者对代言人或产品中的一方做出态度上的调整以重归平衡。如果消费者对产品的态度做出了企业预期的相应调整，那么代言广告的营销目标就达成了。就本研究的研究内容来说，名人代言人的可信度、目的地品牌可信度也都是感知视角的概念，其测量结果也反映了旅游消费者对名人代言人和目的地的相应评价，因而平衡理论及 Mowen 和 Brown 在代言效果领域中所做的引申在一定程度上也给予本研究的研究议题提供了理论支撑。

（五）图式理论

图式理论（Schema Theory）由 Bartlett 正式提出，这一理论是研究人类记忆能力及模式的成果②。图式的概念最早来自 19 世纪德国哲学家康德，他把图式（schema）看成是“原发想象力”（productive imagination）的一种特定形式或规则。借此理论，理解（the understanding）这一活动本身可以把它能及的“范畴”（categories）应用到实现知识或体验的多种感知中去。现代图式理论的产生有几大来源，一是理性主义关于心理结构的思想，二是经验主义关于

① MOWEN J C, BROWN S W. On explaining and predicting the effectiveness of celebrity endorsers [J]. Advances in consumer research, 1981, 8 (1): 437-441.

② EDWARDS D, MIDDLETON D. Conversation and remembering: Bartlett revisited [J]. Applied Cognitive Psychology, 1987, 1 (2): 77-92.

人类的以往经历对人类心理具有积极影响的观点，三是信息科学、计算机科学和心理学关于表征研究所取得的相应成果。现代图式理论认为，图式是人类通过一段时间内对环境所产生的直接或间接的经验而学习到并获得的，具有后天获得性。

简单地说，图式就是存在于记忆中的认知结构或者说是知识结构。由于经验或理性思维使然，每个人头脑中都存在大量的对外在事物的结构性认识，即图式（schema），人们会自然地把个别的刺激物放在这一预存的认知结构中去加以认识，图式的形成便是总结了这些事物的重要特征的结果，因而，也可以说图式是对我们生活中大量个别事例的抽象。这些图式又很像是自然分类，这些分类包含了一些事物的某些特征和品质，但通常并不是清楚界定的绝对的归类，比如鸟的种类有很多，但一般都包括翅膀、羽毛、喙、甚至叫声等特征。当人们看到一只从未见过的“鸟”时，虽然不知道它的种类和名称，但是基于头脑中对鸟的一般图式，可以很快断定这是“鸟”而不是别的动物。图式不仅指对事物的概念性认识，也包括对事物的程序性的认识。比如对婚礼丧葬仪式的认识，对会议赛事形式的认识，以及对于商务活动和谈判过程的认识，等等。

按照图式理论的观点，在现实生活中，人们由于经验和思维过程，在头脑当中都有着对某个名人和某个旅游目的地的图式，当名人代言某旅游目的地，并且二者之间有着一定的关联时，人们在观看这一代言信息时便会在头脑中形成一个关于名人代言人和旅游目的地相结合的新的图式。这一图式产生的过程也类似于联想学习和意义迁移过程的结果，从而使名人代言人与旅游目的地的组合在受众心中留下印象，并起到重构受众对旅游目的地的认知结构的效果。

二、概念模型

（一）概念模型构建的总体思路

名人代言人可信度是本研究从名人代言人特征出发所选取的一个具体研究视角。如前文文献综述中所述，名人代言的效果会受到多种因素的影响，但就名人代言人特征方面而论，现有研究涉及的视角包括名人可信度、名人吸引力以及名人形象等。其中名人可信度一直是一般营销领域（如广告、品牌化等）中主流研究在探讨名人代言效果过程中普遍关注的变量。尤其是 Ohanian 因考虑到名人作为代言人其吸引力在代言效果中的重要性并将其纳入名人可信度概念框架中以后，以名人可信度为考察视角的代言效果研究就更加普遍。由于在旅游目的地营销领域中，名人代言效果研究尚处于初始阶段，对名人可信度影响效应进行验证的研究还非常少见，本研究也正是在这样一种背景下将视线聚焦在名人代言人可信度这一视角并考察名人代言人可信度对目的地品牌资产的影响效应。

在以往名人代言效果研究、品牌可信度研究以及品牌资产研究几个领域文献的启示下，笔者初步认为名人代言人可信度很可能并不是直接对目的地品牌资产产生影响，目的地的品牌可信度在名人可信度和目的地品牌资产之间可能发挥着中介作用。因而笔者预期名人代言人可信度各要素对品牌资产的影响会通过“名人代言人可信度→旅游目的地品牌可信度→旅游目的地品牌资产”这样的路径发挥效应。

在考察名人代言人可信度对品牌资产的主要效应之余，根据相关文献，本研究也考虑到，旅游者个性当中的冒险性倾向这项因素也可能会在名人代言人可信度和目的地品牌可信度之间发挥一定的调节作用（理由将在具体的假设提出环节加以详细说明）。综上所述，本研究所构建的概念模型共包含名人代言人可信度、旅游目的地品牌可信度、旅游目的地品牌资产以及旅游者冒险倾向 4 个主要变量。

（二）概念维度的选取及总体概念模型

在第三章中，笔者于旅游目的地代言这一具体情境中对名人代言人可信度的基本构成维度进行了探索性因素分析，得到了五个因素，分别是名人代言人与旅游目的地相关性（因素 1）、名人代言人成就（因素 2）、名人代言人知名度（因素 3）、名人代言人品德（因素 4）以及名人代言人外貌吸引力（因素 5）。这些因素反映了名人代言人可信度的构成维度，也是考察名人代言人可信度影响效应的具体要素，因而本研究将这五个因素作为影响目的地品牌资产的自变量。

在目的地品牌资产方面，国内外学者已经进行了一定程度的探讨，尤其是在目的地品牌资产的构成维度这一问题上开展了较多的验证性研究。第二章的文献综述部分对国内外旅游目的地品牌资产研究的进展进行了总结，从表 2. 3 可以看出，虽然学者们在目的地品牌资产维度构成的具体结论上各有差异，但较为明显的是，目的地品牌知名度、目的地品牌形象、感知质量以及目的地品牌忠诚四个维度被识别的次数显然最多，因而以上四个方面也是目的地品牌资产维度构成结论中最稳定的四个因素，并且一些针对目的地品牌资产维度的专门研究也证实，以上几个维度确实存在一个更高阶的潜在因素，即目的地品牌资产①。因而结合本研究的主要研究目的，笔者不再对目的地品牌资产概念进行因素分析，而是选择目的地品牌形象、目的地品牌感知质量、目的地品牌知名度以及目的地品牌忠诚作为测量目的地品牌资产概念的四个主要维度。根据以往品牌可信度的相关研究，品牌可信度一般被视为一个包含品牌专业性和值得信赖性两个维度的概念，本研究将沿袭这一做法。根据旅游学界对旅游者冒险倾向的测量方法，本书此处将旅游者冒险倾向作为一个单一维度变量加以测量，测量结果主要用于对被调查样本进行聚类分析。

基于对相关领域的文献综述和基础理论的回顾，笔者提出了名人代言人可信度影响旅游目的地品牌资产的概念模型（如图 4. 2 所示）。

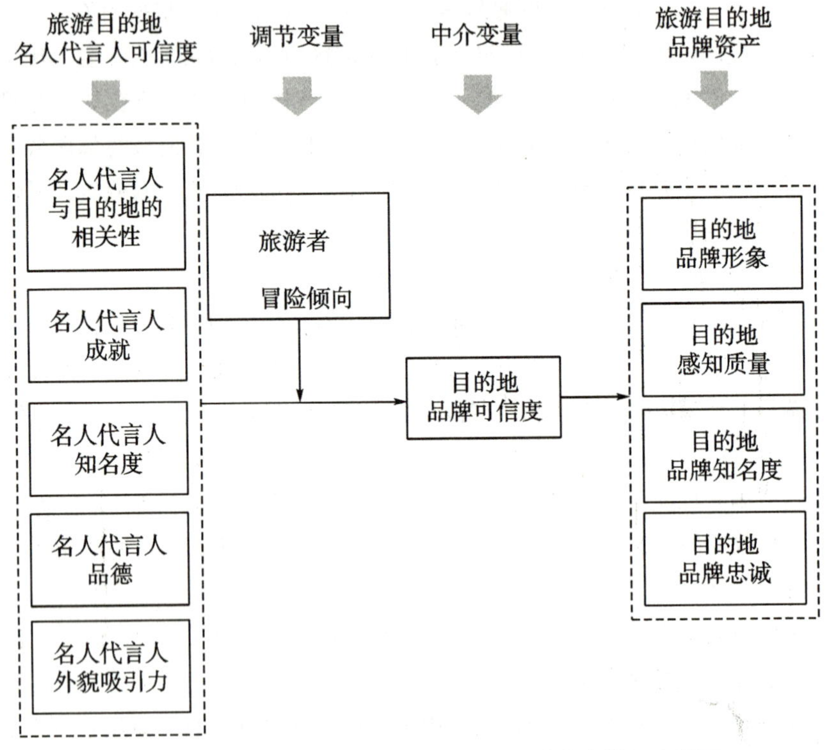

图 4. 2　名人代言人可信度影响目的地品牌资产的概念模型

---

① TSAI H, LO A, CHEUNG C. Measuring customer-based casino brand equity and its consequences [J]. Journal of Travel & Tourism Marketing, 2013, 30 (8): 806-824.

第二节 研究假设

一、名人代言人可信度与目的地品牌可信度之间的关系

前文已提到，品牌可信度是指包含于品牌中的产品定位信息的可信性，这种可信性的大小主要取决于消费者对企业履行其所做承诺的意愿和能力的感知。而品牌要具有可信度，必须能够使消费者感知到品牌有相应的能力（expertise）并且有意愿（willingness）去实现它的承诺。那么名人代言人作为旅游目的地的一项品牌要素，其可信度的感知是否会影响到目的地品牌的可信度？按照品牌信号理论（brand signaling theory）的解释，名人代言是品牌主所采用的一种宣传方式，这种宣传方式可以以广告、推介会、公共关系等具体形式加以体现。而这些具体形式都会有名人的参与，因而名人代言人就变成为一种市场信号，正是这一市场信号发挥了影响品牌可信度的作用。其发生作用的基本逻辑在于：潜在消费者会认为，品牌主需要向名人代言人支付高昂的代言费用，这些费用实质上构成了品牌主以预付费用形式产生的在广告和声誉打造方面所做的投资。既然品牌主现在花钱在名人代言等营销策略上，那么一定会期望在未来的经营过程中收回这些投资支出。如果品牌主不具备兑现和履行所做承诺的意愿和能力，收回投资的可能性就会很小，因而品牌主会主动提高产品或服务的质量、声誉①。因而名人代言人作为一种品牌要素，无论其以广告、公共关系或其他形式呈现时，很可能会提高消费者对品牌主在品牌投资程度方面的感知。因而，名人代言人作为这种信号线索，其自身的可信度高低也就极有可能会左右消费者对品牌可信度中专业性，也即履行承诺能力（无论这种能力是现有的还是未来可能具备的）大小的评判。

因而，本研究做出如下假设：

H1-1 名人代言人与目的地的相关性对目的地品牌的专业性有正向影响。

H1-2 名人代言人的成就对目的地品牌的专业性有正向影响。

H1-3 名人代言人的知名度对目的地品牌的专业性有正向影响。

H1-4 名人代言人的品德对目的地品牌的专业性有正向影响。

H1-5 名人代言人的外貌吸引力对目的地品牌可信度有正向影响。

---

① KIRMANI A, RAO A R. No pain, no gain: A critical review of the literature on signaling unobservable product quality [J]. Journal of marketing, 2000, 64 (2): 66-79.

如上所述，市场信号理论为名人代言影响品牌可信度提供了一定的理论解释，而来自心理学和营销学领域的一些相关研究结论则更为具体地说明了名人代言人可信度特征可能对品牌可信度存在影响。早在1977年，美国的心理学家Baker就曾在其所开展的实验中发现，外表吸引力较高的模特能够使消费者对代言广告和品牌做出更为正面的评价①，这一结论也得到了Freiden、Till和Shimp等学者所做研究的证实②。Baker实验研究结论还表明，名人代言更能够使消费者在品牌可信度、品牌可靠度、说服力、喜好度等方面产生积极的回应。Misra（1990）的研究则发现，当名人代言人和被代言产品二者在形象方面越加一致时，消费者回忆起品牌信息的效果就越好，消费者因而越容易对品牌产生信任的态度③。

McCracken（1989）最早提出了用以解释名人代言效果的意义迁移模型，根据该模型，通过高匹配度的联想效应，品牌代言人与产品在特定情境中的共现，能够将代言人本身值得信赖的个性特质直接迁移到品牌身上，品牌因而能够得以快速提升其知名度，并进一步获得消费者的信任④。Byrne和Breen（2003）也曾经指出，名人代言人可通过代言过程将自身的知名度、值得信赖等特征附加到品牌之上，名人代言也可以帮助品牌明显地缩短其建立知名度、美誉度以及提高可信度等特征的时间周期⑤。

Biswas（2006）等基于联想网络记忆模型理论，解释了代言人可信度和消费者品牌联想之间的关系，并证实，借助代言人本身的一些相关特质来展现与这些特征相协调的产品属性与品质，能够在消费者的头脑中留下更为深刻的品牌联想，从而提高消费者对商品的认同和信赖⑥。Spry、Pappu和Cornwell（2011）基于联想学习理论和品牌信号理论，采用现场实验法（field experi-

---

① BAKER M J, CHURCHILL JR G A. The impact of physically attractive models on advertising evaluations [J]. Journal of Marketing research, 1977, 14 (4): 538-555.

② FREIDEN J B. Advertising spokesperson effects-An examination of endorser type and gender on 2 audiences [J]. Journal of Advertising Research, 1984, 24 (5): 33-41. TILL B D, SHIMP T A. Endorsers in advertising: The case of negative celebrity information [J]. Journal of advertising, 1998: 67-82.

③ MISRA S, BEATTY S E. Celebrity spokesperson and brand congruence: An assessment of recall and affect [J]. Journal of Business Research, 1990, 21 (2): 159-173.

④ MCCRACKEN G. Who Is the Celebrity Endorser? Cultural Foundations of the Endorsement Process [J]. Journal of Consumer Research, 1989, 16 (3): 310-21.

⑤ BYRNE A, WHITEHEAD M, BREEN S. The naked truth of celebrity endorsement [J]. British Food Journal, 2003, 105 (4/5): 288-296.

⑥ BISWAS D, BISWAS A, DAS N. The differential effects of celebrity and expert endorsements on consumer risk perceptions. The role of consumer knowledge, perceived congruency, and product technology orientation [J]. Journal of Advertising, 2006, 35 (2): 17-31.

ment)，也证实了由吸引力、专业性以及可靠性三项因素构成的名人代言人可信度对品牌可信度具有显著的正向影响作用①。知名品牌学者戴维·阿克和凯文·莱恩·凯勒等在他们关于品牌资产的一系列论述之中都曾多次强调，品牌代言作为企业组织的一种有效的品牌推广方法，对品牌信任的建立等都有着积极的影响。

综上所述，本研究在旅游目的地名人代言情境中提出以下假设：

H1-6 名人代言人与目的地的相关性对目的地品牌的值得信赖性有正向影响。

H1-7 名人代言人的成就对目的地品牌的值得信赖性有正向影响。

H1-8 名人代言人的知名度对目的地品牌的值得信赖性有正向影响。

H1-9 名人代言人的品德对目的地品牌的值得信赖性有正向影响。

H1-10 名人代言人的外貌吸引力对目的地品牌的值得信赖性有正向影响。

二、目的地品牌可信度与目的地品牌资产之间的关系

品牌可信度对品牌资产的影响是营销学领域比较热衷探讨的话题，虽然一些学者出于特定的研究目的在具体的研究过程中只考察了品牌资产中的个别维度，或因对概念理解和所使用测量方法的差异而选择了品牌资产的若干维度，但这些研究都在实证调查中或多或少地积累了有关品牌可信度与品牌资产之间关系的认知经验。

Erdem 和 Swait（1998）选用果汁和牛仔服两个品类为对象的研究发现，虽然消费者对这两类产品在感知购买风险方面存在差异，但总体而言，两个品类品中皆存在品牌可信度显著、正向影响感知质量的现象②。此后，Erdem 和 Swait（2004）又针对更多的品类，包括运动鞋、电信服务、头痛药、果汁、个人电脑和洗发水，开展了相似研究，品牌可信度对感知质量和品牌忠诚的积极影响再次得到了验证③。Erdem 和 Swait 于 2006 年继续就品牌可信度在不同文化背景中的影响效应进行探索，依然得到了有关品牌可信度提升感知质量和

---

① SPRY A, PAPPU R, BETTINA CORNWELL T. Celebrity endorsement, brand credibility and brand equity [J]. European Journal of Marketing, 2011, 45 (6): 882-909.

② ERDEM T, SWAIT J. Brand equity as a signaling phenomenon [J]. Journal of consumer Psychology, 1998, 7 (2): 131-157.

③ ERDEM T, SWAIT J. Brand credibility, brand consideration, and choice [J]. Journal of consumer research, 2004, 31 (1): 191-198.

品牌忠诚的经验证据①。

Mathew、Thomas 和 Injodey（2012）针对体香剂这一产品品类，以学生群体为样本，选取品牌转换意愿为品牌资产的测量指标（例如在相同或更便宜的价格、相同质量等条件下的品牌转换意愿），证实了品牌可信度对品牌资产存在显著、正向的影响效应②。

Baek、Kim 和 Yu（2010）运用实验法，比较了具有高自我表达和低自我表达功能的品类（正装鞋、香水和头痛药）的品牌可信度影响效应。结果发现，品牌可信度和品牌声望会通过感知质量、信息成本节约、感知风险积极地影响品牌购买意愿，且这种影响在高自我表达和低自我表达类产品中都存在③。Sweeney 和 Swait（2008）以服务业产品（银行业和通信业）为对象的研究中发现，品牌可信度提升了品牌形象的感知、增强了消费者的口碑并降低了品牌转换行为意向。其中口碑是指消费者向他人推荐所使用品牌的意愿，因而属于品牌忠诚的一种表现，而品牌转换行为意向无疑代表了在行为方面对品牌的一种忠诚态度④。Ghorban 和 Tahernejad（2012）针对网络服务供应商的调查研究也显示，品牌可信度对网络服务消费者口碑的建立也有着积极的影响⑤。

Li、Wang 和 Yang（2011）针对北京、上海、广州和成都四个城市移动手机市场的调查证实，企业的品牌可信度对消费者的购买意愿有显著影响，并且在与企业来源地（corporate-brand origin）这一因素的比较中发现，企业品牌可信度的影响效应更为强烈⑥。Goldsmith、Lafferty 和 Newell 的研究也发现，企业品牌可信度对消费者的品牌态度和购买意愿都能够产生正向影响。Alam、Arshad 和 Shabbir（2012）就饮料品类中的不同品牌进行了现场实验设计研究，

---

① ERDEM T, SWAIT J, VALENZUELA A. Brands as signals: A cross-country validation study [J]. Journal of Marketing, 2006, 70 (1): 34-49.

② MATHEW V, THOMAS S, INJODEY J I. Direct and indirect effect of brand credibility, brand commitment and loyalty intentions on brand equity [J]. Economic Review: Journal of Economics & Business/Ekonomska Revija: Casopis za Ekonomiju i Biznis, 2012, 10 (2): 73-82.

③ BAEK T H, KIM J, YU J H. The differential roles of brand credibility and brand prestige in consumer brand choice [J]. Psychology & Marketing, 2010, 27 (7): 662-678.

④ SWEENEY J, SWAIT J. The effects of brand credibility on customer loyalty [J]. Journal of Retailing and Consumer Services, 2008, 15 (3): 179-193.

⑤ GHORBAN Z S, TAHERNEJAD H. A study on effect of brand credibility on word of mouth: With reference to internet service providers in Malaysia [J]. International Journal of Marketing Studies, 2012, 4 (1): 26-37.

⑥ LI Y, WANG X, YANG Z. The effects of corporate-brand credibility, perceived corporate-brand origin, and self-image congruence on purchase intention: Evidence from China's auto industry [J]. Journal of Global Marketing, 2011, 24 (1): 58-68.

其结论识别出了品牌可信度对感知质量和品牌忠诚两个变量的正向影响关系①。

Veasna、Wu 和 Huang（2013）借鉴品牌可信度的相关研究成果，在旅游目的地情境中对一个遗产类旅游目的地品牌可信度的影响效应进行了研究。结果说明，目的地的品牌可信度会提升旅游者对目的地品牌形象的感知，并且能够提高旅游者对目的地的依恋和满意程度②。

显然，上述一系列研究均在品牌可信度对品牌形象、感知质量、知名度、口碑、购买意愿、品牌忠诚等变量存在的影响关系方面提供了相应的经验支持。值得提起的是，其中的口碑（宣传和推荐意愿）、购买意愿等常常也被作为品牌忠诚的测量指标。又由于品牌形象、感知质量、品牌知名度以及品牌忠诚是品牌资产的基本构成维度，因而可以据此推断，品牌可信度对品牌资产存在一定的影响效应。

基于以上原因，本研究在旅游目的地情境中提出以下假设：

H2-1 目的地品牌的专业性对目的地品牌知名度具有正向影响。

H2-2 目的地品牌的专业性对目的地品牌形象具有正向影响。

H2-3 目的地品牌的专业性对目的地感知质量具有正向影响。

H2-4 目的地品牌的专业性对目的地品牌忠诚具有正向影响。

H2-5 目的地品牌的值得信赖性对目的地品牌知名度具有正向影响。

H2-6 目的地品牌的值得信赖性对目的地品牌形象具有正向影响。

H2-7 目的地品牌的值得信赖性对目的地感知质量具有正向影响。

H2-8 目的地品牌的值得信赖性对目的地品牌忠诚具有正向影响。

三、目的地品牌资产各维度之间的关系

（一）目的地品牌知名度对目的地品牌形象、感知质量和品牌忠诚的影响

根据前述文献回顾，目的地品牌知名度、目的地品牌形象、目的地感知质量以及目的地品牌忠诚是目的地品牌资产的四个基本维度。其中旅游目的地品牌知名度是指潜在旅游者认识到或记起某一目的地特殊体验价值的能力，或针

---

① ALAM A, USMAN ARSHAD M, ADNAN SHABBIR S. Brand credibility, customer loyalty and the role of religious orientation [J]. Asia Pacific Journal of Marketing and Logistics, 2012, 24 (4): 583-598.

② VEASNA S, WU W Y, HUANG C H. The impact of destination source credibility on destination satisfaction: The mediating effects of destination attachment and destination image [J]. Tourism Management, 2013 (36): 511-526.

对某种特定的旅游活动类型潜在旅游者能够想到的某具体目的地的强度。旅游目的地品牌知名度明显影响旅游者消费决策。较高的知名度能够提升、优化消费者对品牌形象的感知，例如 Baloglu（2001）曾基于信息数量和旅游经历两项指标来计算旅游者对目的地的熟悉程度，并比较了不同熟悉度的条件下旅游者对目的地形象感知的差异。结果发现，熟悉度越高，目的地感知形象越佳①。此外，目的地品牌知名度对目的地感知质量和品牌忠诚也能够产生正向影响，例如 Boo（2009）发现目的地品牌知名度的“第一提及”（top of mind）这一水平尤其能够左右旅游者目的地品牌形象和质量的感知②。Pike（2010）基于智利这一客源市场，对澳大利亚作为旅游目的地的品牌资产进行了实证研究。结论证实品牌显著性（品牌知名度的一个特定水平）对目的地品牌形象、感知质量和品牌忠诚三个维度都具有积极的影响作用③。

基于此，本研究提出以下假设：

H3-1 目的地品牌知名度对目的地品牌形象具有正向影响。

H3-2 目的地品牌知名度对目的地感知质量具有正向影响。

H3-3 目的地品牌知名度对目的地品牌忠诚具有正向影响。

（二）目的地品牌形象对目的地感知质量和目的地品牌忠诚的影响

目的地品牌形象是目的地品牌资产的一个重要维度。按照营销领域的有关定义，品牌形象是指消费者对品牌的属性、利益等信息以一种有意义的方式进行组织和加工的结果。在目的地品牌化研究兴起之前，目的地形象研究就已经是目的地营销研究领域中一个备受关注的主题，并且学者们主要是从认知心理视角对其加以研究。基于更为一般的品牌形象研究的传统来看，认知心理仍属于品牌形象研究的一个主要视角。在这一视角下，目的地形象被认为是对一个地方所持有的一系列信念、印象和看法的总和，它由认知成分、情感成分以及意动等成分或维度构成。学者们在揭示目的地形象及其各个构成维度的营销意义方面业已取得了丰硕的成果，例如学者们分别以旅游消费者的选择决策、目的地感知质量、行为意向、推荐意愿、忠诚度、偏好、重游模式以及购后行为等为指标，屡次证实了目的地形象所发挥的重要作用④。在目的地品牌化研究

---

① BALOGLU S. Image variations of Turkey by familiarity index: informational and experiential dimensions［J］. Tourism Management, 2001, 22（2）: 127-133.

② BOO S, BUSSER J, BALOGLU S. A model of customer-based brand equity and its application to multiple destinations［J］. Tourism Management, 2009, 30（2）: 219-231.

③ PIKE S, BIANCHI C, KERR G, et al. Consumer-based brand equity for Australia as a long-haul tourism destination in an emerging market［J］. International Marketing Review, 2010, 27（4）: 434-449.

④ 沈雪瑞，李天元. 国外旅游目的地形象研究前沿探析与未来展望［J］. 外国经济与管理，2013（11）：48-59.

得以被重视以来，学界拓展了目的地品牌形象的研究视角，将目的地品牌个性、目的地品牌的象征性意义（例如目的地品牌的选择和消费对旅游者情感体验、自我认同、社会认同以及建立群体关系等方面的意义）等内容纳入到了目的地品牌形象的研究中来。相关研究也说明，目的地品牌个性和目的地品牌的象征性意义确实构成了旅游消费者对目的地品牌形象进行感知时所涉及的重要内容。一些研究也发现，目的地具有鲜明的品牌个性①以及具备相应的象征性意义能够有效地改善旅游消费者对目的地服务质量的感知和对目的地品牌的忠诚度②。总之，无论从哪一视角来说，形成良好的目的地品牌形象都有助于提升旅游消费者对目的地的质量感知和品牌忠诚度。因而，本研究提出以下假设：

H3-4 目的地品牌形象对目的地感知质量具有正向影响。

H3-5 目的地品牌形象对目的地品牌忠诚具有正向影响。

（三）目的地品牌质量对目的地品牌忠诚的影响

目的地感知质量一般是指旅游者对目的地环境、服务设施等要素的功能表现的感知。这些感知会影响到旅游者对目的地品牌整体表现的评价。品牌忠诚被认为是品牌资产的核心维度，它是指消费者对一个品牌的依恋（attachment），具体表现为消费者对品牌的推荐意愿、购买意向以及实际的重购行为等。在旅游研究中，目的地品牌忠诚往往通过旅游者的推荐意愿和到访意愿来加以测量。显然，旅游者如若愿意主动推荐一个目的地并且希望到访该目的地，那么对该目的地的较佳服务质量感知是前提，以往的一些实证研究也提供了感知质

---

① EKINCI Y, HOSANY S. Destination Personality: An Application of Brand Personality to Tourism Destinations [J]. Journal of Travel Research, 2006, 45 (2): 127-139. MURPHY L, BENCKENDORFF P, MOSCARDO GB. Linking Travel Motivation, Tourist Self-image and Destination Brand Personality [J]. Journal of Travel & Tourism Marketing, 2007, 22 (2): 45-59.SAHIN S, BALOGLU S. Brand Personality and Destination Image of Istanbul [J]. Anatolia-An International Journal of Tourism and Hospitality Research, 2011, 22 (1): 69-88. USAKLI A, BALOGLU S. Brand Personality of Tourist Destinations: An Application of Delf-congruity Theory [J]. Tourism Management, 2011, 32 (1): 114-127.

② CALDWELL N, FREIRE J R. The Differences Between Branding a Country, a Region and a City: Applying the Brand Box Model [J]. The Journal of Brand Management, 2004, 12 (1): 50-61. HANKINSON G. The Brand Images of Tourism Destinations: a Study of the Saliency of Organic Images [J]. Journal of Product & Brand Management, 2004, 13 (1): 6-14. BOSNJAK M. Negative Symbolic Aspects in Destination Branding: Exploring the Role of the 'Undesired Self'on Web-based Vacation Information Search Intentions Among Potential First-time Visitors [J]. Journal of Vacation Marketing, 2010, 16 (4): 323-330. BALAKRISHNAN M S, NEKHILI R, LEWIS C. Destination Brand Components [J]. International Journal of Culture, Tourism and Hospitality Research, 2011, 5 (1): 4-25. EKINCI Y, SIRAKAYA-TURK E, PRECIADO S. Symbolic consumption of tourism destination brands [J]. Journal of Business Research, 2013, 66 (6): 711-718.

量与品牌忠诚正向相关的经验证据。因而，本研究做如下假设：

H3-6 目的地感知质量正向影响目的地品牌忠诚。

四、旅游者冒险倾向的调节作用

冒险倾向是人格类型的一个面向，“人格”概念及其所涵盖的不同维度在消费心理研究领域占据着重要地位，其中“冒险倾向”（venturesomeness）这一维度在揭示旅游消费者行为差异方面有独特的效用。具有“目的地博士”（Dr. Destination）之称的美国著名学者普洛格（Plog，2007）基于人格理论提出了旅游者心理类型概念，并依据旅游者的冒险倾向的强弱将旅游者划分为五个不同类型的群体，即依赖型、近依赖型、中间型（包括中间依赖型和中间冒险型）、近冒险型以及冒险型①。这一划分的主要出发点在于，普洛格推断旅游者的心理类型会左右旅游者偏好和选择哪些旅游目的地以及在目的地开展何种类型旅游活动的行为模式。普洛格后期所开展的一些调查研究以及依据旅游者心理类型理论对一些具体目的地进行的重新定位所获的良好实效有力地支持了以上这一推断。

普洛格在对其旅游者心理类型理论进行阐释的过程中，也提及了冒险倾向的程度同样会影响旅游者对目的地宣传信息（例如广告）所做出的反应。普洛格尤其指出了在旅游目的地使用名人代言广告的情况下冒险型心理类型的人与依赖型心理类型的人所做出的差异化反应。例如，冒险型心理类型的人充满自信，敢于冒风险是他们生活中的常规，且拥有一种自我指向的个性，喜欢独立地绘制属于自己的生活目标并以自己认为正确的方式行事，认为自己是潮流引领者而非追随者。冒险个性在消费领域常常表现为愿意购买那些新近上市并且未经大多数人的使用所检验的产品。对于这些人而言，名人代言中无论呈现的是影视明星还是体育冠军，都很难成为此类潜在消费者的行为楷模，因而对这部分人群而言，名人代言不见得能够给目的地品牌本身的可信度带来提升。而依赖型心理类型的人具有一种他人指向的个性，往往倾向于以他人的情况来指导自己的行为，且爱好流行的品牌，对这些人来说，名人作证将有望提高目的地自身的可信度和吸引力，进而影响旅游者对目的地品牌的评价。

鉴于以上理由，本研究提出了关于旅游者冒险倾向在旅游目的地名人代言人可信度和旅游目的地品牌可信度之间可能发挥调节作用的研究假设。由于本研究主要探讨的是旅游目的地名人代言人可信度和旅游目的地品牌可信度两个

---

① PLOG C S. 旅游市场营销实论［M］. 李天元，李曼，译. 天津：南开大学出版社，2007：71-82，203-213.

概念子维度（或因素）之间的路径关系，因而本研究关于旅游者冒险倾向调节作用的研究假设也专门针对以上两个概念的子维度而提出：

H4-1 冒险倾向对名人代言人-目的地相关性和目的地品牌专业性之间的路径关系有调节作用。

H4-2 冒险倾向对名人代言人成就和目的地品牌专业性之间的路径关系有调节作用。

H4-3 冒险倾向对名人代言人知名度和目的地品牌专业性之间的路径关系有调节作用。

H4-4 冒险倾向对名人代言人品德和目的地品牌专业性之间的路径关系有调节作用。

H4-5 冒险倾向对名人代言人外貌吸引力和目的地品牌专业性之间的路径关系有调节作用。

H4-6 冒险倾向对名人代言人-目的地相关性和目的地品牌可信赖性之间的路径关系有调节作用。

H4-7 冒险倾向对名人代言人成就和目的地品牌可信赖性之间的路径关系有调节作用。

H4-8 冒险倾向对名人代言人知名度和目的地品牌可信赖性之间的路径关系有调节作用。

H4-9 冒险倾向对名人代言人品德和目的地品牌可信赖性之间的路径关系有调节作用。

H4-10 冒险倾向对名人代言人外貌吸引力和目的地品牌可信赖性之间的路径关系有调节作用。

五、有、无名人代言人两种情况下的目的地品牌评价

上文给出了旅游目的地名人代言人可能正向影响旅游目的地品牌可信度以及进而正向影响旅游目的地品牌资产的诸多理由。也就是说，如果将目的地品牌可信度和目的地品牌资产这两个基于旅游者感知的概念视为旅游者对目的地品牌的评价，那么名人代言人可信度的高低很可能会影响到这些品牌评价的结果。那么无论是目的地营销组织还是理论研究人员，很自然地也会对有、无名人代言两种情况下旅游者的目的地品牌评价是否存在差异产生兴趣，从而评估名人代言这种营销措施是否能够产生相应效果。出于这一考虑以及上文基于文献已经提到的诸多理由，本研究推断有名人代言和无名人代言两种情况下，被调查者对旅游目的地品牌的评价（以品牌可信度和品牌资产的感知结果形式体现）应该会产生差异，因而本研究最后提出以下假设：

H5-1 有名人代言和无名人代言两种情况下，旅游者对目的地品牌专业性的评价结果有显著差异。

H5-2 有名人代言和无名人代言两种情况下，旅游者对目的地品牌值得信赖性的评价结果有显著差异。

H5-3 有名人代言和无名人代言两种情况下，旅游者对目的地品牌知名度的评价结果有显著差异。

H5-4 有名人代言和无名人代言两种情况下，旅游者对目的地品牌形象的评价结果有显著差异。

H5-5 有名人代言和无名人代言两种情况下，旅游者对目的地感知质量的评价结果有显著差异。

H5-6 有名人代言和无名人代言两种情况下，旅游者对目的地品牌忠诚的评价结果有显著差异。

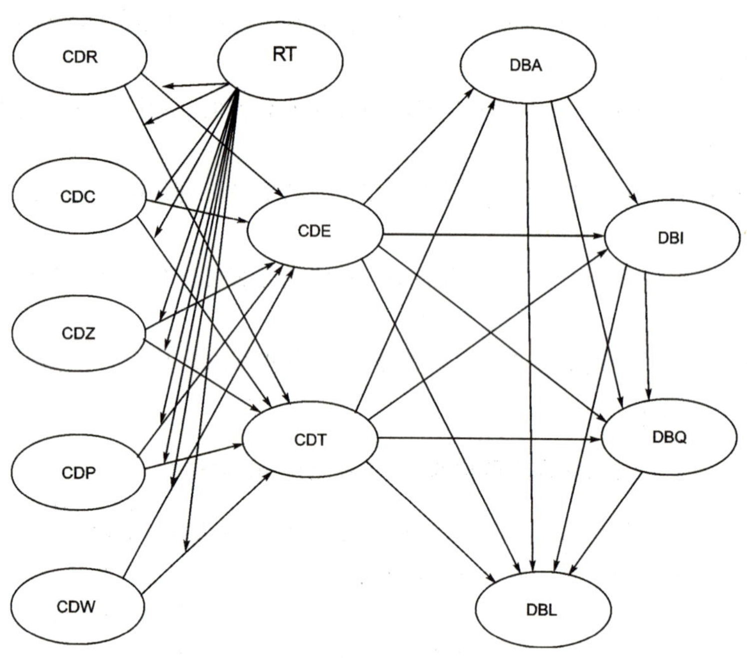

图 4.3 假设模型

注：CDR 指名人代言人与目的地的相关性；CDC 指名人代言人成就；CDZ 指名人代言人知名度；CDP 指名人代言人品德；CDW 指名人代言人外貌吸引力；CDE 指目的地品牌专业性；CDT 指目的地品牌的值得信赖性；DBA 指目的地品牌知名度；DBI 指目的地品牌形象；DBQ 指目的地感知质量；DBL 指目的地品牌忠诚；RT 指冒险倾向

第五章　研究设计与假设检验

第一节　测量工具及数据收集

一、测量指标的选择

为了揭示名人代言人可信度对旅游目的地品牌资产的影响机制，需要对名人代言人可信度、旅游目的地品牌资产以及目的地品牌可信度这三个主要变量加以量化测量。旅游目的地名人代言人可信度的内部因素构成本研究已在第三章中通过探索性因素分析获得，笔者将采用这一研究结果所形成的相应量表开展测量工作。

对于旅游目的地品牌资产这一变量的测量，由于在一般营销领域中已经开发了诸多的测试项和相应量表，很多国外的旅游学者也在旅游目的地品牌化研究领域中进行了相应的使用和验证，并得到了国内学者们的采纳。因而，笔者将直接借鉴国外营销和旅游两个领域相关研究所使用的测项，必要时稍作调整以便适合用于旅游目的地品牌的评价，而不再另行开发专门的测量量表（见表 5. 1）。这一做法同样也是对以往旅游目的地品牌资产研究相关结论在国内情境中的又一次验证。

表 5. 1　　旅游目的地品牌资产问卷

变量	问题项	问题项来源
目的地 品牌形象 DBI	1.这个目的地适合我的个性 2.如果我到这个目的地旅游，周围的朋友会给我很高的评价 3.这个目的地的形象与我的自我形象是一致的 4.到这个目的地旅游能够体现出我是谁	1～2.Motameni & Shahrokhi（1998）,Oh（2000） 3.Arnett et al.（2003） Pappu & Quester（2006） Yoo & Donthu（2001） 4.Kaplanidou & Vogt（2003）

表5.1(续)

变量	问题项	问题项来源
目的地品牌知名度DBA	1.这个目的地有良好的声誉 2.这个目的地很有名气 3.这个目的地的特征很快出现在我的脑海中 4.当我考虑××旅游活动时,我能很快想到这个目的地	1～2. Motameni & Shahrokhi (1998), Oh (2000) 3. Arnett et al. (2003), Pappu & Quester (2006), Yoo & Donthu (2001)
目的地品牌质量DBQ	1.这个目的地提供具有稳定质量的旅游产品 2.在这个目的地能够获得优质的旅游体验 3.我认为这个目的地提供的旅游产品在满足旅游需求方面具有出色的表现 4.这个目的地的表现总体上要优于其他同类目的地 5.这个目的地具有高水平的旅游设施	1～2.戴维·阿克(1991), Sweeney & Soutar (2001) 3～4. Lassar et al. (1995) 5. Pike et al.(2010)
目的地品牌忠诚DBL	1.即使价格较高我也会选择这个旅游目的地 2.即使我去过了此地,我还是认为这个旅游目的地值得我重游 3.下次出游的时候,我愿意选这个目的地旅游出行 4.我愿意向他人推荐这个目的地	1. Baker & Crompton(2000) 2～4. Prayag(2008); Chi & Qu (2008)

关于品牌可信度的测量方法，学界并无明显分歧，一般采用由 Erdem 和 Swait 提出的 7 个问题项加以测量，其中前两个问题项用以测量品牌可信度的专业性维度，其余问题项则用于测量品牌可信度的可信赖性维度①。笔者翻译了这 7 个问题项并在 20 名在校本科学生和 10 名硕士研究生中对这些表述进行了预测试，最终将这 7 个问题项的表述稍作调整以使其更适合中文理解习惯并更适合用于测量旅游目的地的品牌可信度（见表 5.2）。

另一个需要测量的重要变量就是旅游者的冒险倾向。冒险倾向作为人格特征的一个维度对个体决策行为的影响得到了不同学科领域的关注，不同学科所采用的测量方法也有所差异，例如管理学界在研究企业领导者决策行为时便采用访谈的方法对受访人有关风险问题所做回答的文本内容进行分析。也有学者采用 Goldberg 开发的国际化人格量表库（IPIP）中所包含的一个 10 条目的量表来测量冒险倾向。在旅游研究中，关于旅游者的冒险倾向如何测量的问题一直以来也有所争议，普洛格建议人们使用并继续完善其所开发的 5 问题项量表

① ERDEM T, SWAIT J. Brand credibility, brand consideration, and choice [J]. Journal of consumer research, 2004, 31 (1): 191-198.

表 5.2 目的地品牌可信度测量问题项

原始问题项及其译文	调整后的测量问题项
维度一:专业性(Expertise)	**维度一:专业性(Expertise)**
1. 这个品牌使我想起一个有能力并清楚自己所作所为的人 (This brand reminds me of someone who's competent and knows what he/she is doing)	1. 如果将××目的地视为是一个"人",他会是一个有能力的人
2. 这个品牌有能力兑现它所做的承诺 (This brand has the ability to deliver what it promises)	2.××这个目的地有能力兑现它向旅游消费者做出的承诺
维度二:值得信赖(Trustworthiness)	**维度二:值得信赖(Trustworthiness)**
3. 这个品牌一直以来都兑现了它的承诺 (This brand delivers what it promises)	3.××这个目的地一直以来都兑现了它对旅游消费者的承诺
4. 这个品牌产品的承诺是可信的 (This brand's product claims are believable)	4.××这个目的地对自身旅游产品特点的描述和宣传是可信的
5. 长期以来,我的经验告诉我这个品牌能够维持兑现其承诺 (Over time, my experiences with this brand have led me to expect it to keep its promises, no more and no less)	5.××这个目的地能够一直保持它在旅游服务方面的承诺
6. 这个品牌名值得信任 (This brand has a name you can trust)	6.××作为一个旅游目的地品牌是值得信任的
7. 这个品牌不会自命不凡 (This brand doesn't pretend to be something it isn't)	7.××这个目的地始终保持着自己的风格

来对旅游者的冒险倾向加以测量，后来的研究不断在对旅游者个性特征进行归类和验证的基础上对冒险倾向的测量工具进行改进。本研究借鉴学者 Jackson 和 Inbakaran 的研究结论，采用 11 个问题项对旅游者的冒险倾向开展测量①。这 11 个问题项围绕旅游者出行习惯以及所偏好的旅游目的地或旅游活动的类型而展开，其中除了问题项 3 和问题项 9 之外，旅游者的答案越肯定表示其冒险倾向越强。问题项 3 和问题项 9 为了表述方便则采取反向计分的方式，答案越肯定则表示冒险倾向越弱（见表 5.3）。

① JACKSON M S. Development of a tourist personality inventory to evaluate parameters associated with tourist crime victimization [D]. Melbourne: RMIT University, 2006.

表 5.3　　　　旅游者冒险倾向测量问题项

1. 我喜欢经常外出旅游
2. 我喜欢到较远的地方旅游
3. 我喜欢去旅游热点地区，因为游人众多本身意味着该地方值得到访
4. 在旅游交通工具方面，我喜欢乘飞机出行
5. 我觉得所去的旅游目的地具备一些基本接待设施就可以，不必样样俱全
6. 我喜欢自助式的旅游方式
7. 我喜欢独自旅游
8. 我在旅游出发之前通常不会对行程和内容作十分详细的计划
9. 我喜欢旧地重游
10. 我喜欢在旅游过程中与陌生人打交道
11. 我喜欢参与刺激的旅游活动

二、旅游目的地和名人代言人的选择

本研究选择两个实际采用了名人代言策略的旅游目的地乌镇和华山作为研究对象。之所以选择两个旅游目的地和其代言人，主要是为了能够使被调查者对名人代言人可信度特征（例如成就、外貌吸引力等）的感知产生一定程度的变异，以观察这些变异对结果变量的影响。在名人代言效果的诸多文献中，既有针对实际代言案例开展的研究，也有根据具体研究目的的需要而采用虚拟代言关系开展的研究，此类研究多为实验设计类文献，其作者往往更为关注名人代言人本身的某些特质或者其他营销因素对代言效果的影响，因而涉及对某种具体因素或因素水平的控制，进而识别不同实验条件下消费者对名人代言这一营销策略的反应。本研究的重点在于探讨名人代言人可信度对旅游目的地品牌资产的影响机制，主要任务是去识别名人代言人可信度与旅游目的地品牌资产之间是否有相应影响路径的存在，因此没有采用实验设计去操控相关变量。并且，在旅游目的地的营销实践中，确实已经存在采用名人代言的具体实例，为本研究的研究提供了研究环境。同时，这些旅游目的地名人代言策略的效果尚缺乏实证研究对其进行评价，因而本研究考虑选择两个实际采用了名人代言策略的旅游目的地作为研究对象。

（一）刘若英代言乌镇

乌镇地处浙江省桐乡市北部，西临湖州市，北界江苏苏州市吴江区，为二省三市交界之处，是一个有 1300 年建镇史的江南古镇，现为国家 5A 级旅游景区。乌镇启用刘若英作为其代言人并非随意之举，早在 2003 年出品的由刘若英、黄磊、李心洁等多位影视明星出演的电视连续剧《似水年华》是这一代言关系的缘起。该部电视剧正是取景于水乡乌镇，剧情讲述了一段一对三十多岁的男女在乌镇和台北之间隔山隔海的、隐忍的爱情故事。继《似水年华》之后，刘若英又陆续在乌镇拍摄了《心中有鬼》《张爱玲——她从海上来》等影视剧作，因而与乌镇结下了非常深厚的情缘，并于2007年正式成为了乌镇的形象代言人。在确立这一代言关系之后，当年乌镇即拍摄了由刘若英出演的旅游宣传片，并且该宣传片于2010年得以再版。两个版本的宣传片中刘若英所口述的广告词巧妙而深刻地传递了乌镇旅游品牌的形象定位和利益诉求，至今仍被广为传颂。例如2007年版宣传片如此描述："远离纷乱的都市，我来到这里，停下了脚步。宁静，可以让伤感隔离。时间，真的不曾改变什么。光影里的小桥流水人家，满载的是生活里的饱满的笑容。放开手，送走烦恼。时间改变过许多事物，却不曾改变过这里。那个笑得像花儿一样的孩子，一个轻快跳舞的女子，还有，我的赤子之心。生活在梦里的乌镇，枕水江南——乌镇。"而2010年版宣传片的广告词则以再续前缘的形式讲到："沉醉，温柔的水，宁静的时光，又回到梦里的乌镇。亲切的微笑绽放在我的心里。人生，就是一路有不断的惊喜，一个轻松的停留，就能尝到生活的滋味。似水年华的美好回忆，照亮记忆角落。我不再是过客。来过，便不曾离开——乌镇!"

刘若英的个人魅力和形象给众多观众留下了深刻的印象，她的代言使得乌镇的个性更加鲜明，也促使很多潜在和现实的旅游者在刘若英和乌镇二者之间建立了稳固和长久的联想。例如笔者在以乌镇为例的访谈过程中，就曾有受访者坦言"是因为刘若英才喜欢上了乌镇"。再如，有旅游者曾在马蜂窝旅游网站的游记中直言："因乌镇，我与刘若英有了交集。"可见，乌镇旅游品牌知名度的提升和品牌形象的树立有刘若英这位代言人的功劳。不过，无论是乌镇旅游官方组织还是学术界，尚未有过基于较系统的样本调查而公布的代言效果的相关材料和文章，本研究也正是鉴于这一效果评估的空白之所在适时地将乌镇作为目的地对象加以分析。

（二）王石代言华山

"西岳"华山是中国著名的五岳之一，位于陕西省渭南市华阴市，在西安市以东120公里处。南接秦岭，北瞰黄渭，是道教主流全真派圣地。截至2013年华山有72个半悬空洞，道观20余座，其中玉泉院、都龙庙、东道院、镇岳宫被列为全国重点道教宫观。华山于1982年被国务院颁布为首批国家重点风景名胜区；1991年被国家旅游局评为四十佳旅游胜地之一；1999年被国家文明委、建设部、旅游局命名为全国文明风景旅游区示范点；2004年被评为中华十大名山；2010年被国家旅游局评为5A级旅游景区。

王石是一名优秀的企业家，更是一名登山健将，他用勇气和实力一步步地征服着大自然。放眼世界名山大川，王石先后两次登顶珠穆朗玛峰，徒步到达北极点与南极点，是成功登顶七大洲最高峰的四个华人之一。他不仅是地产开发世界里的翘楚，也是一名野外登山运动专家。2011 年的 7 月，王石走进西岳华山，倡导社会公益，拍摄“华山公益形象代言”广告片，二者之间的代言关系因而确立。西岳华山风景名胜区管委会方面表示，王石在华山景区开展公益宣传，将进一步提升华山的品牌形象，助力华山旅游事业更快发展。据了解，这也是深圳企业负责人首次代言景区，其代言的电视宣传片也在中央电视台、凤凰卫视等媒体得以播出。显然，华山景区选择王石作为其代言人也是欲借助王石这一具体的人物形象将坚毅、挺拔、不屈不挠的个性特征与华山建立品牌联想以取得进一步提升华山品牌形象之功效。与乌镇的情况类似，虽然有报纸、影视媒体等媒介的宣传和推广，但华山的这一名人代言策略究竟给华山的目的地品牌资产带来何种影响仍缺少基于系统调查的证实。

三、调查问卷的设计

基于上文分别对旅游目的地名人代言人可信度、旅游目的地品牌资产、旅游目的地品牌可信度以及旅游者冒险倾向几个变量测量题项的甄选以及旅游目的地及其名人代言人的确定，笔者制作了本次研究的正式调查问卷。调查问卷的首页提供一组旅游目的地景物和其代言人的图片以供被调查者参考。为了能够检验本研究提出的有名人代言和无名人代言两种情况下旅游者目的地品牌评价结果的差异，笔者制作了四个版本的问卷，前两个版本都为有名人代言版本（刘若英代言乌镇和王石代言华山），首页同时出现名人代言人和目的地景物图片，而无代言人两个版本（乌镇和华山）则仅出现目的地图片。除了有、无名人代言人这一项差异以外，首页目的地景物图片皆相同（见附录 D 至附录 G）。

问卷从第二页开始给出名人代言人可信度、旅游目的地品牌可信度、旅游目的地品牌资产、旅游者冒险倾向量表，所有题项均采用 7 分李克特量表形式。最后为一些人口统计变量测量题项。无名人代言版本问卷中不再询问被调查者关于名人代言人可信度、冒险倾向相关问题。

四、数据收集与样本概况

在此次问卷发放过程中，同样为了能够使得样本覆盖不同地域、年龄、职业等背景范围，本研究仍主要采取在线调查的形式，具体利用问卷星网站制作和发布问卷。问卷发放于 2014 年 11 月 20 日开始，截至 12 月 5 日，共发放问卷 600 份，收回 558 份，其中有效问卷为 543 份。在这些问卷中，有名人代言版问卷样本共 416 份，无名人代言版为 127 份。

在总体样本中，男性样本占 54.3%，女性样本占 45.7%；年龄方面，18

岁以下1人、18~25岁55人、26~30岁168人、31~40岁241人、41~50岁52人、51~60岁23人、61岁以上3人；学历方面，高中及以下占1%、大中专占22%、本科占61%、硕士占14%、博士占2%；职业方面，企业职员占52%，其余为政府机构/事业单位12%、私营或个体劳动者占9%、学生占9%、教师占8%、军人/武警/公安占3%、离退休人员占1%、下岗或待业人员占1%、其他占1%；月收入方面，2 001~3 000元占12%、3 001~5 000元占30%、5 001~8 000元占26%、8 001~12 000元占15%、12 001~20 000元占5%、20 000元以上占2%。样本来源详见图5.1~5.5。

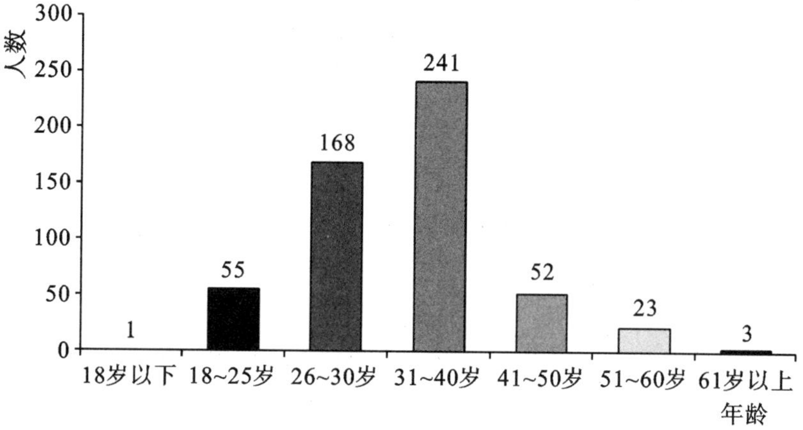

图5.1　不同年龄段的样本人数

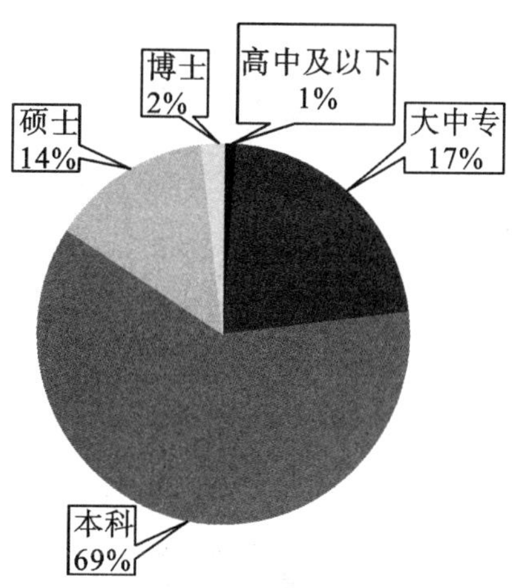

图5.2 不同学历样本比重

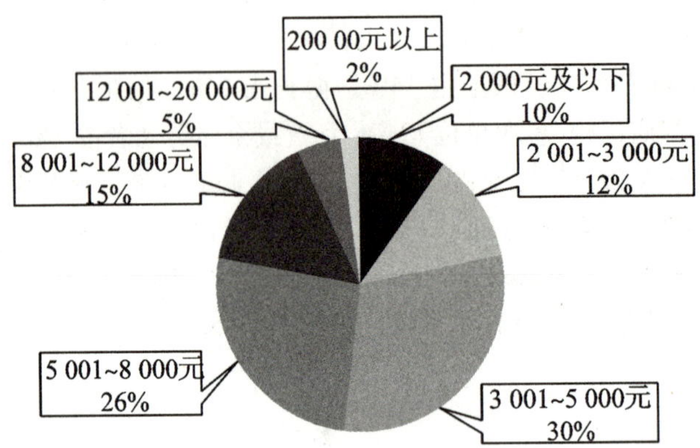

图 5.3　不同收入样本比重

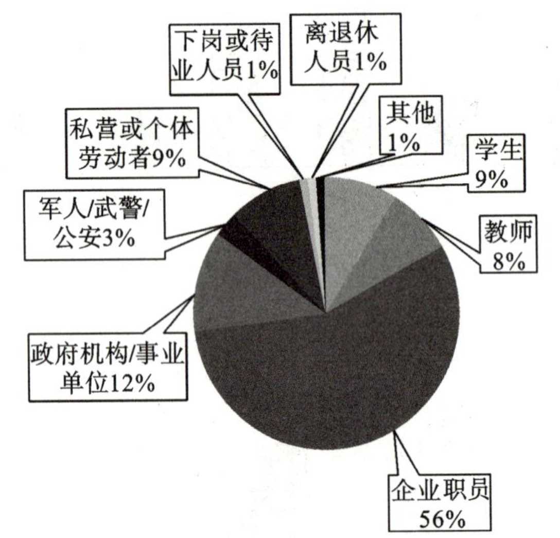

图 5.4　不同职业样本比重

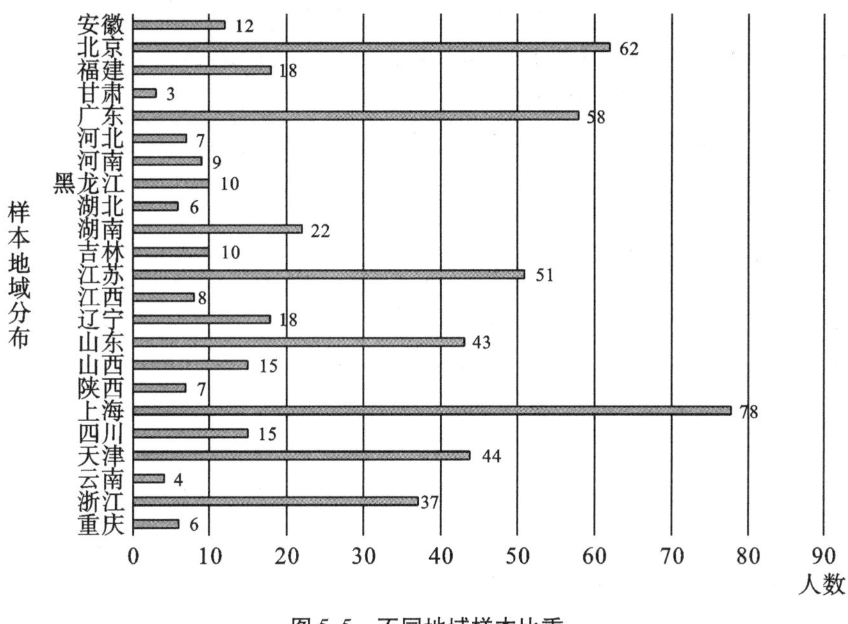

图 5.5　不同地域样本比重

第二节　测量模型检验

一、主要分析方法与工具

本研究实质上探讨的是多个潜在变量之间的关系，适合使用结构方程模型（Structural Equation Model, SEM）对数据进行处理并对研究假设进行验证。结构方程模型这一方法较为明显的优势在于，它允许自变量和因变量存在一定程度上的测量误差。本研究中所涉及的旅游目的地名人代言人可信度、旅游目的地品牌可信度、旅游目的地品牌资产等概念实际是对旅游消费者某种心理感知和评价的一种抽象概括，属于无法直接观察到的潜在变量，难以采用某些客观标准对其加以度量，只能借助一些可量化的主观表达指标（即观测变量）来反映这些变量值，但选取的这些观测变量受特定潜在变量的影响，难免存在不同程度的评价误差。这也就决定了要想对研究假设进行全面的检验，就必须在容许这些测量误差存在的前提下对自变量和因变量间的关系进行解析①。因而本研究采用SPSS20软件家族中的Amos软件包对数据加以处理。此外，为了验证旅游者冒险倾向的调节作用以及有、无名人代言另种情况下目的地品牌评价结果的差异效果，笔者将补充采用聚类分析、嵌套模型比较以及独立样本T检验等方法。

二、量表信度检验

本研究首先通过调研阶段所收集的数据对所使用量表的基本信度进行一次检视。笔者通过运行SPSS20分别对旅游目的地名人代言人可信度、旅游目的地品牌可信度以及旅游目的地品牌资产三个测量模型（也即测量量表）及其各自所包含因素的内部一致性进行检验，结果如表5.4所示。三个测量模型的内部一致性系数分别为0.960、0.938以及0.968，各测量模型所包含的因素的内部一致性系数也在0.866~0.949之间，明显已经达到大于0.8的标准，说明本研究所使用的各量表具有较好的内部一致性。

表5.4　　各量表信度检验结果

量表	问题项数	Cronbach α
旅游目的地名人代言人可信度	30	0.960
名人代言人与目的地的相关性	8	0.949
名人代言人的成就	5	0.914
名人代言人的知名度	6	0.911
名人代言人的品德	6	0.920
名人代言人的外貌吸引力	5	0.918
旅游目的地品牌可信度	7	0.938
目的地品牌的专业性	2	0.866
目的地品牌的值得信赖性	5	0.928
旅游目的地品牌资产	17	0.968
目的地品牌知名度	4	0.906
目的地品牌形象	4	0.908
目的地感知质量	5	0.928
目的地品牌忠诚	4	0.923

① 吴明隆. 结构方程模型——Amos的操作与应用［M］. 2版. 重庆：重庆大学出版社，2011：1-10.

三、验证性因素分析

本研究所构建的总体结构方程模型实际上包含了旅游目的地名人代言人可信度、旅游目的地品牌资产以及旅游目的地品牌可信度在内的三个主要的测量模型。在运用结构方程模型解析以上几个潜在变量之间的关系之前，还需要对各个测量模型与实际数据的拟合程度进行检验，也即判断各个测量模型是否能够被有效识别，或者说检验研究人员预先提出的因素结构（本研究中即旅游目的地名人代言人可信度、旅游目的地品牌资产和旅游目的地品牌可信度）是否是适切的，这也是保证整体模型评估稳定性的前提。这一步骤也就是所谓的验证性因素分析（confirmatory factor analysis，CFA），即验证观测指标（或称观测变量）与潜在变量之间理论上的假设关系是否成立，大多数研究者也都将这一步骤作为整体结构方程模型分析前所必须进行的一个必要步骤。如果各个测量模型与实际数据的拟合度（或称适配度）达不到一定的标准则会影响整体模型评估的稳定性。本研究所使用的旅游目的地名人代言人可信度量表是经由探索性因素分析阶段获得，旅游目的地品牌资产、旅游目的地品牌可信度等变量的测量量表则是在借鉴已有研究成果基础上形成的，因而有必要对以上几个测量模型在现有样本数据条件下进行一次验证性因素分析，以明确以上各个潜在变量所反映的因素结构是否与现有数据适配。

在拟合度评价指标方面，不同学者提出了一些不同的拟合指数，包括卡方与自由度比值（X^2/df）、适配度指标（*GFI*）、正规拟合指数（*NFI*）、增值拟合指数（*IFI*）、比较拟合指数（*CFI*）、平均近似平方误根系数（*RMSEA*）、残差均方指数（*RMR*）、拟合优度指数（*GFI*）以及矫正拟合指数（*AGFI*）等等。以上这些拟合度指数可以大体反映出模型与数据之间的拟合优度情况。不过，在以上这些指标应该达到何种数值标准方面，相关观点之间也略有差异。学界普遍认为，*GFI*、*IFI*、*NFI*、*CFI*、*AGFI* 以及 *RMSEA* 这几个指标数值大于 0.9，*RMR* 数值小于 0.05 较为适宜，能够说明模型与数据的拟合度较为理想。不过也有学者认为 *RMR* 和 *RMSEA* 的数值介于 0.05 与 0.08 之间，*AGFI* 值介于 0.8 与 0.9 之间也可以说明模型与数据之间的拟合度是可以接受的。

除了依据以上指标对测量模型与数据拟合程度给出评估结果之外，验证性因素分析通常还会进一步对测量模型或量表的内在质量加以检验。所谓的测量模型的内在质量实质上指的就是以测量模型中所表示的各个潜在变量的收敛效度，较高的收敛效度意味着各个潜在变量对其测量指标（也就是问题项）具有较高的解释力，从而说明被采用的测量指标能够有效反映研究人员想要测得的那个构想。检验收敛效度的指标也有多种，除了观察上文所给出的量表内部一致性 α 系数，在结构方程模型的分析中，更适宜用组合信度（composite reliability，简称 CR）和平均方差抽取量（average variance extracted，简称 AVE）这两个指标来加以判定。其中组合信度需要利用每一个潜在变量的指标因素负荷量与误差变异量来算出，每一个潜在变量对应一个组合信度值，一般这一数值在 0.60 以上则能够说明模型内在质量较好，也有学者认为这一数值应达到 0.7 以上为佳①。平均方差抽取量是潜在变量可以解释其测量指标变异量的比值，该值越大，就表示测量指标越能够有效反映其所测潜在变量（也就是公共因子）的潜在特质，通常平均方差抽取量的值在 0.5 以上为佳。

组合信度和平均方差抽取量的数值需要研究人员根据测量指标变量在潜变量上的因子载荷量和测量指标变量的误差变异量计算得出。由于计算过程较为繁琐且计算工作量较大，现已有专门针对组合信度和平均方差抽取量的计算而开发出的应用程序，此应用程序可以很方便、快捷并准确的计算出组合信度及平均方差抽取量值。本研究采用学者吴明隆所著《结构方程模型——AMOS 的操作与应用（第 2 版）》一书附带光盘中所提供的简易应用程序对组合信度和平均方差抽取量进行一一计算②。

结合对以往大量研究的回顾，本研究采用 X^2/df 、*GFI*、*IFI*、*NFI*、*CFI*、*AGFI*、*RMR* 以及 *RMSEA* 这几个指标来对旅游目的地名人代言人可信度、旅游目的地品牌资产以及旅游目的地品牌可信度这三个测量模型与数据的拟合度加以检验，各指标的参考值见表 5.5。另外，本研究也将参考组合信度和平均方差抽取量来对模型的内在质量加以考察，组合信度指标选择大于 0.6，平均方差抽取量指标值选择大于 0.6 的标准。

表 5.5　　拟合参考指标及指标值

指标	X^2/df	*RMR*	*RMSEA*	*GFI*	*AGFI*	*NFI*	*IFI*	*CFI*	*AGFI*
建议值	<5	<0.05	<0.05;<0.08	>0.90	>0.90	>0.90	>0.90	>0.90	>0.90

（一）旅游目的地名人代言人可信度的验证性因素分析

笔者通过运行 SPSS20 中的 Amos 软件包对前文经由探索性因素分析所得的旅游目的地名人代言人可信度结构进行验证性因素分析。第一次分析之后所

① FORNELL C，LARCKER D F. Evaluating structural equation models with unobservable variables and measurement error [J]. Journal of marketing research，1981，18 (1)：39-50.

② 吴明隆. 结构方程模型——Amos 的操作与应用 [M]. 2 版. 重庆：重庆大学出版社，2011：228.

得各拟合度指标值情况见表 5.6。

表 5.6　首次旅游目的地名人代言人可信度测量模型拟合指标值

指标	X^2/df	*RMR*	*RMSEA*	*GFI*	*AGFI*	*NFI*	*IFI*	*CFI*	*AGFI*
指标值	4.33	0.044	0.09	0.921	0.911	0.943	0.935	0.942	0.931

对照上文表 5.5 所列各项指标的参考值，表 5.6 中的 RMSEA 指标值为 0.09，该值不仅大于 0.05，并且也没有达到小于 0.08 这个较为宽松的标准值，其余指标则均已达建议标准。这说明模型与实际数据之间的拟合程度并不是十分理想。不过，借鉴一些结构方程模型方法教材以及一些学者的建议，此时可以根据 Amos 自身所提供的一些修正指标（Modification indices）数据来更改一些参数设定对模型加以修正。但在依据这些修正指标对假设模型进行修正时需要十分谨慎，如果研究人员不断对假设模型通过更改参数来加以修正，恐怕会偏离验证性因素分析的本质，而导向最初的探索性因素分析轨迹。因而，笔者在仔细观察了此次验证性因素分析过程中 Amos 所给出的相关修正指标以及判定模型拟合程度的其他指标值之后，初步推断在适当释放有限次相关参数后模型应该会与数据实现较好的适配。因而，笔者在不违反 SEM 基本假定的前提下，依据 Amos 给出的修正指标以及学界的普遍观点，逐次增列了两对测量指标误差变量之间的共变关系，且每增列一次即重新对模型进行一次检验，这样经过两次增列之后，*RMSEA* 值变为 0.073，修正之后的各项模型拟合指标数值如表 5.7 所示。各项指标共同说明旅游目的地名人代言人可信度测量模型与实际数据之间的拟合程度最终达到了可接受范围。

表 5.7　修正后旅游目的地名人代言人可信度测量模型拟合指标值

指标	X^2/df	*RMR*	*RMSEA*	*GFI*	*AGFI*	*NFI*	*IFI*	*CFI*	*AGFI*
指标值	3.98	0.041	0.073	0.932	0.924	0.955	0.938	0.947	0.938

由表 5.8 可见，旅游目的地名人代言人可信度测量模型的每个问题项的因素负荷量都在 0.726 至 0.920 之间。因素负荷即标准化回归系数（standardized regression weights），代表着因素对测量指标的影响程度，也是一个反映模型拟合程度的指标。因素负荷量越大，意味着指标能被因素解释的变异越大，一般因素负荷值在 0.5~0.95 之间为宜，因而表 5.8 中的因素负荷情况再次说明模型的基本适配度良好。组合信度（*CR*）都在 0.90 以上，明显达到大于 0.6 的标准，潜在变量（因素）的平均方差抽取量（*AVE*）的数值介于 0.645~0.770

之间，均已达到大于0.5的标准，这表明测量模型具有较高的收敛效度。

表5.8　　旅游目的地名人代言人可信度验证性因素分析结果

因素	问题项	因素负荷	*T*值	*S. E.*	*CR*	*AVE*
名人代言人与目的地的相关性	该代言人的形象与这个旅游目的地的特点有联系	0.889	—	—	0.964	0.770
	该代言人的身份与这个旅游目的地是匹配的	0.911	25.447	0.042		
	该代言人的个性与这个旅游目的地一致	0.920	23.044	0.047		
	该代言人与这个旅游目的地有较高的相关性	0.895	21.691	0.048		
	该代言人有这个旅游目的地方面的知识	0.910	18.612	0.057		
	该代言人是这个旅游目的地方面的专家	0.910	17.615	0.059		
	该代言人能体现这个旅游目的地主要客源的形象	0.813	16.649	0.055		
	我认同这个旅游目的地采用这个人做代言人	0.760	16.628	0.049		
名人代言人的成就	该代言人有他的专业特长	0.813	—	—	0.923	0.706
	该代言人在他从事的领域很成功	0.847	18.387	0.047		
	该代言人在他从事的领域可以称为是一个专家	0.846	15.996	0.060		
	该代言人在他从事的领域具有丰富的经验	0.866	16.390	0.056		
	该代言人在他从事的领域具有丰富的专业知识	0.828	15.428	0.055		
名人代言人的知名度	该代言人是一位具有影响力的公众人物	0.761	—	—	0.896	0.635
	该代言人的言行对公众能够产生影响力	0.743	14.222	0.071		
	我很熟悉这个代言人	0.726	11.367	0.113		
	该代言人很有名气	0.897	13.264	0.108		
	该代言人能够引起大家的关注	0.878	13.432	0.112		
	该代言人比其他同类的名人更让人印象深刻	0.843	12.282	0.117		
名人代言人的品德	该代言人洁身自好	0.893	—	—	0.938	0.716
	该代言人有良好的声誉	0.850	19.943	0.043		
	该代言人遵纪守法	0.792	14.487	0.048		
	该代言人有良好的人品	0.766	16.376	0.045		
	该代言人没有不良传闻	0.866	19.341	0.052		
	很少看到关于该代言人的负面新闻	0.902	23.920	0.045		
名人代言人的外貌吸引力	该代言人的长相吸引人	0.830	—	—	0.928	0.722
	该代言人长得很帅气/漂亮	0.891	18.057	0.068		
	该代言人有风度	0.830	15.529	0.068		
	该代言人很性感	0.836	17.483	0.071		
	该代言人很有魅力	0.859	17.468	0.062		

（二）旅游目的地品牌可信度验证性因素分析

在旅游目的地品牌可信度的测量方法方面，笔者借鉴了Erdem和Swait用以测量品牌可信度的问题项，也预设旅游目的地品牌可信度概念可能是一个包含了旅游目的地品牌专业性和旅游目的地品牌值得信赖性两个维度的因素结构，并没有在验证研究假设之前专门对这一概念的因素构成进行检验。因而在运用结构方程模型检验本研究的研究假设之前也有必要对这一概念的因素构成进行相应的验证性因素分析。同样依照表 5.5 中的检验指标和建议值进行检验，结果如表 5.9 所示。各项指标均满足建议值的基本标准，旅游目的地品牌可信度测量模型所反映的因素结构与实际数据拟合情况良好。

表 5.9　　旅游目的地品牌可信度测量模型拟合指标值

指标	X^2/df	*RMR*	*RMSEA*	*GFI*	*AGFI*	*NFI*	*IFI*	*CFI*	*AGFI*
指标值	2.52	0.039	0.062	0.942	0.944	0.935	0.948	0.950	0.941

由表 5.10 可见，旅游目的地品牌可信度测量模型的每个问题项的因素负荷量都在 0.823 至 0.902 之间，说明模型的基本适配度良好。两个潜在变量（因素）的组合信度（*CR*）分别为 0.868 和 0.928，均在 0.7 以上。潜在变量（因素）的平均方差抽取量（*AVE*）的数值分别为 0.722 和 0.766，均已达到大于 0.5 的标准，反映出测量模型具有较高的收敛效度。

表 5.10　　旅游目的地品牌可信度验证性因素分析结果

因素	问题项	因素负荷	*T* 值	*S. E.*	*CR*	*AVE*
目的地品牌的专业性	如果将××目的地视为是一个人，他会是一个有能力的人	0.848	—	—	0.868	0.766
	××这个目的地有能力兑现它向旅游消费者做出的承诺	0.902	21.523	0.047		
目的地品牌的值得信赖性	××这个目的地一直以来都兑现了它对旅游消费者的承诺	0.823	—	—	0.928	0.722
	××这个目的地对自身旅游产品特点的描述和宣传是可信的	0.845	20.966	0.048		
	××这个目的地能够持续地保持它在旅游服务方面的承诺	0.874	21.627	0.050		
	××作为一个旅游目的地品牌是值得信任的	0.871	21.342	0.051		
	××这个目的地始终保持着自己的风格	0.833	20.036	0.052		

（三）旅游目的地品牌资产验证性因素分析

本研究所采用的旅游目的地品牌资产量表由旅游目的地品牌知名度、旅游目的地品牌形象、旅游目的地感知质量以及旅游目的地品牌忠诚四个基本因素或维度构成，所选用的测量问题项均来自以往的国内外相关文献，并且经多项研究的证实，以上四个基本维度具有一定程度的稳定性，因而本研究在此直接对旅游目的地品牌资产量表进行验证性因素分析。经检验，X^2/df 为 2.88，*GFI*、*NFI*、*IFI*、*CFI* 以及 *AGFI* 都达到了大于 0.9 的基本要求，RMR 为 0.31，满足小于 0.5 的基本要求，*RMSEA* 为 0.47，满足了小于 0.5 的标准（见表 5.11）。

表 5.11　　旅游目的地品牌资产测量模型拟合指标值

指标	X^2/df	*RMR*	*RMSEA*	*GFI*	*AGFI*	*NFI*	*IFI*	*CFI*	*AGFI*
指标值	2.88	0.031	0.047	0.944	0.942	0.936	0.949	0.952	0.947

表 5.12 中的相关数据进一步显示，旅游目的地品牌资产测量模型的每个问题项的因素负荷量在 0.8 至 0.889 之间，说明模型的基本适配度良好。4 个潜在变量（因素）的组合信度（*CR*）的数值都在 0.9 以上，明显大于 0.6。潜在变量（因素）的平均方差抽取量（*AVE*）的数值也都在 0.7 以上，均已达到大于 0.5 的标准，足以说明测量模型具有较高的收敛效度。

表 5.12　　旅游目的地品牌资产验证性因素分析结果

因素	问题项	因素负荷	*T* 值	*S. E.*	*CR*	*AVE*
目的地品牌知名度	这个目的地有良好的声誉	0.828	—	—	0.907	0.709
	这个目的地很有名气	0.838	20.630	0.052		
	这个目的地的特征很快出现在我的脑海中	0.857	20.968	0.050		
	当我考虑山岳类旅游活动时，我能很快想到这个目的地	0.844	20.551	0.051		
目的地品牌形象	这个目的地适合我的个性	0.800	—	—	0.909	0.715
	如果我到这个目的地旅游，周围的朋友会给我很高的评价	0.866	20.644	0.049		
	这个目的地的形象与我的自我形象是一致的	0.867	20.262	0.051		
	到这个目的地旅游符合我的行事风格	0.847	19.482	0.050		
目的地感知质量	这个目的地提供具有稳定质量的旅游产品	0.866	—	—	0.929	0.725
	在这个目的地能够获得优质的旅游体验	0.874	24.571	0.039		
	我认为这个目的地提供的旅游产品在满足旅游需求方面具有出色的表现	0.868	24.027	0.040		
	这个目的地的表现总体上要优于其他同类目的地	0.835	22.154	0.044		
	这个目的地具有高水平的旅游设施	0.812	21.197	0.046		

表5.12(续)

因素	问题项	因素负荷	*T* 值	*S. E.*	*CR*	*AVE*
目的地品牌忠诚	到这个目的地旅游是一件令人感到快乐的事情	0.825	—	—	0.924	0.752
	在选择去哪个××类旅游目的地时，我会优先考虑这个目的地	0.874	22.286	0.049		
	将来条件具备的时候，我愿意到这个目的地旅游	0.879	22.171	0.047		
	我愿意向他人推荐这个目的地	0.889	22.497	0.048		

综上所述，本研究所构建的结构方程模型中的三个主要测量模型均与实际数据实现了较好的拟合。以上指标共同反映出旅游目的地品牌资产测量模型与实际数据的拟合度较好。这也可以再次说明旅游目的地品牌资产的四个基本维度的稳定性。

第三节　整体结构模型及研究假设检验

一、整体模型适配度检验

在本章第二节中，笔者对各个测量模型与数据的拟合程度进行了检验，三个主要测量模型的拟合度较好。笔者接下来将对依据理论假设所构建的整体结构模型加以检验，以此得出本研究关于旅游目的地名人可信度、旅游目的地品牌可信度以及旅游目的地品牌资产三者之间路径关系的验证结果。使用的数据分析工具仍为 SPSS20 中的 Amos 软件包。在分析正式的假设验证结果之前首先仍参照较为理想的拟合指标值对整体模型与数据的适配程度进行考察，结果如表 5.13 所示。X^2/df 为 3.34，达到小于 5 的基本标准，*RMR* 和 *RMSEA* 值为 0.048 和 0.054，分别都小于 0.5 和 0.8 的参考值，其余指标 *GFI*、*AGFI*、*NFI*、*IFI*、*CFI* 以及 *AGFI* 几项指标均大于 0.9 的参考值，说明整体结构模型与数据的适配程度良好。

表 5.13　　整体结构模型的拟合度指标值

指标	X^2/df	*RMR*	*RMSEA*	*GFI*	*AGFI*	*NFI*	*IFI*	*CFI*	*AGFI*
指标值	3.34	0.045	0.072	0.943	0.941	0.935	0.947	0.951	0.946

二、研究假设检验

（一）名人代言人可信度、目的地品牌可信度以及目的地品牌资产路径关系检验

通过运行 Amos 对整体模型进行检验将直接给出各潜在变量间的路径关系系数及其显著性结果，详见表 5.14 和图 5.6。

表 5.14 **整体模型路径关系检验结果**

假设序号	假设路径	路径系数	T 值	显著性	结论
H1-1	CDR→CDE	0.418	7.619	***	支持
H1-2	CDC→CDE	0.312	4.704	***	支持
H1-3	CDZ→CDE	0.036	0.451	0.652	不支持
H1-4	CDP→CDE	0.156	2.505	0.012*	支持
H1-5	CDW→CDE	0.067	0.947	0.344	不支持
H1-6	CDR→CDT	0.512	9.122	***	支持
H1-7	CDC→CDT	0.285	4.599	***	支持
H1-8	CDZ→CDT	-0.133	-1.748	0.080	不支持
H1-9	CDP→CDT	0.239	4.002	***	支持
H1-10	CDW→CDT	0.015	0.219	0.827	不支持
H2-1	CDE→DBA	0.434	6.021	***	支持
H2-2	CDE→DBI	0.245	3.427	***	支持
H2-3	CDE→DBQ	0.190	3.300	***	支持
H2-4	CDE→DBL	-0.008	-0.127	0.899	不支持
H2-5	CDT→DBA	0.468	6.861	***	支持
H2-6	CDT→DBI	0.347	5.027	***	支持
H2-7	CDT→DBQ	0.183	3.269	0.001**	支持
H2-8	CDT→DBL	0.090	1.459	0.145	不支持
H3-1	DBA→DBI	0.352	5.163	***	支持
H3-2	DBA→DBQ	0.240	4.207	***	支持
H3-3	DBA→DBL	0.370	5.468	***	支持
H3-4	DBI→DBQ	0.409	6.785	***	支持
H3-5	DBI→DBL	0.410	5.165	***	支持
H3-6	DBQ→DBL	0.066	2.538	0.011*	支持

注：1. CDR 指名人代言人与目的地的相关性；CDC 指名人代言人成就；CDZ 指名人代言人知名度；CDP 指名人代言人品德；CDW 指名人代言人外貌吸引力；CDE 指目的地品牌专业性；CDT 指目的地品牌可信赖性；DBA 指目的地品牌知名度；DBI 指目的地品牌形象；DBQ 指目的地感知质量；DBL 指目的地品牌忠诚

2. *** $p<0.001$，** $p<0.01$，* $p<0.05$

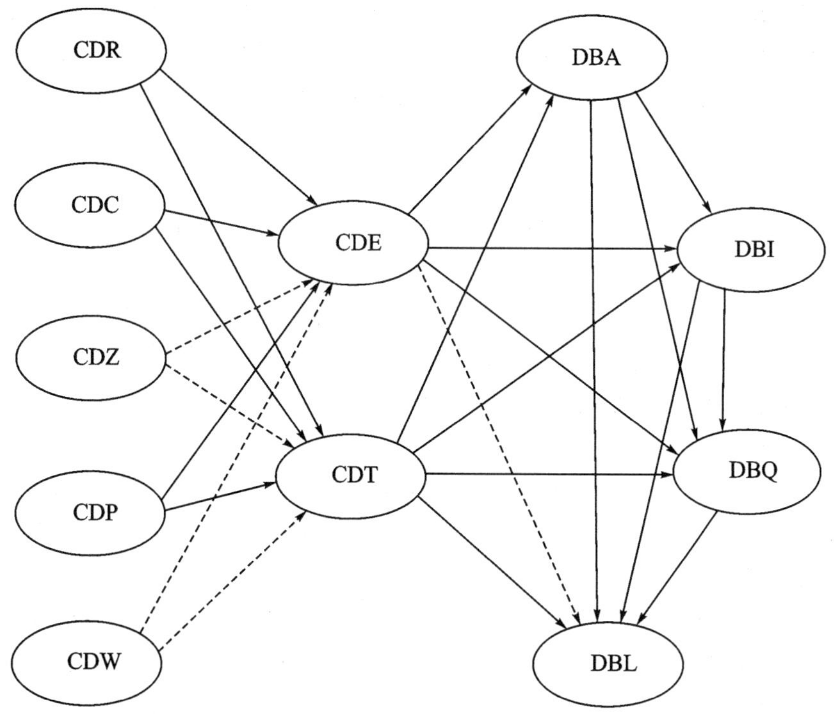

图 5.6 假设模型检验结果

注：1. CDR 指名人代言人与目的地的相关性；CDC 指名人代言人成就；CDZ 指名人代言人知名度；CDP 指名人代言人品德；CDW 指名人代言人外貌吸引力；CDE 指目的地品牌专业性；CDT 指目的地品牌可信赖性；DBA 指目的地品牌知名度；DBI 指目的地品牌形象；DBQ 指目的地感知质量；DBL 指目的地品牌忠诚

2. "——►" 表示路径关系达到显著水平；"----►" 表示路径关系未达显著水平

表 5.14 显示，旅游目的地名人代言人可信度的五个维度中，名人代言人-目的地相关性、名人代言人成就以及名人代言人品德对旅游目的地品牌可信度两个维度（专业性和值得信赖性）有正向影响的假设得到了检验结果的支持，假设 H1-1、H1-2、H1-4、H1-5、H1-6、H1-7 以及 H1-9 得到了验证。而名人代言人知名度和名人代言人外貌吸引力两个维度与目的地品牌可信度两维度之间的路径关系并不显著，即假设 H1-3、H1-5、H1-8 和 H1-10 没有得到检验结果的支持。

目的地品牌可信度的专业性和值得信赖性两个维度对目的地品牌资产中的品牌知名度、品牌形象、感知质量三个维度的直接、正向影响关系也得到了支持，但对品牌忠诚这一维度的直接、正向影响效应没有达到显著水平。

目的地品牌资产各维度之间的路径关系检验结果都与研究假设的内容是一致的，即假设从 H3-1 到 H3-6 得到了检验结果的支持。图 5.6 更为直观地展示了旅游目的地名人代言人可信度经由目的地品牌可信度对目的地品牌资产产生影响的路径情况。

（二）冒险倾向调节作用的检验

本研究依据旅游学者普洛格的旅游者心理类型理论，假设旅游者的冒险倾向对目的地名人代言人可信度各维度与目的地品牌可信度各维度之间的路径关系具有调节作用。为了检验这些假设，笔者首先依据被调查者在 11 个冒险倾向题项上的得分对有名人代言问卷的被调查者整体进行聚类分析，此后运用多群组结构方程模型分析法对冒险倾向这一变量的调节作用加以检验。

1. 聚类分析

聚类方法采用“*K*-均值法”。“*K*-均值法”（又称快速聚类法），由 MacQueen 于 1967 年提出的，此法的简洁和效率较高使其成为所有聚类算法中最广泛使用的一种方法。此法的原理在于它将数据看成 K 维空间上的点，以距离作为测度个体“亲疏程度”的指标，首先随机从数据集中选取 K 个数据点作为初始聚类中心，然后计算各个样本到聚类中心的距离，让样本向最近的聚类中心凝聚，形成初始分类，然后再按最近距离原则修改不合理的分类，直到合理为止。此种算法的一个突出特点是在每次迭代中都要考察每个样本的分类是否正确，若不正确，就要进行调整，在全部样本调整完后，再修改聚类中心，进入下一次迭代。如果在一次迭代算法中，所有的样本被正确分类，则不会再进行调整，聚类中心也不会有任何变化，这标志着聚类准则函数已经收敛，因此算法结束，聚类也随即得以完成。因而快速聚类是一个反复迭代的分类过程，在聚类过程中，样本所属的类会不断调整，直到最终达到稳定为止。

“*K*-均值法”要求研究人员预先设定好分类的数量。根据学者普洛格的研究结果，依据冒险倾向由弱至强的趋势，旅游者大致可以区分为依赖型、近依赖型、中间依赖型、中间冒险型、近冒险型以及冒险型六个群体。不过由于本研究样本数量的限制以及本研究主要研究目的并非是对旅游者冒险倾向类型进行精确划分，而是将重点放在检验名人代言人可信度各维度与目的地品牌可信度各维度之间的路径关系是否会因冒险倾向的差异而有所差异，因而笔者预先设定将有代言人试卷的被调查者全体区分为两个组群，即冒险倾向较低和较高两个群体。

先将每位被调查者的冒险倾向得分求和，之后运行 SPSS20 中的“*K*-均值聚类”功能，最大迭代次数选择 10 次（系统默认），结果详见表 5.15~表 5.20。

表 5.15 **描述统计量**

冒险倾向	样本数	最小值	最大值	平均	标准差
	416	25	69	52.64	7.433

表 5.16 **初始聚类中心**

	聚类	
冒险倾向	1	2
	25	69

表 5.17 **迭代历史记录**

迭代	聚类中心内的变化	
	1	2
1	17.010	13.169
2	0.946	0.467
3	0.703	0.381
4	0.414	0.216
5	0.000	0.000

注：由于聚类中心内改动较小而达到收敛。任何聚类中心的最大绝对坐标更改为 0.000。当前迭代为 5。初始中心间的最小距离为 44.000

表 5.18 **最终聚类中心**

	聚类	
冒险倾向	1	2
	44	57

表 5.19 **最终聚类中心间的距离**

聚类	1	2
1		12.823
2	12.823	

表 5.20　　**每个聚类中的样本数**

聚类	1	138.000
	2	278.000
有效样本	416.000	
缺失	0.000	

从聚类分析的结果可以看出，全部有代言人问卷的样本被区分为两类，第一类最终聚类中心为 44，第二类的最终聚类中心为 57，也即第一类样本的冒险倾向比第二类样本相对较弱。因而可以将第一类命名为冒险倾向较弱组，样本数量为 138，第二类可以命名为冒险倾向较强组，样本数量为 278。结合表 5.15 显示的数据可以看出，样本人群的冒险倾向得分最小值为 25，最大值为 69，均值为 52.64。聚类之后冒险倾向较弱组的聚类中心为 44，介于最小值 25 与均值 52.64 之间，冒险倾向较强组的聚类中心为 57，介于均值 52.64 与最大值 69 之间。这也能够说明聚类分析较为有效地将样本群体区分为了冒险倾向强弱有别的两个族群。从聚类分析的结果还可以看出，本研究所调研的样本中，冒险倾向较强者的数量要比冒险倾向较弱者数量明显更多。在普洛格针对美国样本所做的早期调研中，美国全国各地的样本中，依赖型（即冒险倾向最弱者）约占总人群的 2.5%，冒险型（冒险倾向最强者）占总人群的 4%稍多的比重，其余的样本则属介于二者之间的其他类型群体，即近依赖型、近冒险型以及中间型，其中最大的人群属于中间型，这部分人群的人格特征分别偏向两侧与之相邻的那一心理类型。就本研究的实际情况而言，我们并没有依照普洛格的调研结果更为精确地对有名人代言问卷的全体样本具体可以被划分几种冒险类型进行进一步的区分，而是根据本研究预设的目的，去尝试识别具有不同冒险倾向的人群是否会对名人代言这一信息产生差异化的反应。笔者接下来将本着这一研究目的，依据聚类分析的结果，对名人代言人可信度与目的地品牌可信度之间的路径关系是否会因为样本群体的冒险倾向之不同而体现出显著的差异。

2. 调节作用检验

参照一些相关教程和已有文献的做法①，本研究采用多群组结构方程模型分析对目的地名人代言人可信度各维度与目的地品牌可信度各维度之间的路径关系是否在不同冒险倾向的群组间有所差异。多群组的结构方程模型分析法的基本原理是将原先在单一样本的单一共变结构关系分割成多个平行共变结构，进而评估这些共变结构的等同关系。用以分割样本的变量通常为间断变量（名义变量或次序变量），本研究中即冒险倾向类型（上文中聚类分析所得到的聚类1和聚类2）。倘若多群组结构方程模型分析检验结果显示假设模型是合适并可以被接受的，那么则表示间断变量对研究人员所提出的假设模型具有调节作用。本研究即是以冒险倾向类型为间断变量，将总体样本分割为两个部分，其一为冒险倾向较弱组（聚类1），其二为冒险倾向较强组（聚类2）。然后执行多群组结构方程模型分析中的嵌套模型比较过程，从而检验目的地名人代言人可信度各维度与目的地品牌可信度各维度之间的结构模型在以上两个样本群体间是否具有恒等性。

笔者首先分别构建了目的地名人代言人可信度各维度与目的地品牌可信度各维度之间关系的结构方程模型，并进行了群组的设定，将冒险倾向较弱组（聚类1）设置为群组1，将冒险倾向较强组（聚类2）设置为群组2。进行多群组结构方程模型分析中的嵌套模型比较需要首先进行多重模型的设定，本研究设定两个多重模型，模型1为未限制任何参数条件的模型，即并不假定名人代言人可信度各维度与目的地品牌可信度各维度之间的回归系数在群组1和群组2之间是相同的。模型2则限制两个群组的回归系数（目的地名人代言人可信度各维度与目的地品牌可信度各维度间的路径系数）相同或为相等的数值。通过模型2与模型1的比较进而检验假设从H4-1到H4-10是否成立。检验标准主要依据多重模型卡方值变化的显著概率值p，若卡方值变化达到显著（$p<0.05$），说明冒险倾向的调节作用存在，相反若$p>0.05$，则说明冒险倾向的调

① 吴明隆. 结构方程模型——Amos的操作与应用［M］. 2版. 重庆：重庆大学出版社，2011：395-430. 李茂能. 图解AMOS——在学术研究中的应有［M］. 重庆：重庆大学出版社，2011：141-143. 王建明，郑冉冉. 心理意识因素对消费者生态文明行为的影响机理［J］. 管理学报，2011（7）：1027-1035. 王建明，郑冉冉. 心理意识因素对消费者生态文明行为的影响机理——人口统计变量的调节效应［C］// 中国管理现代化研究会. 第六届（2011）中国管理学年会论文摘要集. 中国管理现代化研究会，北京：2011.

节作用不存在（多群组结构方程模型分析和嵌套模型比较的具体方法和操作过程请详见吴明隆、李茂能等学者编著的相关教程）①，检验结果见表 5. 21。

表 5. 21　　冒险倾向调节作用检验结果

假设序号	结构路径	群组 1 系数	群组 2 系数	*DF*	*CMIN*	*P*
H4-1	CDR→CDE	0. 712	0. 443	1	0. 520	0. 471
H4-2	CDC→CDE	0. 685	0. 450	1	6. 212	0. 013*
H4-3	CDZ→CDE	0. 608	0. 408	1	10. 300	0. 001*
H4-4	CDP→CDE	0. 741	0. 249	1	4. 505	0. 034*
H4-5	CDW→CDE	0. 541	0. 385	1	1. 371	0. 242
H4-6	CDR→CDT	0. 766	0. 506	1	0. 014	0. 905
H4-7	CDC→CDT	0. 595	0. 293	1	4. 969	0. 026*
H4-8	CDZ→CDT	0. 460	0. 200	1	15. 012	0. 000***
H4-9	CDP→CDT	0. 777	0. 233	1	15. 384	0. 000***
H4-10	CDW→CDT	0. 444	0. 183	1	7. 989	0. 005*

注：*** 为 $p<0.001$，** 为 $p<0.01$，* 为 $p<0.05$

表 5. 21 中同时给出了未限制路径系数相等模型的群组 1 和群组 2 的路径系数，从表 5. 21 中群组 1 系数和群组 2 系数的数值来看，对于目的地名人代言人可信度各维度之于目的地品牌可信度各维度的正向影响作用而言，冒险倾向较弱样本组在不同程度上强于冒险倾向较强样本组。但是，并不能就此断定所有路径系数的这些差异都具有统计意义上的显著性，而是要依据嵌套模型比较所得的判定指标值加以确定。根据嵌套模型比较的结果（表 5. 21），名人代言人-目的地相关性与目的地品牌的专业性之间（$p>0.05$）、名人代言人外貌吸引力与目的地品牌的专业性之间（$p>0.05$）以及名人代言人和目的地相关性与目的地品牌的值得信赖性之间（$p>0.05$）的关系并不因旅游者的冒险倾向不同而体现出显著的差异。因此，对于假设 H4-1～H4-10，假设 H4-1、H4-5 以及 H4-6 没有得到数据检验结果的支持，其余假设则被证实。

① 吴明隆. 结构方程模型——Amos 的操作与应用 [M]. 2 版. 重庆：重庆大学出版社，2011：395-401. 李茂能. 图解 AMOS——在学术研究中的应有 [M]. 重庆：重庆大学出版社，2011：141-143.

（三）有、无名人代言人两种情况下目的地品牌评价差异的检验结果

本研究将目的地品牌可信度和目的地品牌资产均视为是旅游者对目的地品牌的一种感知评价，为了探究有名人代言和无名人代言两种情况下旅游者目的地品牌评价结果是否存在显著差异，笔者首先对被调查者在目的地品牌可信度两个维度（品牌专业性和品牌的值得信赖性）和目的地品牌资产的四个维度（品牌知名度、品牌形象、感知质量和品牌忠诚）上的得分进行了求和，之后采用独立样本 T 检验法分别对有名人代言和无名人代言的两组样本的得分进行差异化的显著性检验。

1. 目的地品牌可信度评价差异的检验结果

表 5. 22 显示了两个组别样本在目的地品牌可信度两个维度上得分的描述统计量，可见，有名人代言组在品牌专业性和品牌值得信赖性两个维度上的均值都比无名人代言组的高。表 5. 23 进一步给出了以上这种差异是否存在统计意义上的显著性。方差相等的 *Levene* 检验结果表明两组别样本在两个维度上得分的方差均为同质，因而显著性检验结果均参考第一行（即阴影部分）。平均数相等的 *t* 检验结果说明两组不同样本在目的地品牌可信度两个维度上的得分差异都达到了显著水平。

表 5. 22　　有、无名人代言两组样本的描述统计

	组别	样本数	平均数	标准差	平均数的标准误
专业性	有代言	416	10. 173	2. 428	0. 119
	无代言	127	8. 627	2. 293	0. 204
值得信赖性	有代言	416	26. 038	5. 554	0. 272
	无代言	127	22. 818	5. 283	0. 471

表 5. 23　　独立样本检验结果

<table>
<tr><th rowspan="3"></th><th colspan="2">方差相等的 Levene 检验</th><th colspan="8">平均数相等的 t 检验</th></tr>
<tr><th rowspan="2">F 检验</th><th rowspan="2">显著性</th><th rowspan="2">t</th><th rowspan="2">自由度</th><th rowspan="2">显著性（双尾）</th><th rowspan="2">平均差异</th><th rowspan="2">标准误差异</th><th colspan="2">差异的 95% 置信区间</th></tr>
<tr><th>下界</th><th>上界</th></tr>
<tr><td rowspan="2">专业性</td><td>1. 936</td><td>0. 165</td><td>6. 342</td><td>541</td><td>0. 000</td><td>1. 546</td><td>0. 244</td><td>1. 070</td><td>2. 024</td></tr>
<tr><td></td><td></td><td>6. 539</td><td>216. 507</td><td>0. 000</td><td>1. 546</td><td>0. 236</td><td>1. 080</td><td>2. 012</td></tr>
<tr><td rowspan="2">值得信赖性</td><td>0. 738</td><td>0. 391</td><td>5. 769</td><td>541</td><td>0. 000</td><td>3. 221</td><td>0. 558 36</td><td>2. 124</td><td>4. 318</td></tr>
<tr><td></td><td></td><td>5. 925</td><td>215. 209</td><td>0. 000</td><td>3. 221</td><td>0. 544</td><td>2. 149</td><td>4. 292</td></tr>
</table>

2. 目的地品牌资产评价差异的检验结果

表 5. 24 显示了两个组别样本在目的地品牌资产四个维度（品牌知名度、品牌形象、感知质量和品牌忠诚）上得分的描述统计量，可见，有名人代言组在目的地品牌资产四个维度上的均值都比无名人代言组的高。表 5. 25 进一步给出了以上这种差异是否存在统计意义上的显著性。方差相等的 Levene 检验结果表明两组别样本在品牌知名度、品牌形象和感知质量三个维度上得分的方差均为同质（$p>0.05$），因而显著性检验结果均参考第一行（即阴影部分），而两组别样本在品牌忠诚维度上得分的方差不同质（$F=6.762$，$p=0.010$），因而参照第二行数据得出显著性检验结果（阴影部分）。总体而言，平均数相等的 t 检验结果说明两组别样本在目的地品牌资产四个维度上的得分差异都达到了显著水平。

表 5. 24　　有、无名人代言两组样本的描述统计

	组别	样本数	平均数	标准差	平均数的标准误
品牌知名度	有代言	416	36. 231	7. 599	0. 373
	无代言	127	31. 417	7. 225	0. 641
品牌形象	有代言	416	21. 099	4. 684	0. 230
	无代言	127	18. 551	5. 020	0. 446
感知质量	有代言	416	25. 933	5. 688	0. 279
	无代言	127	22. 347	5. 643	0. 501
品牌忠诚	有代言	416	21. 353	4. 764	0. 234
	无代言	127	19. 685	5. 759	0. 511

表 5. 25　　独立样本检验

	方差相等的 *Levene* 检验		平均数相等的 *t* 检验						
	F 检验	显著性	*t*	自由度	显著性（双尾）	平均差异	标准误差异	差异的 95% 置信区间	
								下界	上界
品牌知名度	0. 949	0. 330	6. 319	541	0. 000	4. 813	0. 762	3. 317	6. 310
			6. 492	217. 925	0. 000	4. 813	0. 741	3. 352	6. 275
品牌形象	1. 505	0. 220	5. 274	541	0. 000	2. 547	0. 483	1. 599	3. 496
			5. 083	197. 620	0. 000	2. 547	0. 501	1. 559	3. 536

表5.25(续)

	方差相等的 *Levene* 检验		平均数相等的 *t* 检验						
	F 检验	显著性	*t*	自由度	显著性（双尾）	平均差异	标准误差异	差异的 95% 置信区间 下界	上界
感知质量	0.255	0.614	6.231	541	0.000	3.586	0.576	2.456	4.717
			6.257	210.121	0.000	3.586	0.573	2.456	4.716
品牌忠诚	6.762	0.010	3.283	541	0.001	1.668	0.508	0.670	2.667
			2.969	181.719	0.003	1.668	0.562	0.560	2.777

从以上数据检验结果可以看出，在有名人代言和无名人代言两种情况下，被调查者对目的地品牌评价的结果之间是存在显著差异的，因而假设 H5-1～H5-6 均得到了检验结果的支持。

三、假设检验汇总

笔者根据本章上述对问卷调研收回数据所进行的结构方程分析、嵌套模型的比较（调节作用检验）以及独立样本 T 检验的一系列数据分析结果，对所有本研究的研究假设检验结果情况汇总如下，结果详见表 5.26。

表 5.26　　全部研究假设的检验结果汇总

全部研究假设	结果
名人代言人与目的地品牌可信度之间的关系	
H1-1 名人代言人与目的地的相关性对目的地品牌的专业性有正向影响	支持
H1-2 名人代言人的成就对目的地品牌的专业性有正向影响	支持
H1-3 名人代言人的知名度对目的地品牌的专业性有正向影响	不支持
H1-4 名人代言人的品德对目的地品牌的专业性有正向影响	支持
H1-5 名人代言人的外貌吸引力对目的地品牌可信度有正向影响	不支持
H1-6 名人代言人与目的地的相关性对目的地品牌的值得信赖性有正向影响	支持
H1-7 名人代言人的成就对目的地品牌的值得信赖性有正向影响	支持
H1-8 名人代言人的知名度对目的地品牌的值得信赖性有正向影响	不支持
H1-9 名人代言人的品德对目的地品牌的值得信赖性有正向影响	支持
H1-10 名人代言人的外貌吸引力对目的地品牌的值得信赖性有正向影响	不支持

表5.26(续)

全部研究假设	结果
目的地品牌可信度与目的地品牌资产之间的关系	
H2-1 目的地品牌的专业性对目的地品牌知名度具有正向影响	支持
H2-2 目的地品牌的专业性对目的地品牌形象具有正向影响	支持
H2-3 目的地品牌的专业性对目的地感知质量具有正向影响	支持
H2-4 目的地品牌的专业性对目的地品牌忠诚具有正向影响	不支持
H2-5 目的地品牌的值得信赖性对目的地品牌知名度具有正向影响	支持
H2-6 目的地品牌的值得信赖性对目的地品牌形象具有正向影响	支持
H2-7 目的地品牌的值得信赖性对目的地感知质量具有正向影响	支持
H2-8 目的地品牌的值得信赖性对目的地品牌忠诚具有正向影响	不支持
目的地品牌资产各维度之间的关系	
H3-1 目的地品牌知名度对目的地品牌形象具有正向影响	支持
H3-2 目的地品牌知名度对目的地感知质量具有正向影响	支持
H3-3 目的地品牌知名度对目的地品牌忠诚具有正向影响	支持
H3-4 目的地品牌形象对目的地感知质量具有正向影响	支持
H3-5 目的地品牌形象对目的地品牌忠诚具有正向影响	支持
H3-6 目的地感知质量正向影响目的地品牌忠诚	支持
旅游者冒险倾向在名人代言人可信度与目的地品牌可信度之间的调节作用	
H4-1 冒险倾向对“名人代言人-目的地”相关性和目的地品牌专业性之间的路径关系有调节作用	不支持
H4-2 冒险倾向对名人代言人成就和目的地品牌专业性之间的路径关系有调节作用	支持
H4-3 冒险倾向对名人代言人知名度和目的地品牌专业性之间的路径关系有调节作用	支持
H4-4 冒险倾向对名人代言人品德和目的地品牌专业性之间的路径关系有调节作用	支持
H4-5 冒险倾向对名人代言人外貌吸引力和目的地品牌专业性之间的路径关系有调节作用	不支持
H4-6 冒险倾向对名人代言人-目的地相关性和目的地品牌值得信赖性之间的路径关系有调节作用	不支持
H4-7 冒险倾向对名人代言人成就和目的地品牌值得信赖性之间的路径关系有调节作用	支持
H4-8 冒险倾向对名人代言人知名度和目的地品牌值得信赖性之间的路径关系有调节作用	支持
H4-9 冒险倾向对名人代言人品德和目的地品牌值得信赖性之间的路径关系有调节作用	支持
H4-10 冒险倾向对名人代言人外貌吸引力和目的地品牌值得信赖性之间的路径关系有调节作用	支持

表5.26(续)

全部研究假设	结果
有名人代言和无名人代言两种情况下旅游者对目的地品牌评价结果的差异	
H5-1 在有名人代言和无名人代言两种情况下，旅游者对目的地品牌专业性的评价结果有显著差异	支持
H5-2 在有名人代言和无名人代言两种情况下，旅游者对目的地品牌值得信赖性的评价结果有显著差异	支持
H5-3 在有名人代言和无名人代言两种情况下，旅游者对目的地品牌知名度的评价结果有显著差异	支持
H5-4 在有名人代言和无名人代言两种情况下，旅游者对目的地品牌形象的评价结果有显著差异	支持
H5-5 在有名人代言和无名人代言两种情况下，旅游者对目的地感知质量的评价结果有显著差异	支持
H5-6 在有名人代言和无名人代言两种情况下，旅游者对目的地品牌忠诚的评价结果有显著差异	支持

第六章 结论与建议

第一节 研究结论

本研究主要在旅游目的地情境中，对名人代言人可信度之于旅游目的地品牌资产的影响机制进行了探索和研究。由于旅游目的地采用名人代言开展营销宣传的做法在实践中已颇为常见，笔者将名人代言视为是一种目的地进行品牌化过程中的一项品牌化措施，尤其是将名人代言人视为一种品牌要素来考量，这一视角在整个营销领域也是较为普遍的。尽管一些旅游目的地仅仅是出于启用某个名人做代言来博得大众的关注进而期望在最短的时间内提高目的地的曝光率的营销目的，但作为一名研究人员，应该进一步拓展视野，去积极探索名人代言这一措施在旅游目的地塑造一个成功的品牌方面究竟有何意义。在这样一种初衷的推动之下，笔者首先选择了名人代言人可信度特质这一具体视角，并在旅游目的地情境中对名人代言人可信度的维度构成进行了初步探索，进而再依据相关文献和理论对这些维度特征之于旅游目的地品牌资产的影响路径和效果提出了一系列的研究假设，最后通过样本调查对这些假设进行了实证检验，得到了如下一些结论。

一、旅游目的地名人代言人可信度由五个基本维度构成

在整个营销领域中，名人代言人可信度是探讨名人代言效果的一个基础概念，并将其作为一个基础变量来考虑。国内外大量文献已就名人代言人可信度的维度构成进行了相应研究。不过，在旅游目的地研究中，尚未有研究对名人代言人可信度的维度结构加以检验。本研究首先采用了深度访谈法对被访者进行了定性调查，获得了宝贵的一手资料，从中归纳了受访者对旅游目的地名人代言人可信度特征的理解。结合这些发现，并在借鉴营销文献中已有的名人代

言人可信度测量量表和题项的基础上，笔者设计了旅游目的地名人代言人可信度测量题项并形成调查问卷，最终通过网络调查并采用探索性因素分析析出了旅游目的地名人代言人可信度的五个因素（或维度）。

因素 1：名人代言人与目的地相关性。这种相关性指的是旅游者的一种主观感知概念，即在旅游者的主观感知中名人代言人的个人形象是否与旅游目的地的特点有联系、名人代言人的身份和个性与旅游目的地是否匹配、名人代言人是否具有一定程度的有关被代言目的地的知识和是否了解被代言目的地、名人代言人是否能够代表目的地的主要客源的特征等。因素 2：名人代言人成就。这一因子的内容主要涵盖了名人代言人在其所从事的专门领域中是否被旅游者感知为具备专业特长、是否成功、是否在其所属领域拥有丰富的经验并且掌握该领域所需的专业知识。因素 3：名人代言人的知名度。这一因子主要意指名人代言人是否有名气、被熟知和令人印象深刻以及是否能够引起大家的关注，也包括名人代言人是否被感知为是一位具有影响力的公众人物。因素 4：名人代言人的品德。该因子包含的内容涉及名人代言人是否洁身自好、有良好的声誉和人品、是否遵纪守法、有否不良传闻和负面新闻报道等。因素 5：名人代言人的外貌吸引力。这一因子则主要指名人代言人的外貌是否帅气（或漂亮）、是否有风度以及是否性感和有魅力。

为了保证以上五个因素（维度）的旅游目的地名人代言人可信度结构特征具有可接受的外部效度，笔者在本研究正式调研后的验证性因素分析中进一步对其进行了检验，验证结果证实了这一结构特征的稳定性。笔者将这一维度结构作为后续探索名人代言人可信度对旅游目的地品牌资产影响机制的基础。

二、名人代言人可信度会通过目的地品牌可信度影响目的地品牌资产

在以往名人代言效果、品牌可信度以及品牌资产等几个领域中相关研究结论的启示之下，笔者初步认为名人代言人可信度很可能并不是直接对目的地品牌资产产生影响，目的地整体品牌的可信度在名人可信度和目的地品牌资产之间可能发挥着中介作用。也就是说，名人代言人自身的可信度首先对目的地整体品牌的可信度发生作用，目的地品牌可信度再对目的地品牌资产产生影响。因而笔者初步搭建了“名人代言人可信度→目的地品牌可信度→目的地品牌资产”这样的影响机制路径关系。经过实际调研后的数据检验，得到了如下几个方面的结论。

（一）旅游目的地名人代言人可信度对旅游目的地品牌可信度的影响

经过结构方程模型的检验，笔者发现在旅游目的地名人代言人可信度的五

个维度中，名人代言人-目的地相关性、名人代言人成就和名人代言人品德对旅游目的地品牌可信度两个维度（专业性和值得信赖性）有正向影响效应。这说明，以上三个名人代言人可信度的维度对于旅游目的地建立自身的品牌可信度有着重要作用。也就是说，当旅游者感知到名人代言人与目的地之间具有着较高的相关性时，并且名人代言人被感知为具有越高的成就和品德特质时，旅游者越倾向于给予目的地品牌可信度更高的评价。我们也可以根据 McCracken 于 1989 年提出的意义迁移模型理论来解释这一作用机制。该模型认为，名人代言对受众的影响过程也就是名人形象特征向品牌的迁移过程。从本研究所使用的品牌可信度的量表测项的具体内容来看，专业性维度主要指目的地是否有能力兑现它向旅游消费者做出的承诺、目的地兑现其承诺的做法是否具有持续性。而值得信赖性这一维度主要指目的地在兑现承诺以及信息宣传方面是否已经取得了旅游消费者的信任，代表一种更为强烈的情感联系。就本研究对名人代言人可信度中相关性、成就和品德三个维度特征影响作用的检验结果而言，的确也符合意义迁移模型的基本预期，也即名人代言人的确能够将被调查者对其与目的地的相关性、成就和品德的感知迁移至品牌之上，从而正向影响了涵盖专业性和值得信赖性两个维度的目的地品牌可信度这一潜在变量。

不过，对于名人代言人的另外两个可信度特征的影响作用，本研究的检验并没有得出支持性的结果，即名人代言人的知名度和名人代言人的外貌吸引力两个维度与目的地品牌可信度两维度之间的路径关系并不显著。在名人知名度方面，本研究所采用的名人代言人知名度这一维度的测量问题项包含了四项有关名人名气的问题项，而仅有两个关于名人公众影响力的问题项，并且从探索性因素分析的结果来看，名人知名度这一因素上载荷较大的问题项皆为代表名人名气的问题项（见表 3.11）。也就是说，名人知名度这一因素主要的内涵还是侧重名人的名气。因而从这一意义上而言，名人代言人知名度维度的作用不显著说明，仅有名气并不足以提升旅游者对目的地品牌可信度的感知和评价，名人自身的成就，也即名人名气的根本来源才更为重要。在名人代言人的外貌吸引力方面，本研究也主要是借鉴相关测量量表，专门指代名人的外貌吸引力，从检验结果可以看出，这种外貌吸引力的大小也不足以当作旅游者感知和评价目的地品牌可信度的一个充分的依据。这很可能主要是因为旅游产品的购买和消费并不被旅游消费者认为是改善自身体貌特征的一种消费行为，从而代言人的外貌吸引力并没能发挥影响旅游者对目的地品牌可信度的感知和评价。但这一原因也仅是笔者的推断而已，名人代言人的外貌特征是否对任何类型旅游目的地的品牌可信度都不会发生影响还值得在更多类型的目的地情境中进行探索。

（二）旅游目的地品牌可信度与旅游目的地品牌资产之间的关系

本研究验证了目的地品牌可信度对目的地品牌资产若干维度的影响效应，具体表现在：目的地品牌的专业性这一可信度维度对目的地品牌资产中的品牌知名度、品牌形象以及感知质量三个维度具有正向影响效应；目的地品牌的值得信赖性这一可信度维度对目的地品牌资产中的品牌知名度、品牌形象以及感知质量三个维度同样具有正向影响效用。以上被数据检验所证实的假设说明，目的地品牌可信度的提升有助于改善旅游者对目的地品牌知名度、品牌形象和感知质量的感知和评价结果。

与原本的研究假设不一致之处在于，无论是目的地品牌可信度中的专业性维度还是值得信赖性这一维度，对目的地品牌资产中品牌忠诚这一维度的直接、正向影响效应都没有达到显著水平。品牌忠诚这一维度的问项内容主要涉及了旅游者对“即使价格较高我也会选择这个旅游目的地”“即使我去过了此地，我还是认为这个旅游目的地值得我重游”“下次出游的时候，我愿意到这个目的地旅游出行”“我愿意向他人推荐这个目的地”几个问题的反应，可见，目的地品牌可信度的感知结果与旅游者对以上问项的反应结果的相关性并没有预想的那样紧密。以往关于目的地忠诚这一主题的一些研究也发现，旅游者是否会对目的地产生忠诚的态度和行为是一个更为复杂的问题。例如在多数研究证实了目的地形象、感知质量以及满意度等因素对目的地忠诚的积极影响作用的同时，一些学者也发现，旅游者“寻求新奇”（variety seeking/novelty seeking）这一动机变量对旅游者目的地忠诚的产生有一定的抑制作用。再如一些研究也证实，对于重游意愿或到访意向此类目的地忠诚的问题项而言，“何时出游或重游”这一时间模式也会影响到旅游者对忠诚的表达结果。由于本研究并没有将旅游者动机、时间模式这些因素作为目的地品牌资产的直接前因变量加以考虑。此外，本研究也没有考虑样本是否有过到访所调查目的地的经历以及多久之前有过这种经历，旅游经历也有可能抑制目的地忠诚的感知。因而究竟是何原因导致目的地品牌可信度对目的地品牌忠诚无显著影响还有待进一步研究。

不过也应看到，目的地品牌可信度对目的地品牌忠诚并不是没有影响，本研究验证的结构模型中的路径关系说明，目的地品牌可信度更主要体现为通过目的地的品牌知名度、品牌形象和感知质量间接地影响目的地品牌忠诚。

（三）旅游目的地品牌资产各维度之间的关系

目的地品牌资产的维度构成以及各个维度之间的影响关系一直是目的地品牌资产研究的主要内容，本研究在提出关于目的地名人代言人可信度之于目的地品牌资产的影响机制的一系列假设的过程中，也依据相关文献对目的地品牌资产各维度之间的关系做出了初步的推定。通过数据分析，结果证实了目的地品牌资产各维度之间的关系正如假设一般，目的地品牌知名度正向影响目的地品牌形象、目的地感知质量和目的地品牌忠诚三个维度；目的地品牌形象正向影响目的地感知质量和目的地品牌忠诚两个维度；目的地感知质量正向影响目的地品牌忠诚。以上检验结果也与以往相关研究的结论相似，从而再一次说明目的地品牌资产所涵盖的几个维度之间并不是平行的关系，他们具有依次的递进关系，此一验证结果也反映出目的地品牌资产的最终创建和积累也是需要经过知名度打造、形象塑造以及服务质量提升等多个环节和步骤，从而促使旅游者对目的地产生到访和向他人推荐的强烈意向。

三、旅游者冒险倾向在名人代言人可信度与目的地品牌可信度之间有一定的调节作用

普洛格最初是运用旅游者心理类型理论来解释和预测旅游者外出旅游时所追寻的活动类型，进而解释一个目的地兴衰成败的原因。冒险倾向是普洛格旅游者心理类型理论的一个核心概念，按照普洛格研究所发现的现象而论，冒险倾向程度与旅游者的出游量和旅游者到访某地所偏好的旅游活动都有着紧密的相关关系。不过，普洛格在其《旅游市场营销实务》一书中，除了详细论证旅游者冒险倾向对旅游活动偏好和选择行为的影响之外，也专门用一章的内容对如何利用心理类型理论开展有效营销这一问题进行了阐述，尤其指出了面向不同心理类型群体应采取有差别的广告和推销策略。在论述其间便涉及了一些关于名人代言会对不同冒险倾向群体产生差异化的影响作用的观点。简而言之，这些观点的要义就是，冒险型群体由于其具有一种自我指向（inner-directed）的个性、愿意承担风险并充满自信等人格特征而不易因名人代言而对品牌更加信任。相对来说，依赖型群体则由于他人指向（other-directed）的个性、倾向于参照他人行为和流行趋势等人格特征而更容易因名人推荐对品牌产生信任。不过遗憾的是普洛格并未就以上这些论断进行经验验证。

本研究在对被调查样本群体的冒险倾向加以测量并进行聚类分析的基础上，对冒险倾向这一变量在目的地名人代言人可信度各维度与目的地品牌可信度各维度之间路径关系的调节作用进行了检验。结果证实，冒险倾向在多条名人代言人可信度与目的地品牌可信度之间的路径关系之中具有调节作用，具体表现在：冒险倾向对名人代言人成就和目的地品牌可信度的两个维度（专业性和值得信赖性）之间的路径关系都具有调节作用；冒险倾向对名人代言人

知名度和目的地品牌可信度两个维度（专业性和值得信赖性）之间的路径关系都具有调节作用；冒险倾向对名人代言人品德和目的地品牌可信度两个维度（专业性和值得信赖性）之间的路径关系都具有调节作用；冒险倾向仅仅对名人代言人外貌吸引力和目的地品牌可信度中的值得信赖性这一个维度之间的路径关系有调节作用。除以上被检验证实的调节作用之外也有几条路径关系被证实并不因旅游者冒险倾向的差异而有显著的不同，包括名人代言人-目的地相关性对目的地品牌可信度两个维度（专业性和值得信赖性）的作用和名人代言人外貌吸引力对目的地品牌可信度中的专业性这一维度的作用。

结合表5.21中所示冒险倾向较弱群组的路径系数均大于冒险倾向较强群组的路径系和以上调节作用的检验结果可以进一步得出以下一些结论：冒险倾向较弱群体更容易依据名人代言人成就、知名度以及品德这几项可信度特征对目的地品牌可信度进行感知和评价，相比而言，冒险倾向较强群体受到以上三项名人代言人可信度特征影响的程度则相对较小。对于名人代言人-目的地相关性这一特征而言，不同冒险倾向群体都会据此对目的地品牌可信度加以感知和评价，这也凸显了名人代言人-目的地相关性这一特征的重要性，因为它对具有不同冒险倾向的群体都能够产生影响。而关于名人代言人外貌吸引力这一特征的作用则较为复杂，因为在具有不同冒险倾向的两组群体中，名人代言人外貌吸引力对目的地品牌可信度的维度之一是专业性的影响作用在两类人群中并没有体现出显著不同，而名人代言人外貌吸引力对目的地品牌可信度另一维度是值得信赖性的作用在两类人群中则有显著差异。总而言之，冒险倾向这一人格特征在旅游者关于名人代言人可信度与目的地品牌可信度之间关系的感知和评价方面还是具有很大程度影响的。

四、有、无名人代言两种情况下目的地品牌评价结果有显著差异

虽然整体结构模型的检验结果已经大体说明了目的地名人代言人可信度对目的地品牌资产的影响机制，不过由于乌镇和华山两个旅游目的地本身已经是国内比较知名的旅游目的地，且都为5A级旅游景区，因而考虑到样本人群可能对此二者已经具有的品牌可信度和品牌资产原本就持有较佳的感知和评价从而不能很好地识别名人代言带来的影响，笔者利用全体样本的数据特别对有、无名人代言两种情况下的品牌可信度和品牌资产感知结果进行了比较。独立样本T检验的结果证实，有名人代言情况下样本对目的地品牌可信度的两个维度和目的地品牌资产的四个维度的感知结果都比无名人代言情况下的感知结果更佳。因此总而言之，从感知视角名人代言确实给这两个旅游目的地的品牌可信

度和品牌资产的提升带来了一定的积极效应。

第二节 建议

在越来越多旅游目的地逐步走上品牌化发展道路的当下，尝试运用各种品牌要素参与到市场竞争中去已经是很多旅游目的地面临的策略选择。旅游目的地不同于一般的产品和服务，它自身存在着更为复杂的综合性特征，其市场营销工作的开展面临着更多的挑战和难题。在一般产品和服务的营销领域中，品牌化已被认为是一种能够被营销者采用的用以创建可持续的、差异化优势的营销技术，此一技术有助通过建立和影响消费者的思维结构帮助消费者构建起对产品或服务的特定认知，促使消费者将特定的意义联想赋予到品牌之上进而忠诚于某品牌而不会轻易去接受替代品牌。虽然品牌化可能带来的以上诸多好处已得到了很多研究结论的支持，但对于更为复杂的旅游目的地产品而言，是否同样能够完全得到品牌化的益处则还处于探讨的初步阶段。

名人代言在整个营销领域正是被视为一种品牌化措施，名人代言人自然也可称为是一种典型的品牌要素。从现实来看，商家采用名人代言想达到的目标可能是多种多样的，比如借由特定群体受众对某个名人的喜爱，博得他们对产品的关注和好感，进而促使其购买。也可能是借由某类名人的特定身份和社会地位，来表明某种产品和品牌适用的社会阶层和群体类别，再或者借由名人自身的个性特征去塑造品牌的个性。在象征性消费的相关研究中，就有很多文献证明，消费者有着将品牌的拥有和消费作为彰显自我个性、塑造自我形象和概念的倾向和需求。正是由于名人代言能够带来的上述好处，名人代言备受商家的青睐，尽管名人代言一度面临很多的法律问题，但作为一种品牌化营销措施的使用盛行至今而不见衰减。无论商家运用名人代言的具体目的为何，这一措施，尤其是名人代言人这一品牌要素对消费者认知视角的品牌资产这一品牌化战略目标的实现有着何种影响都是更为根本的问题。

旅游目的地借鉴名人代言这一营销措施的现象虽也屡见不鲜，但是名人代言对于旅游目的地而言也好似一把“双刃剑”。名人代言人的聘请需要目的地支付一定的代言费用，这对于一些营销费用本就十分捉襟见肘的目的地用而言也是不小的负担。而且目的地还要就后期代言广告或宣传片的制作和投放、推广活动的举办等进行进一步的投入，这些措施又将形成不小的开支。此外，由于名人代言人自身也是现实生活中的个体，有着自身思想、行为的自主能力和权利，名人代言人能否全力配合目的地的营销目标也是目的地营销组织很难完全控制的。因而，目的地首先能够也是必须慎重考虑的就是如何选择恰当的名人代言人以期获得较为理想的营销目标。

一、注重对名人代言人与目的地之间相关性的考察

本研究的研究结论已经证实，名人代言人与目的地之间的相关性这一可信度特征对目的地品牌可信度和品牌资产的提升有着重要的影响作用。诚然，旅游目的地在选择名人代言人之时都会在一定程度考虑到代言人与自身目的地的相关性，但目的地营销人员不宜妄自揣测旅游者感知中的名人代言人与目的地之间的相关性。目的地在做出代言人选择决策之前针对一定范围的市场受众对备选代言人与目的地之间的感知相关性进行测评是十分必要的。本研究为了方便实现名人代言人-目的地相关性这一可信度特征对目的地品牌可信度和品牌资产的影响效应这一理论研究目的，采用了总体水平上的相关性测量方法，在营销实践中，目的地完全可以具体围绕名人代言人的性别、职业、外貌吸引力、声誉、个性、气质等特征与目的地自身属性特点之间是否相关或匹配对受众的感知进行调查分析，从而找出相关性的主要来源因素，一方面可以围绕该因素（或几个因素）锁定备选名人代言人，另一方面也可以围绕这些因素进行相应宣传信息的设计。

当然，要想达到更为理想的营销效果进而促使旅游者付诸实际的购买行动，目的地营销组织还应注重名人代言人自身形象特征、目的地品牌形象定位以及旅游者利益诉求三者之间的协调关系。消费者构筑自我概念或塑造自我形象的这种利益诉求是影响消费决策的一项重要因素，旅游目的地营销相关研究也对自我形象塑造在旅游者目的地选择和评价过程中所发挥的作用给予了一定程度的关注，并且也得到了一些支持性的证据。因而，目的地营销组织在选择与自身相关的名人代言人的同时也应兼顾代言人对主要目标市场群体的号召力和影响力，只有这样才能提高个体所感知到的代言信息与自身生活之间的相关程度，进而提升代言策略对旅游者态度和行为的劝诱能力。

二、在考虑知名度的同时更重视名人代言人自身的成就和品德

虽然本研究的研究结果证实，名人代言人可信度中的知名度维度对目的地品牌可信度的影响路径并不显著，但不得不承认对于品牌代言人的选择而言，知名度是一个重要的参考指标，尤其是在注意力经济时代的大潮中，知名度是品牌穿透层层密布的宣传信息而直达消费者感知阈限的重要因素。正如《注

意力经济》一书的作者迈克尔·格赫伯所言的那样："在新的经济形势下，注意力本身就是财产。"旅游目的地采用名人代言策略时也势必要考虑代言人的知名度。一些旅游学者也认为，从实践角度来看，代言人因具有较高的知名度而能够对市场产生较高的号召力，从而引发注意力经济并吸引人的眼球。尤其是在信息供给远大于信息需求的当今，吸引眼球、开发眼球经济成为营销工作中的重要传播手段。

然而，本研究的一系列研究发现也证实，仅仅考虑代言人的知名度并不是一种十分明智的做法。首先，知名度自然是名人代言人自身特征的应有之义，但从名人代言人可信度构成维度的识别结果来看，受众实际上是将名人代言人的知名度、成就以及品德等特征感知为不同的维度，而结构方程模型的检验结果也显示，知名度对目的地品牌可信度的感知并没有产生显著的影响效应。相较而言，名人代言人的成就和品德则被感知为能够影响目的地品牌可信度的主要特征，这些特征因素又会通过目的地品牌可信度间接地影响目的地品牌资产的评价。策划学专家吴粲（2005）也曾提出过名人效应的两个原理，其一是名人知名度诱发受众的经济行为，即名人通过自身的知名度使得被代言产品或品牌被人知晓，从而提高了某种经济行为的知名度。其二则是名人通过美誉度来影响受众的经济行为①。而美誉度主要来自名人自身的成就、品德等特质。因此，名人代言人自身在其所属领域所取得的成就及其自身的品德特质才是受众们进行联想迁移并评判目的地品牌可信度和品牌资产的重要影响因素。当然，本研究并不是主张毫不顾忌知名度的作用。本研究知名度的概念主要意指名气大小，当某名人以其成就备受好评自然也会具备较高的知名度，因此本研究更为强调源于成就的赞誉而取得的知名度，从而建议目的地更为合理地把握名人成就、品德与其知名度之间的有机联系。

三、结合目标市场开拓战略选择代言人

旅游目的地选择名人代言人也应注意代言人与重点目标市场之间的契合程度，或者说依据目标市场开发的战略方向来选择代言人。杭州起用国内女子乐团组合"女子十二乐坊"的实例便是一个很好的参照。杭州当初为了配合其开拓国际市场，尤其是亚洲市场，曾决定启用名人代言这一策略。2004 年杭州正式宣布以"女子十二乐坊"为其城市品牌的形象代言人，并着重在日本旅游市场进行紧锣密鼓的宣传工作。最初杭州市也为选择合适的代言人颇费了

---

① 吴粲. 策划经济学 [M]. 北京：清华大学出版社，2005：172.

一番周折，最终在一家具有雄厚实力的广告公司——日本电通公司的推荐下起用了当时风靡日本的中国“女子十二乐坊”乐团作为其形象代言人。而日本电通有此推荐也是出于“女子十二乐坊”的音乐风格在日本广受欢迎并接连在日本乐坛取得优异成绩的原因。这使得“女子十二乐坊”在日本市场的影响力与日俱增达到如日中天的程度，对于当时欲拓展日本旅游市场的杭州市来说，“女子十二乐坊”自然是不二人选。

在确定了该形象代言人选之后，杭州市在日本电通公司的配合下积极实施了一系列整合品牌传播策略，例如召开新闻发布会形成社会热点，引发更多媒体的关注和转载。同时，以“休闲之都”为主题的代言广告、形象宣传片、摄影作品等也纷纷进入日本市场，尤其是日本年轻女性市场的视域。不仅如此，日本的各种庆典活动也可看到“女子十二乐坊”积极参与的身影。一连串的传播举措使得“女子十二乐坊”不仅在日本引起了更大的宣传效应，连美国CNN有线电视网也积极邀请“女子十二乐坊”参与当地的音乐盛会，从而为杭州市开拓更为广阔的欧美旅游市场奠定了一定的前期基础①。

杭州的实例说明结合自身目标市场开拓战略对代言人加以选择十分必要，目的地营销人员所认为的较有可信度的名人代言人与目标市场心目当中较有可信度的名人代言人可能并非一回事，因而针对目标市场开展科学的前期调研十分必要。此外，也可与目标市场所在区域的传播机构开展合作，这有助于充分掌握名人对当地受众影响力的实际情况，从而为获得良好代言效果提供保障。

四、增强代言信息内容的创意

就目前可见的旅游目的地名人代言信息而言，较为常见的就是某目的地聘请某名人作为形象代言人的新闻消息或者仅制作宣传片，由名人代言人事无巨细地讲述目的地的一系列特征，内容单调且枯燥，缺乏创意。例如由影视明星刘亦菲出演的吴中市旅游宣传片，虽然画面设计比较优美，但是缺乏令人印象深刻的情节设计，难以唤起旅游者的情感共鸣，常常是凸显了名人代言人而没有彰显目的地能够给旅游者带来的体验感受。建议在旅游宣传片的制作方面加入设计精良、重点突出且有情感内涵的故事情节，将名人代言与目的地的独特卖点有机结合。

---

① 胡晓云. 品牌代言传播研究——信源·符号·适用性［M］. 杭州：浙江大学出版社，2012：6-7.

五、拓宽代言信息的传播渠道

如上所述，目前常见的旅游目的地名人代言信息的传播途径主要集中在新闻发布、旅游宣传片的制作等。新闻发布的主要目的无非是想引起多方媒体的关注并给予传播，以较低成本获得较好的宣传效果。但该方法往往存在很多的不确定性，例如影响范围较小且持续时间不长等。旅游宣传片的投放则主要以视频网站为主，且内容往往冗长。受众者们如果不经过专门的搜索步骤则难以触及这一信息，而且很难有耐心完整观看，宣传带有明显的被动性。目前被诸多商家营销广为运用的微信、各种 App 应用程序等移动网络平台却罕见目的地名人代言的信息。因此，宣传旅游目的地不妨拓宽思路，在确定基础的代言信息内容之后多方投放，以做到随时随地并更大范围地触及受众群体。

六、客观对待名人代言这一营销策略

本研究关于旅游者冒险倾向调节作用的检验结果业已说明，名人代言对冒险倾向较强者的影响作用较之冒险倾向较弱者要小。这一点给目的地营销宣传的最大启示在于不能过分地依赖名人代言策略。旅游目的地应结合自身的具体发展阶段和现实目标适当运用名人代言策略。正如普洛格在探讨旅游目的地人气兴衰的原因时所言，对于大多数目的地来说，定位于近冒险型心理类型的人群将是更为适宜的，因为冒险倾向较强者会影响并引导冒险倾向较弱者的旅游行为。一个目的地由人迹罕至到逐步兴旺再到人迹罕至往往也是实际客源从冒险型向依赖型人群过渡的过程，因为具有极端冒险和依赖心理类型的人都占少数，所以只有定位于近冒险型人群才能保证最宽广的吸引面。因此，从根本上讲，规划者应该努力洞察近冒险型人群的偏好，并认识到那些最初吸引较强冒险倾向旅游者来访的事物是什么，据此挖掘新体验和重塑自身形象，并始终在营销和促销工作中不断强调这些特征，如此方能有助目的地的长盛不衰。从这一长远意义上讲，目的地显然不能单纯依靠名人代言这一策略。

不过本研究的证实研究结论已表明，不论是冒险倾向较强还是较弱样本，本研究所构建的结构模型都证实了名人代言人可信度中的若干维度可以通过目的地品牌可信度对目的地品牌资产产生影响。因而据此建议，目的地在采用名人代言这一策略的同时配合以冒险倾向这一测量指标对主要市场人群开展调研，从而做到选择在主要目标客源范围内最为合适的代言人。

第三节 研究局限

由于多方面的原因，本研究还存在以下一些研究局限：

一、出于人力、物力、财力以及研究时限的限制，本研究所调查的样本数量还比较有限，虽然样本规模基本符合结构方程模型分析的需要，但如果进一步扩大调查范围就有望进一步提高结论的普适性。

二、由于本研究的首要研究目的在于检验和发现名人代言人可信度特质对旅游目的地品牌资产的作用机制，因而主要采用了结构方程模型这一路径检验方法，并没有能够对名人代言人可信度，尤其是对这一概念的子维度（或构成因素）在不同水平上加以控制并检验其影响效应的差异情况。例如在一般营销研究领域中，学者们就曾运用更为严格的实验法，通过虚拟代言关系，对名人代言人可信度中的专业性、名人与产品匹配度（或一致性）、外貌吸引力等多个变量实现了多个水平的控制，并据此得出了一系列名人代言效果的研究结论。本研究为了更为贴近旅游目的地营销实践，因而选取了两个具有真实名人代言关系的实例作为研究对象，所以难以对名人代言人可信度的多个因素进行不同水平的控制。

三、由于笔者研究精力和能力有限，没能更为充分地将可能在名人代言人可信度和旅游目的地品牌资产之间发挥影响效应的其他变量考虑在内而进行更为全面的研究，这也是今后研究需要补充的地方。

第四节 未来研究展望

在未来的研究中，笔者力争对上文所述的研究不足之处进行弥补，尽量在这一选题下衍生出更多值得研究的相关话题，并以更科学的方法为支撑和辅助，为旅游目的地营销实践提供更多可行的建议。笔者初步总结了今后研究可以加以拓展的方面：

一、正如上文研究局限中第二点所提到的，今后应该注重对名人代言人可信度所包含各维度的不同水平加以操控，尝试采用实验法对名人代言效果加以研究，并与本研究的相关结论进行比较。

二、尝试对“多位名人代言对旅游目的地品牌资产的影响”进行考察。

在一般产品的营销实践中，常见一些采用多位名人代言的案例，例如饮料类的可口可乐、雪碧，运动服饰类产品等。现实中旅游目的地由于目标市场往往并不是单一的，因而是否能够通过多名人代言的策略增益目的地在多元目标市场上对品牌资产的积累和提升也是一个值得加以探讨的话题。

三、名人代言策略的一个备受苛责的关键点就是名人自身的道德行为的不可控性对品牌所带来的形象风险。因而有必要对名人代言人在出现负面信息的情况下旅游者对目的地品牌的感知和评价等反应机制加以研究，从而为目的地应对名人代言风险做好理论和策略上的准备。

四、名人代言本身具有很多的形式，例如名人广告、推介会、宣传片等。这些不同的信息传递方式是否会在影响旅游者的目的地品牌评价方面存在效果上的差异也值得加以探讨，进而为目的地在有限的经费条件下选择最佳的宣传方式提供依据。

参考文献

一、中文类

（一）图书

［1］胡晓云. 品牌代言传播研究——信源 · 符号 · 适用性［M］. 杭州：浙江大学出版社，2012：6-7.

［2］李建军. 体育赞助营销对品牌资产的影响［M］. 北京：经济管理出版社，2011.

［3］李茂能. 图解 AMOS——在学术研究中的应有［M］. 重庆：重庆大学出版社，2011：141-143.

［4］李天元. 旅游市场营销纲要［M］. 北京：中国旅游出版社，2009.

［5］孙晓强. 品牌资产提升策略——品牌代言人视角下的理论与案例［M］. 北京：经济科学出版社，2009：96-113.

［6］吴明隆. 结构方程模型——Amos 的操作与应用［M］. 2 版. 重庆：重庆大学出版社，2011.

［7］吴粲. 策划经济学［M］. 北京：清华大学出版社，2005.

［8］赵红等. 品牌重叠测评模型及应用研究［M］. 北京：科学出版社，2012.

［9］戴维 · 阿克. 创建强势品牌［M］. 李兆丰，译. 北京：机械工业出版社，2012：5.

［10］戴维 · 阿克. 管理品牌资产［M］. 吴进操，常小虹，译. 北京：机械工业出版社，2012：13.

［11］菲利普 · 科特勒，凯文 · 莱恩 · 凯勒. 营销管理［M］. 王永贵，于洪彦，何佳讯，等译. 14 版. 上海：上海人民出版社，2012：238.

［12］凯文 · 莱恩 · 凯勒. 战略品牌管理［M］. 卢泰宏，吴水龙，译. 3 版. 北京：中国人民大学出版社，2009：47-83.

［13］尼格尔·摩根等. 旅游目的地品牌管理［M］. 杨桂华，田世政，等译. 天津：南开大学出版社，2006：155，254.

［14］霍恩比. 牛津高阶英汉双解词典［M］. 7版. 王玉章，等译. 北京：商务印书馆，2012：306.

［15］普洛格. 旅游市场营销实论［M］. 李天元，李曼，译. 天津：南开大学出版社，2007：71-82.

（二）期刊

［1］陈强，沈鹏熠. 跨文化的品牌可信度效用分析［J］. 市场论坛，2006（8）：49-51.

［2］陈新跃，杨德礼. 顾客价值认知与市场信号应用研究［J］. 大连理工大学学报（社会科学版），2003（1）：42-45.

［3］陈振东. 基于CBBE视角的品牌年轻化研究：以品牌个性和品牌忠诚为视角［J］. 管理学报，2009（7）：972-977.

［4］丁夏齐，王怀明，马谋超. 名人推荐者道德声誉对名人广告效果的影响［J］. 心理学报，2005（3）：382-389.

［5］董志文，王德红. 近二十年国外旅游目的地品牌化研究述评［J］. 科学决策，2013（8）：79-94.

［6］范秀成. 品牌权益及其测评体系分析［J］. 南开管理评论，2000（1）：9-15.

［7］高静，焦勇兵. 基于多案例扎根分析的旅游者-目的地品牌关系研究［J］. 旅游科学，2014（5）：54-78.

［8］高静，章勇刚. 旅游目的地品牌化若干基本问题的探讨［J］. 北京第二外国语学院学报，2007（9）：73-83.

［9］郭永锐，陶犁. 基于旅游者的旅游目的地品牌资产模型研究［J］. 旅游研究，2013（3）：1-7.

［10］何佳讯. 基于顾客的品牌资产测量研究进展——量表开发、效度验证与跨文化方法［J］. 商业经济与管理，2006（4）：53-58.

［11］何志毅，赵占波. 品牌资产评估的公共因子分析［J］. 财经科学，2005（1）：75-80.

［12］侯丽敏，薛求知. 品牌资产构建：基于企业社会责任还是企业能力?［J］. 外国经济与管理，2014（11）：22-32.

［13］胡海，张明伟. 促销价格折让幅度与品牌资产关系研究［J］. 商业研究，2014（7）：113-120.

[14] 胡家镜，吕兴洋. 国外旅游目的地品牌化研究述评 [J]. 西南民族大学学报（人文社会科学版），2014（11）：129-134.

[15] 胡毅伟，余明阳，单从文. 信源可信度视角下社会排斥对消费者品牌危机评价的影响研究 [J]. 上海管理科学，2017，39（6）：51-55.

[16] 黄晶，何君，牛燕雨，孙彤. 基于消费者的旅游目的地品牌资产研究外文文献综述 [J]. 北京第二外国语学院学报，2013（11）：72-78.

[17] 黄玉理，黄英. 旅游者重游决策影响因素的实证研究 [J]. 成都大学学报（自然科学版），2010（4）：361-364.

[18] 江明华，董伟民. 价格促销的折扣量影响品牌资产的实证研究 [J]. 北京大学学报（哲学社会科学版），2003（5）：48-56.

[19] 金立印. 基于品牌个性及品牌认同的品牌资产驱动模型研究 [J]. 北京工商大学学报（社会科学版），2006（1）：38-43.

[20] 赖俊明. 基于消费者认知的不同类型品牌代言人适用性研究 [J]. 商业研究，2016（1）：156-166.

[21] 刘红，颜麒，杨韫. 名人代言对旅游目的地品牌价值影响分析——以某华东古镇旅游景区为例 [J]. 经济问题探索，2013（7）：87-92.

[22] 刘力. 名人代言旅游目的地影响机制研究——基于认同理论视角 [J]. 技术经济与管理研究，2016（10）：16-20.

[23] 刘丽娟，吕兴洋. 基于消费者的旅游目的地品牌资产研究——以呼和浩特市为例 [J]. 干旱区资源与环境，2016，30（10）：204-208.

[24] 刘丽娟，李天元. 国外旅游目的地品牌化研究现状与分析 [J]. 人文地理，2012（2）：26-31.

[25] 刘玉明. 网上购物情形下品牌可信性对价格敏感性的影响研究 [J]. 西安电子科技大学学报（社会科学版），2007（1）：11-14.

[26] 卢宏亮，李桂华. 基于 B2B2C 视角的 B2B 品牌资产影响因素研究 [J]. 当代财经，2014（6）：75-86.

[27] 卢晓. 社会化媒体营销驱动下的线上线下双向融合零售模式对奢侈品牌资产的影响：一个理论模型的提出 [J]. 北京工商大学学报（社会科学版），2014（3）：33-38.

[28] 陆林，刘莹莹，吕丽. 旅游地旅游者忠诚度机制模型及实证研究——以黄山风景区为例 [J]. 自然资源学报，2011（9）：1475-1483.

[29] 罗明. 旅游目的地品牌联想研究综述 [J]. 现代商贸工业，2012（12）：72-74.

[30] 马宝龙，程飞燕，步晶晶. 品牌联盟对品牌资产的影响研究 [J]. 营销科学学报，2014 (2)：121-138.

[31] 马明. 形象代言人在旅游地品牌建设中的运用 [J]. 泰山学院学报，2010，32 (1)：118-122.

[32] 马明峰，陈春花. 品牌信任、品牌可信度与品牌忠诚关系的实证研究 [J]. 经济管理，2006 (11)：55-58.

[33] 屈冠银. 品牌个性驱动品牌资产的机理研究 [J]. 中国市场，2012 (35)：4-6.

[34] 曲颖，李天元. 国外近十年旅游目的地游客忠诚研究综述 [J]. 2010 (1)：86-94.

[35] 曲颖，李天元. 旅游目的地非功用性定位研究——以目的地品牌个性为分析指标 [J]. 旅游学刊，2012 (9)：17-25.

[36] 沈鹏熠. 旅游目的地品牌资产的结构及其形成机理——基于目的地形象视角的实证研究 [J]. 经济经纬，2014 (1)：112-117.

[37] 沈雪瑞，李天元. 国内外旅游目的地忠诚的文献回顾及研究展望 [J]. 北京第二外国语学院学报，2013 (1)：18-28.

[38] 沈雪瑞，李天元. 国外旅游目的地形象研究前沿探析与未来展望 [J]. 外国经济与管理，2013 (11)：48-59.

[39] 沈雪瑞，李天元，吕兴洋，昌晶亮. 名人代言会影响旅游者的目的地态度吗？——基于名人-目的地匹配度和个人卷入度的实验研究 [J]. 旅游学刊，2015，30 (4)：62-72.

[40] 粟路军，黄福才. 服务公平性、消费情感与旅游者忠诚关系——以乡村旅游者为例 [J]. 地理研究，2011 (3)：463-476.

[41] 粟路军，黄福才. 服务公平性对旅游者忠诚的作用机理研究——以武夷山观光旅游者为例 [J]. 旅游科学，2010 (4)：26-39.

[42] 粟路军，黄福才. 服务质量对乡村旅游者忠诚的影响机制研究——以长沙市为中心 [J]. 四川师范大学学报（社会科学版），2011 (2)：58-68.

[43] 粟路军，黄福才. 旅游者参与对旅游者忠诚的影响机制研究——以武夷山观光旅游者为例 [J]. 哈尔滨商业大学学报（社会科学版），2011 (1)：109-117.

[44] 粟路军，黄福才. 旅游者参与服务质量、消费情感对旅游者忠诚影响 [J]. 商业经济与管理，2011 (7)：77-86.

[45] 粟路军，黄福才. 旅游者满意与旅游者忠诚的关系研究——观光旅

游者与乡村旅游者比较分析 [J]. 旅游学刊, 2011 (11): 39-45.

[46] 孙晓强. 品牌代言人可信度特质模型的建立与验证 [J]. 经济管理, 2008 (3): 99-106.

[47] 唐德荣, 杨锦秀. 乡村旅游者重游决策影响因素实证研究——基于重庆市510位城市游客的调查数据 [J]. 农业技术经济, 2010 (7): 78-83.

[48] 唐飞, 刘亚君. 基于人际关系理论的酒店品牌资产研究 [J]. 东北财经大学学报, 2014 (2): 16-21.

[49] 王海忠, 于春玲, 赵平. 品牌资产的消费者模式与产品市场产出模式的关系 [J]. 管理世界, 2006 (1): 106-119.

[50] 王怀明, 马谋超. 名人广告源可信度因子结构 [J]. 心理学报, 2004 (3):365-369.

[51] 王怀明, 马谋超. 名人与产品一致性对名人广告效果影响的实验研究 [J]. 心理科学, 2004, 27 (1): 198-199.

[52] 王建明, 郑冉冉. 心理意识因素对消费者生态文明行为的影响机理 [J]. 管理学报, 2011 (7): 1027-1035.

[53] 王京传, 李天元. 旅游目的地品牌标识评价研究——以中国优秀旅游城市为例 [J]. 旅游学刊, 2012 (2): 43-51.

[54] 卫海英, 祁湘涵. 基于信息经济学视角的品牌资产生成研究 [J]. 中国工业经济, 2005 (10): 115-122.

[55] 卫海英, 王贵明. 品牌资产与经营策略因子关系的回归分析——对105家大中型企业的问卷调查 [J]. 学术研究, 2003 (7): 63-65.

[56] 吴琼. 基于品牌个性视角的品牌形象代言人选择研究 [J]. 科技创业月刊, 2014 (2): 32-34.

[57] 谢桂敏, 赵湘湘. 大陆与日本赴台游客行为意向的对比分析 [J]. 旅游论坛, 2010 (4): 473-479.

[58] 谢礼珊, 韩小芸. 服务公平性、服务质量、组织形象对游客行为意向的影响 [J]. 旅游学刊, 2007 (12): 51-58.

[59] 许春晓, 莫莉萍. 旅游目的地品牌资产驱动因素模型研究——以凤凰古城为例 [J]. 旅游学刊, 2014 (7): 77-87.

[60] 许婉玲. 要素品牌资产与关系绩效的研究 [J]. 管理观察, 2014 (34): 82-83.

[61] 杨德锋, 王新新. 价格促销对品牌资产的影响: 竞争反应的调节作用 [J]. 南开管理评论, 2008 (3): 20-38.

[62] 尹俊，黄鸣鹏，王辉，裴学成. 战略领导者成就动机、冒险倾向与企业国际化 [J]. 经济科学，2013 (3)：72-86.

[63] 于春玲，赵平. 品牌资产及其测量中的概念解析 [J]. 南开管理评论，2003 (1)：10-25.

[64] 余意峰，熊剑平. 国外旅游目的地忠诚度研究进展 [J]. 世界地理研究，2010 (2)：69-77.

[65] 苑炳慧，辜应康. 基于顾客的旅游目的地品牌资产结构维度——扎根理论的探索性研究 [J]. 旅游学刊，2015，30 (11)：87-98.

[66] 苑炳慧，辜应康. 基于顾客的旅游目的地品牌资产量表开发与验证 [J]. 旅游科学，2016，30 (4)：46-60.

[67] 袁希卓. 旅游形象代言人与国际旅游市场营销——以杭州“女子十二乐坊”对日市场开发为例 [J]. 经济与社会发展，2009，7 (10)：96-98.

[68] 张红霞，张益. 国别属性重要吗？代言人与广告效果关系研究的新视角 [J]. 心理学报，2010，42 (2)：304-316.

[69] 张宏梅，张文静，王进，梁倩. 基于旅游者视角的目的地品牌权益测量模型：以皖南国际旅游区为例 [J]. 旅游科学，2013 (1)：52-63.

[70] 赵雅敏. RAIN 出任山东形象大使之辩——兼论旅游目的地形象大使的选择 [J]. 当代旅游 (学术版)，2010 (1)：66-68.

[71] 周常兰. 品牌资产相关概念辨析及会计核算管理的思考 [J]. 江苏商论，2014 (4)：43-45.

(三) 学位论文

[1] 侯琳. 信息不对称条件下品牌的信号传递作用研究 [D]. 西安：陕西师范大学，2008.

[2] 黄洁. 国家级风景名胜区的品牌资产研究 [D]. 上海：复旦大学，2012.

[3] 李冰心. 名人广告的可信度评价及其对消费者品牌态度与购买意向的影响 [D]. 武汉：武汉大学，2005.

[4] 李海涛. 品牌可信度对消费者品牌选择偏好的影响研究 [D]. 成都：西南交通大学，2008.

[5] 刘丽娟. 基于消费者的旅游目的地品牌资产——模型构建与评价 [D]. 天津：南开大学，2013.

[6] 莫莉萍. 基于旅游者视角的旅游目的地品牌资产驱动因素模型研究 [D]. 长沙：湖南师范大学，2012.

[7] 孙晓强. 品牌代言人对品牌资产的影响研究 [D]. 上海：复旦大学，2008.

[8] 沈鹏熠. 基于顾客视角的零售商品牌资产形成机制研究 [D]. 济南：山东大学，2010.

[9] 杨笑天. 体育名人代言对企业品牌形象的影响分析 [D]. 成都：西南财经大学，2012.

[10] 张文娟. 基于区域整体利益的旅游目的地品牌营销研究 [D]. 武汉：武汉大学，2010.

[11] 郑文清. 营销策略对品牌资产的影响机理研究 [D]. 南京：南京林业大学，2012.

[12] 黄燕凤. 区域旅游目的地品牌建设评价与提升研究 [D]. 南昌：江西财经大学，2013.

[13] 吕璇. 宜州旅游目的地品牌提升研究 [D]. 南宁：广西大学，2014.

[14] 马平. 旅游目的地品牌研究 [D]. 北京：北京林业大学，2006.

（四）会议论文

王建明，郑冉冉. 心理意识因素对消费者生态文明行为的影响机理——人口统计变量的调节效应 [C] // 中国管理现代化研究会. 第六届（2011）中国管理学年会论文摘要集. 北京：中国管理现代化研究会，2011.

（五）报纸文献

崔凤军. 女子十二乐坊代言杭州——旅游营销渐起形象经济 [N]. 中国旅游报，2004-03-10.

二、外文类

（一）图书

TELLIS G J. Effective advertising：Understanding when，how，and why advertising works [M]. California：Sage Publications，Inc，2003，180-185.

（二）期刊

[1] AAKER D A. Measuring brand equity across products and markets [J]. California management review，1996，38（3）：102-120.

[2] AILAWADI K L，LEHMANN D R，NESLIN S A. Revenue premium as an outcome measure of brand equity [J]. Journal of Marketing，2003，67（4）：1-17.

[3] ALAM A，USMAN ARSHAD M，ADNAN SHABBIR S. Brand credibility，customer loyalty and the role of religious orientation [J]. Asia Pacific Journal of Marketing and Logistics，2012，24（4）：583-598.

[4] AMOS C, HOLMES G, STRUTTON D. Exploring the relationship between celebrity endorser effects and advertising effectiveness: A quantitative synthesis of effect size [J]. International Journal of Advertising, 2008, 27 (2): 209-234.

[5] ARSHAD S, IKRAM M, YAHYA M, et al. Does Celebrity Endorsement Influence the Corporate Loyalty: Mediating Role of Corporate Credibility? [J]. International Journal of Social Sciences, Humanities and Education, 2017, 1 (4): 308-319.

[6] BAEK T H, KIM J, YU J H. The differential roles of brand credibility and brand prestige in consumer brand choice [J]. Psychology & Marketing, 2010, 27 (7): 662-678.

[7] BAKER M J, CHURCHILL JR G A. The impact of physically attractive models on advertising evaluations [J]. Journal of Marketing research, 1977, 14 (4): 538-555.

[8] BALAKRISHNAN M S, NEKHILI R, LEWIS C. Destination Brand Components [J]. International Journal of Culture, Tourism and Hospitality Research, 2011, 5 (1): 4-25.

[9] BALOGLU S. Image variations of Turkey by familiarity index: informational and experiential dimensions [J]. Tourism Management, 2001, 22 (2): 127-133.

[10] BATRA R, HOMER P M. The situational impact of brand image beliefs [J]. Journal of Consumer Psychology, 2004, 14 (3): 318-330.

[11] BERLO D K, LEMERT J B, MERTZ R J. Dimensions for evaluating the acceptability of message sources [J]. Public Opinion Quarterly, 1969, 33 (4): 563-576.

[12] BIEL A L. How brand image drives brand equity [J]. Journal of advertising research, 1992, 32 (6): 6-12.

[13] BISWAS D, BISWAS A, DAS N. The differential effects of celebrity and expert endorsements on consumer risk perceptions. The role of consumer knowledge, perceived congruency, and product technology orientation [J]. Journal of Advertising, 2006, 35 (2): 17-31.

[14] BOO S, BUSSER J, BALOGLU S. A model of customer-based brand equity and its application to multiple destinations [J]. Tourism Management, 2009, 30 (2): 219-231.

[15] BOSNJAK M. Negative Symbolic Aspects in Destination Branding: Explo-

ring the Role of the 'Undesired Self'on Web-based Vacation Information Search Intentions Among Potential First-time Visitors [J]. Journal of Vacation Marketing, 2010, 16 (4): 323-330.

[16] BOWMAN J. Facing advertising reality [J]. Media Asia, 2002, 7 (26): 14-15.

[17] BRASCO T C. How brand name are valued for acquisitions [J]. MA: Marketing science institute, 1988: 88-104.

[18] BYRNE A, WHITEHEAD M, BREEN S. The naked truth of celebrity endorsement [J]. British Food Journal, 2003, 105 (4/5): 288-296.

[19] CABALLERO M J, LUMPKIN J R, MADDEN C S. Using physical attractiveness as an advertising tool: An empirical test of the attraction phenomenon [J]. Journal of Advertising Research, 1989, 29 (4): 16-22.

[20] CABALLERO M J, SOLOMON P J. Effects of model attractiveness on sales response [J]. Journal of Advertising, 1984, 13 (1): 17-33.

[21] CAI A. Cooperative Branding for Rural Destinations [J]. Annals of Tourism Research, 2002, 29 (3): 720-742.

[22] CALDWELL N, FREIRE J R. The Differences Between Branding a Country, a Region and a City: Applying the Brand Box Model [J]. The Journal of Brand Management, 2004, 12 (1): 50-61.

[23] CHAN G S H, LEE A L Y, WONG C H M. Celebrity Endorsement in Advertisement on Destination Choice Among Generation Y in Hong Kong [J]. International Journal of Marketing Studies, 2018, 10 (2): 16-27.

[24] CHANG J, WALL G, TSAI C T S. Endorsement advertising in aboriginal tourism: an experiment in Taiwan [J]. International journal of tourism research, 2005, 7 (6): 347-356.

[25] CHOI S, RIFON N J. Who is the celebrity in advertising? Understanding dimensions of celebrity images [J]. The journal of popular Culture, 2007, 40 (2): 304-324.

[26] COBB-WALGREN C J, RUBLE C A, DONTHU N. Brand equity, brand preference, and purchase intent [J]. Journal of advertising, 1995, 24 (3): 25-40.

[27] COLLINS A M, LOFTUS E F. A spreading-activation theory of semantic processing [J]. Psychological review, 1975, 82 (6): 407.

[28] DANIILOUDI M, CHANG K. Summary Brief Brand Personality and

Overall Brand Equity [J]. Comparison between the UK and Greece, "Working Paper", 2009.

[29] DELVECCHIO D, HENARD D H, FRELING T H. The effect of sales promotion on post-promotion brand preference: A meta-analysis [J]. Journal of Retailing, 2006, 82 (3): 203-213.

[30] DOYLE P. Building successful brands: the strategic options [J]. Journal of consumer Marketing, 1990, 7 (2): 5-20.

[31] EDWARDS D, MIDDLETON D. Conversation and remembering: Bartlett revisited [J]. Applied Cognitive Psychology, 1987, 1 (2): 77-92.

[32] EKINCI Y, HOSANY S. Destination Personality: An Application of Brand Personality to Tourism Destinations [J]. Journal of Travel Research, 2006, 45 (2): 127-139.

[33] EKINCI Y, SIRAKAYA-TURK E, PRECIADO S. Symbolic consumption of tourism destination brands [J]. Journal of Business Research, 2013, 66 (6): 711-718.

[34] ERDEM T, SWAIT J, LOUVIERE J. The impact of brand credibility on consumer price sensitivity [J]. International Journal of Research in Marketing, 2002, 19 (1): 1-19.

[35] ERDEM T, SWAIT J, VALENZUELA A. Brands as signals: A cross-country validation study [J]. Journal of Marketing, 2006, 70 (1): 34-49.

[36] ERDEM T, SWAIT J. Brand credibility, brand consideration, and choice [J]. Journal of consumer research, 2004, 31 (1): 191-198.

[37] ERDEM T, SWAIT J. Brand equity as a signaling phenomenon [J]. Journal of consumer Psychology, 1998, 7 (2): 131-157.

[38] ERDOGAN B Z, BAKER M J, TAGG S. Selecting celebrity endorsers: The practitioner's perspective [J]. Journal of advertising research, 2001, 41 (3): 39-48.

[39] ERDOGAN B Z. Celebrity endorsement: A literature review [J]. Journal of marketing management, 1999, 15 (4): 291-314.

[40] FARQUHAR P H. Managing brand equity [J]. Marketing research, 1989, 1 (3): 24-33.

[41] FATHABADI H, NEJAD M R O, ALIZADEH H. An investigation of the factors affecting tourism destination brand equity [J]. Asian Journal of Social

Sciences & Humanities, 2017, 6 (1): 101-113.

[42] FLECK N, KORCHIA M, LE ROY I. Celebrities in advertising: looking for congruence or likability? [J]. Psychology & Marketing, 2012, 29 (9): 651-662.

[43] FORNELL C, LARCKER D F. Evaluating structural equation models with unobservable variables and measurement error [J]. Journal of marketing research, 1981, 18 (1): 39-50.

[44] FREIDEN J B. Advertising spokesperson effects-An examination of endorser type and gender on 2 audiences [J]. Journal of Advertising Research, 1984, 24 (5): 33-41.

[45] FRIEDMAN H H, FRIEDMAN L. Endorser effectiveness by product type [J]. Journal of advertising research, 1979, 19 (5): 63-71.

[46] FRIEDMAN H H, TERMINI S, WASHINGTON R. The effectiveness of advertisements utilizing four types of endorsers [J]. Journal of advertising, 1976, 5 (3): 22-24.

[47] GARTNER W C, RUZZIER M K. Tourism destination brand equity dimensions renewal versus repeat market [J]. Journal of travel research, 2011, 50 (5): 471-481.

[48] GHORBAN Z S, TAHERNEJAD H. A study on effect of brand credibility on word of mouth: With reference to internet service providers in Malaysia [J]. International Journal of Marketing Studies, 2012, 4 (1): 26-37.

[49] GLOVER P. Celebrity endorsement in tourism advertising: effects on destination image [J]. Journal of Hospitality and Tourism Management, 2009, 16 (1): 16-23.

[50] GLOVER P. The effect of celebrities on destination image [J]. 2009, CAUTHE 2009: See Change: Tourism & Hospitality in a Dynamic World. Fremantle, W. A.: Curtin University of Technology, 2009: 1230-1250.

[51] GOLDSMITH R E, LAFFERTY B A, NEWELL S J. The impact of corporate credibility and celebrity credibility on consumer reaction to advertisements and brands [J]. Journal of Advertising, 2000, 29 (3): 43-54.

[52] HANKINSON G. The Brand Images of Tourism Destinations: a Study of the Saliency of Organic Images [J]. Journal of Product & Brand Management, 2004, 13 (1): 6-14.

[53] HEIDER F. On social cognition [J]. American Psychologist, 1967, 22 (1): 25.

[54] HOLLIS N S, FARR A, DYSON P. Understanding, measuring, and using brand equity [J]. Journal of Advertising Research, 1996, 36 (6): 9-21.

[55] HORAI J, NACCARI N, FATOULLAH E. The effects of expertise and physical attractiveness upon opinion agreement and liking [J]. Sociometry, 1974, 37 (4): 601-606.

[57] HOVLAND C I, WEISS W. The influence of source credibility on communication effectiveness [J]. Public opinion quarterly, 1951 - 1952, 15 (4): 635-650.

[58] IM H H, KIM S S, ELLIOT S, et al. Conceptualizing destination brand equity dimensions from a consumer-based brand equity perspective [J]. Journal of Travel & Tourism Marketing, 2012, 29 (4): 385-403.

[59] JAIPRAKASH A T. A conceptual research on the association between celebrity endorsement, brand image and brand equity [J]. The Icfai University Journal of Marketing Management, 2008, 7 (4): 54-64.

[60] JOSEPH W B. The credibility of physically attractive communicators: A review [J]. Journal of advertising, 1982, 11 (3): 15-24.

[61] KAHLE L R, HOMER P M. Physical attractiveness of the celebrity endorser: A social adaptation perspective [J]. Journal of consumer research, 1985, 11 (4): 954-961.

[62] KALRA A, GOODSTEIN R C. The impact of advertising positioning strategies on consumer price sensitivity [J]. Journal of Marketing Research, 1998, 35 (2): 210-224.

[63] KAMAKURA W A, RUSSELL G J. Measuring brand value with scanner data [J]. International Journal of Research in Marketing, 1993, 10 (1): 9-22.

[64] KAMINS M A, GUPTA K. Congruence between spokesperson and product type: A matchup hypothesis perspective [J]. Psychology & Marketing, 1994, 11 (6): 569-586.

[65] KAMINS M A. An investigation into the "match-up" hypothesis in celebrity advertising: When beauty may be only skin deep [J]. Journal of Advertising, 1990, 19 (1): 4-13.

[66] KANUNGO R N, PANG S. Effects of human models on perceived product

quality [J]. Journal of Applied Psychology, 1973, 57 (2): 172.

[67] KAUL A, WITTINK D R. Empirical generalizations about the impact of advertising on price sensitivity and price [J]. Marketing Science, 1995, 14 (3): 151-160.

[68] KEEL A, NATARAAJAN R. Celebrity endorsements and beyond: New avenues for celebrity branding [J]. Psychology & Marketing, 2012, 29 (9): 690-703.

[69] KELLER K L. Conceptualizing, measuring, and managing customer-based brand equity [J]. The Journal of Marketing, 1993, 57 (1): 1-22.

[70] KELLER K L. Reflections on customer-based brand equity: perspectives, progress, and priorities [J]. AMS review, 2016, 6 (1-2): 1-16.

[71] KIM P. A perspective on brands [J]. Journal of Consumer Marketing, 1990, 7 (4): 63-67.

[72] KIM Y J, NA J H. Effects of celebrity athlete endorsement on attitude towards the product: the role of credibility, attractiveness and the concept of congruence [J]. International Journal of Sports Marketing & Sponsorship, 2007, 8 (4): 310-320.

[73] KIM S, SCHUCKERT M, IM H H, et al. An interregional extension of destination brand equity: From Hong Kong to Europe [J]. Journal of Vacation Marketing, 2017, 23 (4): 277-294.

[74] KIRMANI A, RAO A R. No pain, no gain: A critical review of the literature on signaling unobservable product quality [J]. Journal of marketing, 2000, 64 (2): 66-79.

[75] KONECNIK M, GARTNER W C. Customer-based brand equity for a destination [J]. Annals of tourism research, 2007, 34 (2): 400-421.

[76] KRISHNAN H S. Characteristics of memory associations: A consumer-based brand equity perspective [J]. International Journal of research in Marketing, 1996, 13 (4): 389-405.

[77] LASSER W, MITTAL B, ARUN S. Measuring Customer-Based Brand Equity [J]. Journal of Consumer Marketing, 1995, 12 (4): 11-19.

[78] LI Y, WANG X, YANG Z. The effects of corporate-brand credibility, perceived corporate-brand origin, and self-image congruence on purchase intention: Evidence from China's auto industry [J]. Journal of Global Marketing, 2011, 24 (1): 58-68.

[79] MADDUX J E, ROGERS R W. Protection motivation and self-efficacy: A revised theory of fear appeals and attitude change [J]. Journal of experimental social psychology, 1983, 19 (5): 469-479.

[80] MATHEW V, THOMAS S, INJODEY J I. Direct and indirect effect of brand credibility, brand commitment and loyalty intentions on brand equity [J]. Economic Review: Journal of Economics & Business/Ekonomska Revija: Casopis za Ekonomiju i Biznis, 2012, 10 (2): 73-82.

[81] MCCRACKEN G. Who Is the Celebrity Endorser? Cultural Foundations of the Endorsement Process [J]. Journal of Consumer Research, 1989, 16 (3): 310-321.

[82] MCCROSKEY J C. Scales for the measurement of ethos [J]. Speech Monographs, 1966, 33 (1): 65-72.

[83] MCGINNIES E, WARD C D. Better liked than right trustworthiness and expertise as factors in credibility [J]. Personality and Social Psychology Bulletin, 1980, 6 (3): 467-472.

[84] MCGUIRE W J. The nature of attitudes and attitude change [J]. The handbook of social psychology, 1969, 3 (2): 136-314.

[85] MELA C F, GUPTA S, LEHMANN D R. The long-term impact of promotion and advertising on consumer brand choice [J]. Journal of Marketing research, 1997, 34 (2): 248-261.

[86] MILGROM P, ROBERTS J. Price and advertising signals of product quality [J]. The Journal of Political Economy, 1986, 94 (4): 796-821.

[87] MILLER G R, BASEHEART J. Source trustworthiness, opinionated statements, and response to persuasive communication [J]. 1969, 36 (1): 1-7.

[88] MISRA S, BEATTY S E. Celebrity spokesperson and brand congruence: An assessment of recall and affect [J]. Journal of Business Research, 1990, 21 (2): 159-173.

[89] MOWEN J C, BROWN S W. On explaining and predicting the effectiveness of celebrity endorsers [J]. Advances in consumer research, 1981, 8 (1): 437-441.

[90] MURPHY L, BENCKENDORFF P, MOSCARDO GB. Linking Travel Motivation, Tourist Self-image and Destination Brand Personality [J]. Journal of Travel & Tourism Marketing, 2007, 22 (2): 45-59.

[91] NETEMEYER R G, KRISHNAN B, PULLIG C, et al. Developing and validating measures of facets of customer-based brand equity [J]. Journal of Business Research, 2004, 57 (2): 209-224.

[92] OHANIAN R. Construction and validation of a scale to measure celebrity endorsers' perceived expertise, trustworthiness, and attractiveness [J]. Journal of advertising, 1990, 19 (3): 39-52.

[93] OHANIAN R. The impact of celebrity spokespersons' perceived image on consumers' intention to purchase [J]. Journal of Advertising Research, 1991, 31 (1): 46-54.

[94] OK C, CHOI Y G, HYUN S S. Roles of Brand Value Perception in the Development of Brand Credibility and Brand Prestige [J]. ICHRIE Conference Refereed Track, University of Massachusetts, 2011: 1-8.

[95] PALAZÓN-VIDAL M, DELGADO-BALLESTER E. Sales promotions effects on consumer-based brand equity [J]. International Journal of Market Research, 2005, 47 (2): 179-204.

[96] PARK C S, SRINIVASAN V. A survey-based method for measuring and understanding brand equity and its extendibility [J]. Journal of marketing research, 1994, 31 (2): 271-288.

[97] PATZER G L. Source credibility as a function of communicator physical attractiveness [J]. Journal of business research, 1983, 11 (2): 229-241.

[98] PETERSON R A. The price-perceived quality relationship: Experimental evidence [J]. Journal of Marketing Research, 1970 (7): 525-528.

[99] PIKE S, BIANCHI C, KERR G, et al. Consumer-based brand equity for Australia as a long-haul tourism destination in an emerging market [J]. International Marketing Review, 2010, 27 (4): 434-449.

[100] PIKE S. Destination Brand Positions of a Competitive Set of Near-home Destinations [J]. Tourism management, 2009, 30 (6): 857-866.

[101] PITTA D A, PREVEL KATSANIS L. Understanding brand equity for successful brand extension [J]. Journal of consumer marketing, 1995, 12 (4): 51-64.

[102] PRADHAN D, DURAIPANDIAN I, SETHI D. Celebrity endorsement: How celebrity-brand-user personality congruence affects brand attitude and purchase intention [J]. Journal of Marketing Communications, 2016, 22 (5): 456-473.

[103] RAGHUBIR P, CORFMAN K. When do price promotions affect pretrial brand evaluations? [J]. Journal of Marketing Research, 1999, 36 (2): 211-222.

[104] RAO A R, RUEKERT R W. Brand alliances as signals of product quality [J]. Sloan management review, 1994 (36): 87-87.

[105] RATCLIFF R, MCKOON G. A retrieval theory of priming in memory [J]. Psychological review, 1988, 95 (3): 385.

[106] RIFON N J, CHOI S M, TRIMBLE C S, et al. Congruence effects in sponsorship: The mediating role of sponsor credibility and consumer attributions of sponsor motive [J]. Journal of Advertising, 2004, 33 (1): 30-42.

[107] ROONEY A J. Branding: a trend for today and tomorrow [J]. Journal of product & brand management, 1995, 4 (4): 48-55.

[108] ROY S, MOORTHI Y L R. Investigating endorser personality effects on brand personality: Causation and reverse causation in India [J]. Journal of Brand Strategy, 2012, 1 (2): 164-179.

[109] RYU G, PARK J, FEICK L. The role of product type and country of origin in decisions about choice of endorser ethnicity in advertising [J]. Psychology & Marketing, 2006, 23 (6): 487-513.

[110] SAHIN S, BALOGLU S. Brand Personality and Destination Image of Istanbul [J]. Anatolia-An International Journal of Tourism and Hospitality Research, 2011, 22 (1): 69-88.

[111] SHOCKER A D, WEITZ B. A perspective on brand equity principles and issues [J]. Report, 1988 (88-104): 2-4.

[112] SILVERA D H, AUSTAD B. Factors predicting the effectiveness of celebrity endorsement advertisements [J]. European Journal of marketing, 2004, 38 (11/12): 1509-1526.

[113] SILVERMAN S N, SPROTT D E, PASCAL V J. Relating consumer-based sources of brand equity to market outcomes [J]. Advances in Consumer Research, 1999, 26 (1): 352-358.

[114] SINGH, G. YouTubers, online selves and the performance principle: Notes from post Jungian perspective. CM: Communication and Media, 2017, 11 (38): 167-194.

[115] SPENCE M. Job market signaling [J]. The quarterly journal of Economics, 1973, 87 (3): 355-374.

[116] SPRY A, PAPPU R, BETTINA CORNWELL T. Celebrity endorsement, brand credibility and brand equity [J]. European Journal of Marketing, 2011, 45 (6): 882-909.

[117] SRULL T K, WYER R S. Person memory and judgment [J]. Psychological review, 1989, 96 (1): 58-83.

[118] SWEENEY J, SWAIT J. The effects of brand credibility on customer loyalty [J]. Journal of Retailing and Consumer Services, 2008, 15 (3): 179-193.

[119] SZYBILLO G J, JACOBY J. Intrinsic versus extrinsic cues as determinants of perceived product quality [J]. Journal of Applied Psychology, 1974, 59 (1): 74.

[120] TAUBER E M. Brand leverage-Strategy for Growth in a Cost-Control World [J]. Journal of Advertising Research, 1988, 28 (4): 26-30.

[121] TAYLOR S A, HUNTER G L, LINDBERG D L. Understanding (customer-based) brand equity in financial services [J]. Journal of Services Marketing, 2007, 21 (4): 241-252.

[122] THEURER C P, TUMASJAN A, WELPE I M, et al. Employer branding: a brand equity - based literature review and research agenda [J]. International Journal of Management Reviews, 2018, 20 (1): 155-179.

[123] TILL B D, BUSLER M. Matching products with endorsers: attractiveness versus expertise [J]. Journal of Consumer Marketing, 1998, 15 (6): 576-586.

[124] TILL B D, BUSLER M. The match-up hypothesis: Physical attractiveness, expertise, and the role of fit on brand attitude, purchase intent and brand beliefs [J]. Journal of Advertising, 2000, 29 (3): 1-13.

[125] TILL B D, SHIMP T A. Endorsers in advertising: The case of negative celebrity information [J]. Journal of advertising, 1998, 27 (1): 67-82.

[126] TILL B D. Using celebrity endorsers effectively: lessons from associative learning [J]. Journal of product & brand management, 1998, 7 (5): 400-409.

[127] TSAI H, LO A, CHEUNG C. Measuring customer-based casino brand equity and its consequences [J]. Journal of Travel & Tourism Marketing, 2013, 30 (8): 806-824.

[128] USAKLI A, BALOGLU S. Brand Personality of Tourist Destinations: An Application of Delf-congruity Theory [J]. Tourism Management, 2011, 32 (1): 114-127.

[129] VALETTE-FLORENCE P, GUIZANI H, MERUNKA D. The impact of brand personality and sales promotions on brand equity [J]. Journal of Business Research, 2011, 64 (1): 24-28.

[130] VAN DER VEEN R, SONG H. Exploratory study of the measurement scales for the perceived image and advertising effectiveness of celebrity endorsers in a tourism context [J]. Journal of Travel & Tourism Marketing, 2010, 27 (5): 460-473.

[131] VAN DER VEEN R, SONG H. Impact of the perceived image of celebrity endorsers on tourists' intentions to visit [J]. Journal of Travel Research, 2014, 53 (2): 211-224.

[132] VEASNA S, WU W Y, HUANG C H. The impact of destination source credibility on destination satisfaction: The mediating effects of destination attachment and destination image [J]. Tourism Management, 2013 (36): 511-526.

[133] WALKER M, LANGMEYER L, LANGMEYER D. Celebrity endorsers: do you get what you pay for? [J]. Journal of Consumer Marketing, 1992, 9 (2): 69-76.

[134] WERNERFELT B. An efficiency criterion for marketing design [J]. Journal of Marketing Research, 1994 (31): 462-470.

[135] YOO B, DONTHU N. Developing and validating a multidimensional consumer-based brand equity scale [J]. Journal of business research, 2001, 52 (1): 1-14.

（三）学位论文

[1] CHUANG C C. The Influence of Advertising Endorser Credibility and Destination Image on Travel Intention [D]. Tainan: University of Kang Ning, 2012.

[2] JACKSON M S. Development of a tourist personality inventory to evaluate parameters associated with tourist crime victimization [D]. Melbourne: RMIT University, 2006.

[3] VAN DER VEEN R. Analysis of celebrity endorsement as an effective destination marketing tool [D]. Poole: Bournemouth University, 2004.

[4] WANG R F. The Effect of Celebrity Endorsers on Destination Image, International Tourist's Attitude, and Intention to Visit Taiwan [D]. Taipei: Ming Chuan University, 2009.

[5] YANG W H. Will consumers' level of knowledge influence their attitudes to-

ward celebrity-endorsed products? [D]. Florida: University of Florida, 2010.

[6] YOON Y M. Choosing an athlete as an endorser: The role of race, sport, and expertise [D]. Florida: University of Florida, 2010.

（四）会议论文

[1] ANG L, DUBELAAR C, KAMAKURA W. Changing brand personality through celebrity endorsement [C] // ANZMAC Conference Proceedings, Brishane: Queensland University of Technology, 2006.

[2] PIKE S D. Destination branding: analysing brand equity for Queensland's Coral Coast [C] // Queensland: 18th Annual Council for Australian University Tourism and Hospitality Education Conference, Where the Bloody Hell Are We? 2008.

[3] SMITH J W. Thinking about brand equity and the analysis of customer transactions [C] // Managing Brand Equity: A Conference Summary, Report, 1991.

附录

附录 A 深度访谈阶段使用的旅游目的地名人代言图片

刘若英代言乌镇

刘德华代言香港（虚构）

刘亦菲代言吴中

成龙代言香港

陆毅代言俄罗斯

王石代言华山

附录B 旅游目的地名人代言人可信度深度访谈提纲

一、由笔者向受访者阐述采访目的

尊敬的先生/女士您好，本次采访想和您聊一聊您对名人代言旅游目的地这一现象的一些看法和观点。本次采访所指的名人涵盖影视明星、歌星、体育明星、艺术家、作家、知名商业人士等。

二、向受访者展示名人代言旅游目的地的图片

笔者要求受访者围绕下列问题的内容进行发言：“以下是一些名人代言旅游目的地的例子，您对这些代言有什么看法？就这个问题您可以自由发表关于任何方面的观点，如果方便，可以针对每个或其中几个代言例子分别进行说明。”该问题主要是为了能够以更为敞开的环境促使受访者尽可能自由并尽量多地表达看法。

三、一旦受访者所谈及的具体内容偏离本研究的主要研究目的时，笔者则补充提出以下问题

“那么具体来说，您觉得这个名人的哪些特征会影响到代言效果?”这一问题具有更强的引导性，更加聚焦于受访者对名人代言人作为信息源在可信度方面的感知内容。

附录 C　旅游目的地名人代言人可信度探索性因素分析问卷

尊敬的女士/先生：

您好！

此问卷的目的是想了解您对旅游目的地名人代言人可信度的感知，以下是关于旅游目的地××和其代言人××的图片，请您在观看图片之后开始填答下一页的问卷，谢谢！

第一部分：展示代言图片（图片同附录 A，每一版本问卷展示一组代言关系图片，此处仅显示一例，其余不再重复列出）

第二部分：名人代言人可信度问卷填答

以下是与上一页图片中旅游目的地代言人特征有关的一些描述，请您用“1~7”的分数表达您对这些描述的同意程度，“1”表示“非常不同意”，“7”表示“非常同意”。

	非常不同意						非常同意
该代言人有他/她的专业特长	1	2	3	4	5	6	7
该代言人在他/她从事的领域很成功	1	2	3	4	5	6	7
该代言人在他/她从事的领域可以称为是一个专家	1	2	3	4	5	6	7
该代言人在他/她从事的领域具有丰富的经验	1	2	3	4	5	6	7
该代言人在他/她从事的领域具有丰富的专业知识	1	2	3	4	5	6	7
该代言人是一位具有影响力的公众人物	1	2	3	4	5	6	7
该代言人的言行对公众能够产生影响力	1	2	3	4	5	6	7
我很熟悉这个代言人	1	2	3	4	5	6	7
该代言人很有名气	1	2	3	4	5	6	7
该代言人能够引起大家的关注	1	2	3	4	5	6	7
该代言人比其他同类的名人更让人印象深刻	1	2	3	4	5	6	7
该代言人口碑很好	1	2	3	4	5	6	7
该代言人没有不良传闻	1	2	3	4	5	6	7
很少看到关于该代言人的负面新闻	1	2	3	4	5	6	7
该代言人洁身自好	1	2	3	4	5	6	7
该代言人有社会责任感	1	2	3	4	5	6	7
该代言人有良好的声誉	1	2	3	4	5	6	7
该代言人遵纪守法	1	2	3	4	5	6	7
该代言人有良好的人品	1	2	3	4	5	6	7
该代言人的长相吸引人	1	2	3	4	5	6	7
该代言人长得很帅气/漂亮	1	2	3	4	5	6	7
该代言人有风度	1	2	3	4	5	6	7
该代言人很性感	1	2	3	4	5	6	7
该代言人很有魅力	1	2	3	4	5	6	7
该代言人的形象与这个旅游目的地的特点有联系	1	2	3	4	5	6	7
该代言人的身份与这个旅游目的地是匹配的	1	2	3	4	5	6	7
该代言人的个性与这个旅游目的地一致	1	2	3	4	5	6	7
该代言人与这个旅游目的地有较高的相关性	1	2	3	4	5	6	7
该代言人有这个旅游目的地方面的知识	1	2	3	4	5	6	7
该代言人是这个旅游目的地方面的专家	1	2	3	4	5	6	7
该代言人能体现这个旅游目的地主要客源的形象	1	2	3	4	5	6	7
我认同这个旅游目的地采用这个人做代言人	1	2	3	4	5	6	7

第三部分：个人信息

以下是有关您的一些个人信息，请填答，本问卷为匿名填写，仅用于学术研究之用，请您放心填写，谢谢！

1. 您的性别

□男　　□女

2. 您的年龄

□18 岁以下　□18～25 岁　□26～30　□31～40 岁　□41～50 岁

□51～60 岁　□61 岁及以上

3. 您的学历

□高中及以下　□大/中专　□本科　□硕士　□博士

4. 您的职业

□企业职员　□政府机构/事业单位人员　□军人/武警/公安　□学生

□教师　□私营或个体劳动者　□下岗或待业人员

□离退休人员

5. 您的月收入水平

□2 000 元及以下　□2 001～3 000 元　□3 001～5 000 元

□5 001～8000 元　□8 001～12 000 元　□12 001～20 000 元

□20 000 元以上

6. 您的居住地是（省、直辖市、自治市）__________

（问卷到此结束，感谢您的合作！）

附录D　名人代言人可信度与旅游目的地品牌资产关系调查问卷（有名人代言：乌镇——刘若英版）

尊敬的先生/女士您好，此问卷的目的是想了解您对旅游目的地和其代言人的一些看法，以下是关于旅游目的地乌镇和其代言人刘若英的图片供您参考，您也可以依据您对这个目的地和代言人已有的印象填答问卷。请您在观看图片之后填答下一页开始的问卷，本问卷采用匿名形式，所有数据仅供学术研究分析使用。谢谢！

第一部分：名人代言人可信度问题项

以下是与上一页图片中旅游目的地代言人特征有关的一些描述，请您用“1~7”的分数表达您对这些描述的同意程度，“1”表示“非常不同意”，“7”表示“非常同意”。请您在相应的分数上打“√”。

	非常不同意						非常同意
该代言人有她的专业特长	1	2	3	4	5	6	7
该代言人在她从事的领域很成功	1	2	3	4	5	6	7
该代言人在她从事的领域可以称为是一个专家	1	2	3	4	5	6	7
该代言人在她从事的领域具有丰富的经验	1	2	3	4	5	6	7
该代言人在她从事的领域具有丰富的专业知识	1	2	3	4	5	6	7
该代言人是一位具有影响力的公众人物	1	2	3	4	5	6	7
该代言人的言行对公众能够产生影响力	1	2	3	4	5	6	7
我很熟悉这个代言人	1	2	3	4	5	6	7
该代言人很有名气	1	2	3	4	5	6	7
该代言人能够引起大家的关注	1	2	3	4	5	6	7
该代言人比其他同类的名人更让人印象深刻	1	2	3	4	5	6	7
该代言人洁身自好	1	2	3	4	5	6	7
该代言人有良好的声誉	1	2	3	4	5	6	7
该代言人遵纪守法	1	2	3	4	5	6	7
该代言人有良好的人品	1	2	3	4	5	6	7
该代言人没有不良传闻	1	2	3	4	5	6	7
很少看到关于该代言人的负面新闻	1	2	3	4	5	6	7
该代言人的长相吸引人	1	2	3	4	5	6	7
该代言人长得很漂亮	1	2	3	4	5	6	7
该代言人有风度	1	2	3	4	5	6	7
该代言人很性感	1	2	3	4	5	6	7
该代言人很有魅力	1	2	3	4	5	6	7
该代言人的形象与这个旅游目的地的特点有联系	1	2	3	4	5	6	7
该代言人的身份与这个旅游目的地是匹配的	1	2	3	4	5	6	7
该代言人的个性与这个旅游目的地一致	1	2	3	4	5	6	7
该代言人与这个旅游目的地有较高的相关性	1	2	3	4	5	6	7
该代言人有这个旅游目的地方面的知识	1	2	3	4	5	6	7
该代言人是这个旅游目的地方面的专家	1	2	3	4	5	6	7
该代言人能体现这个旅游目的地主要客源的形象	1	2	3	4	5	6	7
我认同这个旅游目的地采用这个人做代言人	1	2	3	4	5	6	7

第二部分：旅游目的地品牌可信度问题项

下面是一些关于乌镇这个旅游目的地的一些描述，请您用“1~7”的分数表达您对这些描述的同意程度，“1”表示“非常不同意”，“7”表示“非常同意”。请您在相应的分数上打“√”。

	非常不同意						非常同意
如果将乌镇视为是一个人，他会是一个有能力的人	1	2	3	4	5	6	7
乌镇这个目的地有能力兑现它向旅游消费者做出的承诺	1	2	3	4	5	6	7
乌镇一直以来都兑现了它对旅游消费者的承诺	1	2	3	4	5	6	7
乌镇对自身旅游产品特点的描述和宣传是可信的	1	2	3	4	5	6	7
乌镇能够持续地保持它在旅游服务方面的承诺	1	2	3	4	5	6	7
乌镇作为一个旅游目的地品牌是值得信任的	1	2	3	4	5	6	7
乌镇这个目的地始终保持着自己的风格	1	2	3	4	5	6	7

第三部分：冒险倾向问题项

每个人在外出旅游的时候都有自己的一些习惯，下面这些表述是否符合您自身的情况？请您用“1~7”的分数表达您对这些描述的同意程度，“1”表示“非常不同意”，“7”表示“非常同意”。请您在相应的分数上打“√”。

	非常不同意						非常同意
我喜欢经常外出旅游	1	2	3	4	5	6	7
我喜欢到较远的地方旅游	1	2	3	4	5	6	7
我喜欢去旅游热点地区，因为游人众多本身意味着该地方值得到访	1	2	3	4	5	6	7
在旅游交通工具方面，我喜欢乘飞机出行	1	2	3	4	5	6	7
我觉得所去的旅游目的地具备一些基本接待设施就可以，不必样样俱全	1	2	3	4	5	6	7
我喜欢自助式的旅游方式	1	2	3	4	5	6	7
我喜欢独自旅游	1	2	3	4	5	6	7
我在旅游出发之前通常不会对行程和内容作十分详细的计划	1	2	3	4	5	6	7
我喜欢旧地重游	1	2	3	4	5	6	7
我喜欢在旅游过程中与陌生人打交道	1	2	3	4	5	6	7
我喜欢参与刺激的旅游活动	1	2	3	4	5	6	7

第四部分：旅游目的地品牌资产问题项

下面是一些关于乌镇这个旅游目的地的一些评价，请您用“1~7”的分数表达您对这些评价的同意程度，“1”表示“非常不同意”，“7”表示“非常同意”。请您在相应的分数上打“√”。

	非常不同意						非常同意
这个目的地适合我的个性	1	2	3	4	5	6	7
如果我到这个目的地旅游，周围的朋友会给我很高的评价	1	2	3	4	5	6	7
这个目的地的形象与我的自我形象是一致的	1	2	3	4	5	6	7
到这个目的地旅游符合我的行事风格	1	2	3	4	5	6	7
这个目的地有良好的声誉	1	2	3	4	5	6	7
这个目的地很有名气							
这个目的地的特征很快出现在我的脑海中	1	2	3	4	5	6	7
当我考虑水乡类旅游活动时，我能很快想到这个目的地	1	2	3	4	5	6	7
这个目的地提供具有稳定质量的旅游产品	1	2	3	4	5	6	7
在这个目的地能够获得优质的旅游体验	1	2	3	4	5	6	7
我认为这个目的地提供的旅游产品在满足旅游需求方面具有出色的表现	1	2	3	4	5	6	7
这个目的地的表现总体上要优于其他同类目的地	1	2	3	4	5	6	7
这个目的地具有高水平的旅游设施	1	2	3	4	5	6	7
即使价格较高我也会选择这个旅游目的地	1	2	3	4	5	6	7
即使我去过了此地，我还是认为这个旅游目的地值得我重游	1	2	3	4	5	6	7
下次出游的时候，我愿意选这个目的地旅游出行	1	2	3	4	5	6	7
我愿意向他人推荐这个目的地	1	2	3	4	5	6	7

第五部分：个人信息

1. 您的性别

□男　　□女

2. 您的年龄

□18岁以下　□18~25岁　□26~30　□31~40岁　□41~50岁

□51~60岁　□61岁及以上

3. 您的学历

□高中及以下　□大/中专　□本科　□硕士　□博士

4. 您的职业

□企业职员　□政府机构/事业单位人员　□军人/武警/公安　□学生

□教师　□私营或个体劳动者　□下岗或待业人员　□离退休人员

5. 您的月收入水平

□2 000 元及以下　□2 001~3 000 元　□3 001~5 000 元　□5 001~8 000 元

□8 001~12 000 元　□12 001~20 000 元　□20 000 元以上

6. 您的居住地是（省、直辖市、自治区）______________

（问卷到此结束，感谢您的合作！）

附录E 名人代言人可信度与旅游目的地品牌资产关系调查问卷（有名人代言：华山——王石版）

尊敬的先生/女士您好，此问卷的目的是想了解您对旅游目的地和其代言人的一些看法，以下是关于旅游目的地华山和其代言人王石（著名企业家、探险运动家、万科企业股份有限公司创始人）的图片供您参考，您也可以依据您对这个目的地和代言人已有的印象填答问卷。请您在观看图片之后开始填答下一页的问卷，本问卷采用匿名形式，所有数据仅供学术研究分析使用。谢谢！

第一部分：名人代言人可信度问题项

以下是与上一页图片中旅游目的地代言人特征有关的一些描述，请您用“1~7”的分数表达您对这些描述的同意程度，“1”表示“非常不同意”，“7”表示“非常同意”。请您在相应的分数上打“√”。

	非常不同意						非常同意
该代言人有他的专业特长	1	2	3	4	5	6	7
该代言人在他从事的领域很成功	1	2	3	4	5	6	7
该代言人在他从事的领域可以称为是一个专家	1	2	3	4	5	6	7
该代言人在他从事的领域具有丰富的经验	1	2	3	4	5	6	7
该代言人在他从事的领域具有丰富的专业知识	1	2	3	4	5	6	7
该代言人是一位具有影响力的公众人物	1	2	3	4	5	6	7
该代言人的言行对公众能够产生影响力	1	2	3	4	5	6	7
我很熟悉这个代言人	1	2	3	4	5	6	7
该代言人很有名气	1	2	3	4	5	6	7
该代言人能够引起大家的关注	1	2	3	4	5	6	7
该代言人比其他同类的名人更让人印象深刻	1	2	3	4	5	6	7
该代言人洁身自好	1	2	3	4	5	6	7
该代言人有良好的声誉	1	2	3	4	5	6	7
该代言人遵纪守法	1	2	3	4	5	6	7
该代言人有良好的人品	1	2	3	4	5	6	7
该代言人没有不良传闻	1	2	3	4	5	6	7
很少看到关于该代言人的负面新闻	1	2	3	4	5	6	7
该代言人的长相吸引人	1	2	3	4	5	6	7
该代言人长得很帅气	1	2	3	4	5	6	7
该代言人有风度	1	2	3	4	5	6	7
该代言人很性感	1	2	3	4	5	6	7
该代言人很有魅力	1	2	3	4	5	6	7
该代言人的形象与这个旅游目的地的特点有联系	1	2	3	4	5	6	7
该代言人的身份与这个旅游目的地是匹配的	1	2	3	4	5	6	7
该代言人的个性与这个旅游目的地一致	1	2	3	4	5	6	7
该代言人与这个旅游目的地有较高的相关性	1	2	3	4	5	6	7
该代言人有这个旅游目的地方面的知识	1	2	3	4	5	6	7
该代言人是这个旅游目的地方面的专家	1	2	3	4	5	6	7
该代言人能体现这个旅游目的地主要客源的形象	1	2	3	4	5	6	7
我认同这个旅游目的地采用这个人做代言人	1	2	3	4	5	6	7

第二部分：旅游目的地品牌可信度问题项

下面是一些关于华山这个旅游目的地的一些描述，请您用“1～7”的分数表达您对这些描述的同意程度，“1”表示“非常不同意”，“7”表示“非常同意”。请您在相应的分数上打“√”。

	非常不同意						非常同意
如果将华山视为是一个人，他会是一个有能力的人	1	2	3	4	5	6	7
华山这个目的地有能力兑现它向旅游消费者做出的承诺	1	2	3	4	5	6	7
华山一直以来都兑现了它对旅游消费者的承诺	1	2	3	4	5	6	7
华山对自身旅游产品特点的描述和宣传是可信的	1	2	3	4	5	6	7
华山能够持续地保持它在旅游服务方面的承诺	1	2	3	4	5	6	7
华山作为一个旅游目的地品牌是值得信任的	1	2	3	4	5	6	7
华山这个目的地始终保持着自己的风格	1	2	3	4	5	6	7

第三部分：冒险倾向问题项

每个人在外出旅游的时候都有自己的一些习惯，下面这些表述是否符合您自身的情况？请您用“1～7”的分数表达您对这些描述的同意程度，“1”表示“非常不同意”，“7”表示“非常同意”。请您在相应的分数上打“√”。

	非常不同意						非常同意
我喜欢经常外出旅游	1	2	3	4	5	6	7
我喜欢到较远的地方旅游	1	2	3	4	5	6	7
我喜欢去旅游热点地区，因为游人众多本身意味着该地值得到访	1	2	3	4	5	6	7
在旅游交通工具方面，我喜欢乘飞机出行	1	2	3	4	5	6	7
我觉得所去的旅游目的地具备一些基本接待设施就可以，不必样样俱全	1	2	3	4	5	6	7
我喜欢自助式的旅游方式	1	2	3	4	5	6	7
我喜欢独自旅游	1	2	3	4	5	6	7
我在旅游出发之前通常不会对行程和内容作十分详细的计划	1	2	3	4	5	6	7
我喜欢旧地重游	1	2	3	4	5	6	7
我喜欢在旅游过程中与陌生人打交道	1	2	3	4	5	6	7
我喜欢参与刺激的旅游活动	1	2	3	4	5	6	7

第四部分：旅游目的地品牌资产问题项

下面是一些关于华山这个旅游目的地的一些评价，请您用“1~7”的分数表达您对这些描述的同意程度，“1”表示“非常不同意”，“7”表示“非常同意”。请您在相应的分数上打“√”。

	非常不同意						非常同意
这个目的地适合我的个性	1	2	3	4	5	6	7
如果我到这个目的地旅游，周围的朋友会给我很高的评价	1	2	3	4	5	6	7
这个目的地的形象与我的自我形象是一致的	1	2	3	4	5	6	7
到这个目的地旅游符合我的行事风格	1	2	3	4	5	6	7
这个目的地有良好的声誉	1	2	3	4	5	6	7
这个目的地很有名气	1	2	3	4	5	6	7
这个目的地的特征很快出现在我的脑海中	1	2	3	4	5	6	7
当我考虑山岳类旅游活动时，我能很快想到这个目的地	1	2	3	4	5	6	7
这个目的地提供具有稳定质量的旅游产品	1	2	3	4	5	6	7
在这个目的地能够获得优质的旅游体验	1	2	3	4	5	6	7
我认为这个目的地提供的旅游产品在满足旅游需求方面具有出色的表现	1	2	3	4	5	6	7
这个目的地的表现总体上要优于其他同类目的地	1	2	3	4	5	6	7
这个目的地具有高水平的旅游设施	1	2	3	4	5	6	7
即使价格较高我也会选择这个旅游目的地	1	2	3	4	5	6	7
即使我去过了此地，我还是认为这个旅游目的地值得我重游	1	2	3	4	5	6	7
下次出游的时候，我愿意选这个目的地旅游出行	1	2	3	4	5	6	7
我愿意向他人推荐这个目的地	1	2	3	4	5	6	7

第五部分：个人信息

1. 您的性别

□男　　　□女

2. 您的年龄

□18 岁以下　□18~25 岁　□26~30　□31~40 岁　□41~50 岁

□51~60 岁　□61 岁及以上

3. 您的学历

□高中及以下　□大/中专　□本科　□硕士　□博士

4. 您的职业

□企业职员 □政府机构/事业单位人员 □军人/武警/公安 □学生

□教师 □私营或个体劳动者 □下岗或待业人员 □离退休人员

5. 您的月收入水平

□2 000元及以下 □2 001~3 000元 □3 001~5 000元 □5 001~8 000元

□8 001~12 000元 □12 001~20 000元 □20 000元以上

6. 您的居住地是（省、直辖市、自治区）______________

（问卷到此结束，感谢您的合作!）

附录 F　旅游目的地品牌评价调查问卷（无名人代言：乌镇版）

尊敬的先生/女士您好，此问卷的目的是想了解您对旅游目的地乌镇的一些看法和评价。以下是关于旅游目的地乌镇的几张图片供您参考，您也可以依据对乌镇已有的印象对其进行评价。本问卷采用匿名形式，所有数据仅供学术研究分析使用。谢谢！

第一部分：旅游目的地品牌可信度问题项

下面是一些关于乌镇这个旅游目的地的一些描述，请您用“1~7”的分数表达您对这些描述的同意程度，“1”表示“非常不同意”，“7”表示“非常同意”。请您在相应的分数上打“√”。

	非常不同意						非常同意
如果将乌镇视为是一个人，他会是一个有能力的人	1	2	3	4	5	6	7
乌镇这个目的地有能力兑现它向旅游消费者做出的承诺	1	2	3	4	5	6	7
乌镇一直以来都兑现了它对旅游消费者的承诺	1	2	3	4	5	6	7
乌镇对自身旅游产品特点的描述和宣传是可信的	1	2	3	4	5	6	7
乌镇能够持续地保持它在旅游服务方面的承诺	1	2	3	4	5	6	7
乌镇作为一个旅游目的地品牌是值得信任的	1	2	3	4	5	6	7
乌镇这个目的地始终保持着自己的风格	1	2	3	4	5	6	7

第二部分：旅游目的地品牌资产问题项

下面是一些关于乌镇这个旅游目的地的一些评价，请您用“1~7”的分数表达您对这些评价的同意程度，“1”表示“非常不同意”，“7”表示“非常同意”。请您在相应的分数上打“√”。

	非常不同意						非常同意
这个目的地适合我的个性	1	2	3	4	5	6	7
如果我到这个目的地旅游，周围的朋友会给我很高的评价	1	2	3	4	5	6	7
这个目的地的形象与我的自我形象是一致的	1	2	3	4	5	6	7
到这个目的地旅游符合我的行事风格	1	2	3	4	5	6	7
这个目的地有良好的声誉	1	2	3	4	5	6	7
这个目的地很有名气							
这个目的地的特征很快出现在我的脑海中	1	2	3	4	5	6	7
当我考虑水乡类旅游活动时，我能很快想到这个目的地	1	2	3	4	5	6	7
这个目的地提供具有稳定质量的旅游产品	1	2	3	4	5	6	7
在这个目的地能够获得优质的旅游体验	1	2	3	4	5	6	7
我认为这个目的地提供的旅游产品在满足旅游需求方面具有出色的表现	1	2	3	4	5	6	7
这个目的地的表现总体上要优于其他同类目的地	1	2	3	4	5	6	7
这个目的地具有高水平的旅游设施	1	2	3	4	5	6	7
即使价格较高我也会选择这个旅游目的地	1	2	3	4	5	6	7
即使我去过了此地，我还是认为这个旅游目的地值得我重游	1	2	3	4	5	6	7
下次出游的时候，我愿意选这个目的地旅游出行	1	2	3	4	5	6	7
我愿意向他人推荐这个目的地	1	2	3	4	5	6	7

第三部分：个人信息

1. 您的性别

□男　　　□女

2. 您的年龄

□18 岁以下　□18～25 岁　□26～30　□31～40 岁　□41～50 岁

□51～60 岁　□61 岁及以上

3. 您的学历

□高中及以下　□大/中专　□本科　□硕士　□博士

4. 您的职业

□企业职员　□政府机构/事业单位人员　□军人/武警/公安　□学生

□教师　□私营或个体劳动者　□下岗或待业人员　□离退休人员

5. 您的月收入水平

□2 000 元及以下　□2 001～3 000 元　□3 001～5 000 元　□5 001～8 000 元

□8 001～12 000 元　□12 001～20 000 元　□20 000 元以上

6. 您的居住地是（省、直辖市、自治区）________

（问卷到此结束，感谢您的合作!）

附录 G　旅游目的地品牌评价调查问卷（无名人代言：华山版）

尊敬的先生/女士您好，此问卷的目的是想了解您对旅游目的地华山的一些看法和评价。以下是关于旅游目的地华山的几张图片供您参考，您也可以依据对华山已有的印象对其进行评价。本问卷采用匿名形式，所有数据仅供学术研究分析使用。谢谢!

第一部分：旅游目的地品牌可信度问题项

下面是一些关于华山这个旅游目的地的一些描述，请您用“1~7”的分数表达您对这些描述的同意程度，“1”表示“非常不同意”，“7”表示“非常同意”。请您在相应的分数上打“√”。

	非常不同意						非常同意
如果将华山视为是一个人，他会是一个有能力的人	1	2	3	4	5	6	7
华山这个目的地有能力兑现它向旅游消费者做出的承诺	1	2	3	4	5	6	7
华山一直以来都兑现了它对旅游消费者的承诺	1	2	3	4	5	6	7
华山对自身旅游产品特点的描述和宣传是可信的	1	2	3	4	5	6	7
华山能够持续地保持它在旅游服务方面的承诺	1	2	3	4	5	6	7
华山作为一个旅游目的地品牌是值得信任的	1	2	3	4	5	6	7
华山这个目的地始终保持着自己的风格	1	2	3	4	5	6	7

第二部分：旅游目的地品牌资产问题项

下面是一些关于华山这个旅游目的地的一些评价，请您用“1~7”的分数表达您对这些描述的同意程度，“1”表示“非常不同意”，“7”表示“非常同意”。请您在相应的分数上打“√”。

	非常不同意						非常同意
这个目的地适合我的个性	1	2	3	4	5	6	7
如果我到这个目的地旅游，周围的朋友会给我很高的评价	1	2	3	4	5	6	7
这个目的地的形象与我的自我形象是一致的	1	2	3	4	5	6	7
到这个目的地旅游符合我的行事风格	1	2	3	4	5	6	7
这个目的地有良好的声誉	1	2	3	4	5	6	7
这个目的地很有名气	1	2	3	4	5	6	7
这个目的地的特征很快出现在我的脑海中	1	2	3	4	5	6	7
当我考虑山岳类旅游活动时，我能很快想到这个目的地	1	2	3	4	5	6	7
这个目的地提供具有稳定质量的旅游产品	1	2	3	4	5	6	7
在这个目的地能够获得优质的旅游体验	1	2	3	4	5	6	7
我认为这个目的地提供的旅游产品在满足旅游需求方面具有出色的表现	1	2	3	4	5	6	7
这个目的地的表现总体上要优于其他同类目的地	1	2	3	4	5	6	7
这个目的地具有高水平的旅游设施	1	2	3	4	5	6	7
即使价格较高我也会选择这个旅游目的地	1	2	3	4	5	6	7
即使我去过了此地，我还是认为这个旅游目的地值得我重游	1	2	3	4	5	6	7
下次出游的时候，我愿意选这个目的地旅游出行	1	2	3	4	5	6	7
我愿意向他人推荐这个目的地	1	2	3	4	5	6	7

第三部分：个人信息

1. 您的性别

□男　　　□女

2. 您的年龄

□18 岁以下　□18~25 岁　□26~30　□31~40 岁　□41~50 岁

□51~60 岁　□61 岁及以上

3. 您的学历

□高中及以下　□大/中专　□本科　□硕士　□博士

4. 您的职业

□企业职员　□政府机构/事业单位　□军人/武警/公安　□学生

□教师　□私营或个体劳动者　□下岗或待业人员　□离退休人员

5. 您的月收入水平

□2 000 元及以下　□2 001~3 000 元　□3 001~5 000 元　□5 001~8 000 元

□8 001~12 000 元　□12 001~20 000 元　□20 000 元以上

6. 您的居住地是（省、直辖市、自治区）__________

（问卷到此结束，感谢您的合作!）